전통사찰총서

⑫

대전·충남의 전통사찰 Ⅰ

寺刹文化研究院

공주 마곡사

공주 마곡사 대광보전 비로자나불

공주 마곡사 대웅보전

공주 마곡사 오층석탑

공주 마곡사 대웅전내부

공주 마곡사 청련암

공주 마곡사 청련암 관음보살상

공주 마곡사 북가섭암

공주 마곡사 부용암

공주 갑사

공주 갑사 대적전과 부도

공주 동학사

공주 신원사

공주 영평사

금산 보석사

금산 신안사 극락전과 칠층석탑

금산 태고사

논산 개태사 삼존석불입상

논산 송불암 석불

논산 관촉사 석조미륵보살입상

논산 쌍계사 봉황루

대전 고산사 대웅전 석가모니불

대전 복전선원

대전 복전선원 마애여래좌상

보령 선림사

보령 금강암 석불좌상

부여 대조사

부여 대조사 미륵보살입상 상호

부여 무량사 극락전과 오층석탑

연기 비암사

연기 신광사

연기 연화사

천안 광덕사

천안 광덕사 대웅전내부

천안 광덕사 괘불

천안 은석사 보광전

보령 성주사지 석탑

부여 정림사지 오층석탑

전통사찰총서

간·행·의·말

사찰 문화 이해의 길잡이

　한반도에 불교가 전래된 지 천육백여 년, 불교는 고대 국가의 찬란한 문화를 선도하고 수많은 고승 대덕을 배출하여 실로 한민족의 문화적·정신적 바탕이 되어왔다. 일찍이 불교 문화를 꽃피웠던 신라시대의 경주 거리는 '사사성장탑탑안행(寺寺星張塔塔雁行)'이라 표현하여 곳곳에 절과 절이 맞닿아 있고 탑과 탑이 기러기처럼 줄을 잇고 있었다고 하였다. 그야말로 불국토의 장엄한 세계를 신라 사회에 그대로 옮겨 놓은 불연(佛緣) 깊은 나라였다.
　고려시대에는 온 국민이 하나가 되어 팔관회와 연등회 같은 불교 행사가 성행하였고, 이러한 불심(佛心)은 마침내 불력(佛力)으로 국가적 재난을 막아내고자 하는 팔만대장경불사로 이어졌다. 그러나 조선시대에는 다소 침체의 길을 걷는 등 변화하는 역사 속에서 불교는 성쇠를 거듭해 왔다. 오늘날의 불교는 다종교의 홍수 속에서도 한민족의 전통 사상으로 굳건히 자리하고 있음은 주지의 사실이다. 더욱이 현대 사회에 있어서 물질과 금력이 팽배해 감에 따라 정신적 안식이 현대인에게 요청되어 고요한 사찰을 찾는 이들이 점점 증가하고 있다. 그러나 선조들의 빛나는 문화 업적과 소중한 사찰 문화재는 옛 모습을 잃고 조금씩 변화해 가며, 때로는 유실되고 있는 실정이다.
　그리하여 사찰 문화의 보전과 현대적 계승이라는 취지에 뜻을 같이 하는 몇몇 사람들이 모여 원을 세웠다. 불교 문화의 참뜻을 찾아 한데 모으고 다듬어 때를 벗겨 정리함으로써, 이 시대의 사람들과 뒷 세대들로 하여금 재창조와 도약의 발판으로 삼을 수 있도록 하자는 것이었다. 이러한

간·행·의·말

　원을 실현하기 위하여 사찰문화연구원을 설립하고 그 첫 번째 사업으로 『전통사찰총서』를 간행하게 된 것이다.
　우리의 사찰은 불교의 참정신이 깃들어 있는 곳이요, 고승들의 발자취가 서려있는 곳이며, 몸과 마음을 맑힐 수 있는 신행의 요람처이다. 따라서 『전통사찰총서』의 집필에는 외형적이고 피상적인 사실의 설명에서 한 걸음 더 나아가 사찰이 간직하고 있는 정신 세계와 본질을 규명하는 데 초점을 맞추었다. 곧 사찰의 연혁에서부터 소중히 보존해야 할 문화재, 하나 하나의 성보(聖寶)에 깃들어 있는 의미, 그 절이 지니는 신앙의 성격, 그리고 관련 설화까지 소상하게 밝혀 놓았다.
　한편 잘못 이해되고 바로 잡아야 할 부분에 대해서는 분명한 까닭을 밝히고 비평을 가하였다. 어느 누구라도 한 사찰을 방문할 때 지침서가 될 수 있도록 나름대로 열심히 엮기는 하였지만, 그래도 보지 못하고 접하지 못한 모습과 듣지 못한 내용이 적지 않을 것이다. 이에 대해서는 많은 분들의 가르침을 기다려 마지않으며 오직 바람이 있다면 이 책이 사찰 문화의 진수를 이해하는데 조그마한 길잡이가 될 수 있었으면 하는 것이다. 끝으로 이 책을 간행하는데 협력하여 주신 문화관광부, 조계종 총무원 그리고 각 사찰의 스님들께 깊은 감사를 드린다.

1992년 12월
寺刹文化硏究院

대전·충남의 전통사찰 I · 차례

	화 보	3
	간행의 말	26

1 대전광역시 · 금산군

고산사	35
내원사	40
복전선원	42
심광사	46
보석사	48
신안사	60
영천암	68
원흥사	72
태고사	76

2 공주시

마곡사	87
갑사	111
동학사	137
동혈사	153
신원사	157
영은사	171
영평사	175

3 논산시 · 보령시 · 부여군

개태사	181
관촉사	197
송불암	213
쌍계사	216
용암사	226
금강암	229
백운사	233

선림사	236
윤창암	239
중대암	240
성주사지	243
고란사	257
금지암	261
대조사	265
무량사	273
오덕사	290
정각사	294
조왕사	299

4 천안시·연기군

광덕사	309
만일사	334
성불사	339
은석사	345
관음암	349
비암사	351
성불사	362
신광사	364
연화사	367
황룡사	372

부록

불교지정문화재	379
절터	387
불교금석문	392
사암주소록	394

Ⅰ. 대전광역시 · 금산군

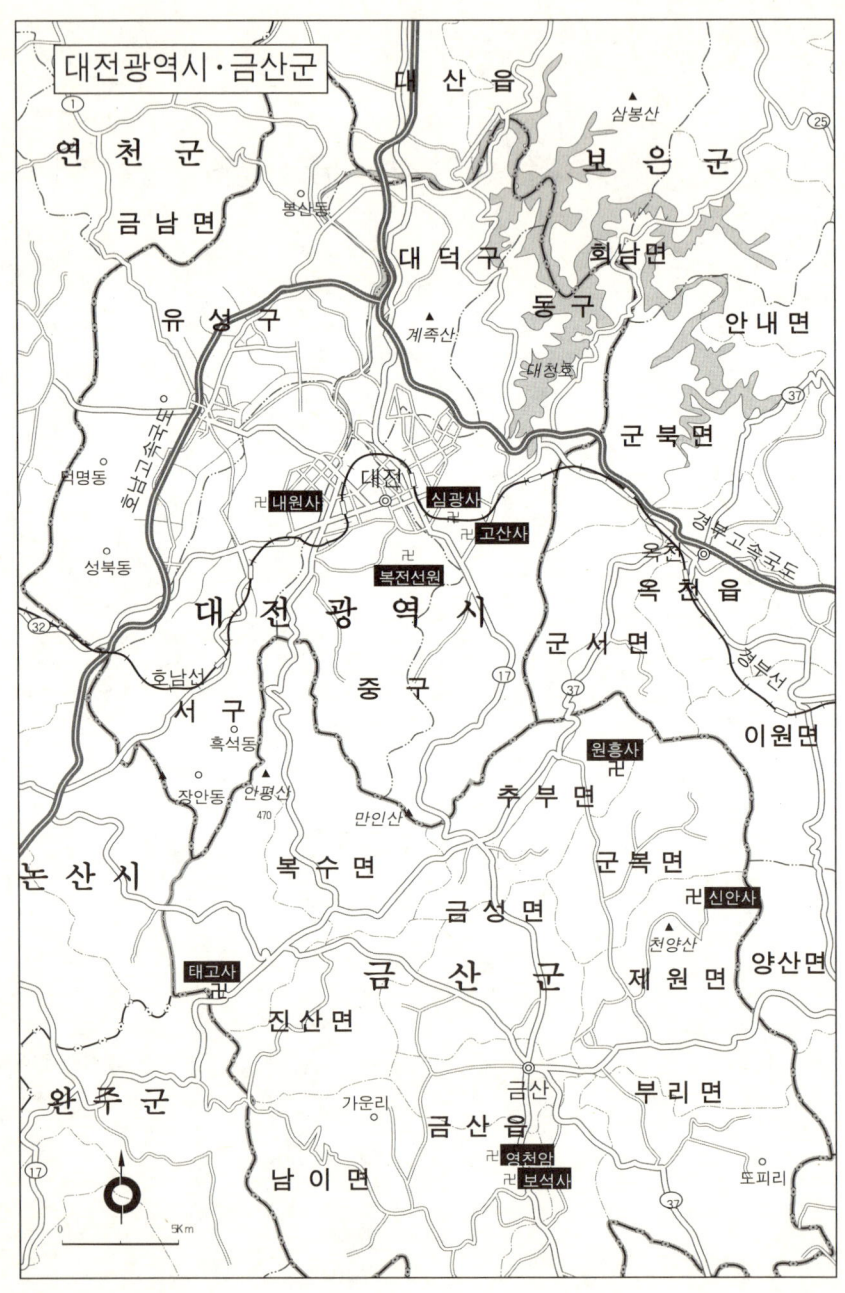

대전광역시·금산군의 역사와 문화

　대전광역시(大田廣域市)는 충청남도 동남부에 위치하며 충청남도 도청 소재지이기도 하다. 1998년 12월말 현재 인구는 134만 5,684명이고 행정구역은 5개구 76개동으로 이루어져 있다.
　자연환경은 동쪽에 식장산(食藏山, 598m), 북쪽에 계족산(鷄足山, 434m)과 응봉산(鷹峰山, 323m), 남쪽에 보문산(寶文山, 457m) 등이 솟아 있어 사방이 산지로 둘러싸인 분지를 이루고 있다.
　이 지역의 문화는 구석기·신석기시대와 관련 있는 유적이 발견되지는 않았으나, 삼국시대 신라·백제의 격전지로 보이는 성터가 대전 부근에 수없이 흩어져 있는데, 이들은 백제의 수도인 공주와 부여를 방위하는 산성이 있던 곳으로 생각된다. 통일신라 때 비풍군(比豊郡)이라고 하였다가, 고려 초 회덕군(懷德郡)으로 개칭하였고, 현종 때에는 공주에 속하였다.
　고려에서는 신라에 이어 불교가 더욱 융성하였는데, 대전지방 부근에는 보문사(普門寺)를 비롯한 많은 사찰이 있었다. 조선에 들어와 1413년(태종 13) 전국을 8도로 하여 군현을 개편할 때 이 지방은 공주군·진잠군의 일부에 속하였고 태전(太田, 한밭)이라고 불렸다. 1914년 군제개편 시 회덕·진잠·공주 등 3개군을 통폐합하여 대전군을 신설하고 군청을 대전에 두었다.
　근대에 들어와 철도 부설로 서울과 영호남을 연결하는 교통중심지가 되었고, 1932년 충청남도 도청이 대전으로 이전되었다. 1940년 다시 행정구역이 확장되었고, 1989년 직할시로 승격되었다가 그 후 광역시가 되었다.

이 지역의 문화 유적으로는 많은 산성들과 향교나 고택, 사당 등 목조 건축물들이 남아 있다.

금산군(錦山郡)은 충청남도의 동남단에 위치하며 동쪽은 충청북도 영동군, 서쪽은 논산군 및 전라북도 완주군, 남쪽은 전라북도 무주군·진안군, 북쪽은 대전광역시 및 충청북도 옥천군과 접하고 있다. 1999년 10월말 현재 인구는 6만 5,694명이고, 행정구역은 1개읍 9개면 249개리로 이루어져 있다.

노령산맥과 소백산맥이 각각 군의 중북부와 동남부를 지나 지세는 이들 산계와 그 사이에 있는 고원상분지(高原狀盆地)로 나뉜다. 도내에서는 가장 큰 산악군을 이루며 전라북도의 장수·진안·무주군에서 발원하는 금강의 본류는 충청북도의 영동군으로 빠져나가 여러 지류가 합하여 흐른다. 이들 하천유역에는 비옥한 충적평야가 펼쳐지고 있다.

역사를 살펴보면, 진산면·금성면·복수면 등지에 허물어진 성터가 있는 것으로 보아 삼국시대에 백제와 신라의 접경지였음을 알 수 있다. 백제시대에는 금산군을 진내군(進乃郡)이라 하였는데, 신라가 삼국을 통일한 뒤 경덕왕 때에는 진례군(進禮郡)이라고 고쳤다. 조선에 들어와 1393년(태조 2) 만인산[胎峰]에 태조의 태를 묻은 뒤 고산현(高山縣)이던 진산을 금주군으로 승격시켰고, 1413년 진산군으로 개칭하였다.

임진왜란이 일어나자 조헌(趙憲)과 영규(靈圭)가 이끄는 700명의 의병이 금산에서 왜군과 싸우다 모두 전사하였다. 그 뒤 의병 700명의 시체를 모아 무덤을 만들고 칠백의총(七百義塚)이라 하였다. 1940년 금산면이 금산읍으로 승격되었고 1963년 행정구역개편에 따라서 전라북도에서 충청남도로 편입되었다.

고산사

■ **위치 및 창건**

　고산사(高山寺)는 대전광역시 동구 대성동 산 3번지 식장산(食藏山)에 자리한 대한불교조계종 제6교구 본사 마곡사의 말사이다.
　절은 대전 시내 동남쪽에 병풍처럼 둘려져 있는 식장산의 서쪽 중턱에

고산사　대웅전 보수 때 발견된 상량문에 의하면 조선시대에는 법장사로 불렸다.

위치한다.

고산사가 창건된 것은 통일신라 때인 886년(정강왕 1) 도선(道詵) 국사가 이룩하였다고 한다. 그 뒤의 연혁을 잘 전하지 않지만, 1530년(중종 25)에 완성한 『신증동국여지승람』의 「회덕현(懷德縣)」〈불우(佛宇)〉 및 1757년(영조 33)~1765년에 편찬된 『여지도서(輿地圖書)』에, '고산사는 식장산에 있다.'라고 각각 기록되어 있으므로 조선시대에도 법등을 이었음을 알 수 있다. 그리고 1636년(인조 14)에는 수등(守登) 국사가 중건했다고 알려져 있다. 한편 대웅전 보수 때 발견된 상량문에 '법장사(法藏寺)'라는 글씨가 보여 조선시대에는 법장사로도 불렀음을 알 수 있다.

한편 1858년(철종 9)·1859년에 건립한 탄방동의 도산서원(陶山書院)의 『연혁지(沿革誌)』에 당시 보문사(普門寺)·동학사(東鶴寺)·고산사·율사(栗寺) 등에서 승군(僧軍)을 동원하여 서원을 세우는데 출역(出役)하게 했다는 기록이 있는 것으로 미루어보면 고산사는 조선시대 후기까지 계속 존속해 있었다.

대웅전 원래 팔작지붕이었던 건물로 조선시대 후기에 건축되었다.

대웅전 석가모니불좌상

최근에는 1984년 극락보전을 중수했고, 1989년 범종각을 새로 지었다. 그리고 1960년에 새로 지은 적묵당을 1991년에 고쳐 짓고, 1993년 산신각을 늘려 지었다.

■ 성보문화재

현재 고산사 경내에는 대웅전을 중심으로 극락보전과 산신각, 범종각 등이 있고, 대웅전 앞 왼쪽으로 회응 충징(回應沖澄) 스님 및 무명(無名) 부도 등 2기의 조선시대 부도가 있다.

부도   충징 스님과 이름을 알 수 없는 부도 등 2기의 부도가 있다.

● 고산사 대웅전

대웅전은 맞배지붕에 앞면 3칸, 옆면 2칸의 규모로서 석축기단 위에 덤벙 주춧돌을 사용하여 동남향으로 세워져 있다.

건축 양식은 조선시대에 유행하였던 다포식(多包式) 계통의 건물인데, 기둥을 결구(結構)하고 있는 창방(昌枋) 위에 평방(平枋)을 놓고 기둥 위와 기둥 사이에 1개씩의 공포(栱包)를 배치하였다. 공포의 구성은 외3출목, 내4출목으로서 내부의 출목수를 외부보다 더 많게 한 조선시대 후기의 건축양식을 보여주고 있다.

또한 건물의 양 측면 기둥 사이에도 공포가 1개씩 배치되어 있는 것으로 보아 본래는 지금과 같은 맞배지붕이 아니라 팔작지붕이었던 것을 알 수 있다.

건물 내부에는 우물마루를 깔았고, 불단(佛壇)을 서쪽에 조성하여 부처님이 동쪽을 향하게 하였다.

한편 대웅전을 수리할 때 '법장산 법장사(法藏山法藏寺)'라는 상량문이 발견되어 고산사의 옛 이름이 법장사였음을 알 수 있다. 이 대웅전은 1989년 3월 대전광역시유형문화재 제10호로 지정되었다.

불단에는 조선시대에 조성한 석가불좌상이 봉안되었고, 그 뒤로 후불탱화가 있다.

내원사

■ 위치 및 창건

내원사(內院寺)는 대전광역시 서구 도마동 424-1번지 도솔산(兜率山)에 자리한 한국불교태고종 사찰이다.

내원사의 창건이 언제 이루어졌는지는 문헌에 없어 잘 알 수 없다. 다만 절에서 말하기로는 조선시대에서는 한 때 도솔암(兜率庵)이었는데, 그

내원사 1965년 법전 스님이 중건하여 현재까지 새로운 불사가 이루어지고 있다.

뒤 소실되었다고 한다.

20세기에 들어와서는 1928년 연덕화(延德華) 보살이 중건했고, 1965년에 지금의 주지 법전(法傳) 스님이 중건했다. 법전 스님은 1940년대부터 주석하고 있다. 최근에는 1997년 대웅전을 새로 지었고, 1999년 11월 현재 원당(願堂)을 새로 짓는 중에 있다.

■ 성보문화재

현재 내원사는 대웅전과 요사로만 이루어진 단출한 규모를 하고 있고, 대웅전 맞은편에 원당을 새로 짓고 있다.

대웅전은 팔작지붕에 앞면 3칸, 옆면 2칸의 규모로서, 내부 불단에 석가불상과 관음보살상이 봉안되었다. 불화로는 석가후불탱화를 비롯해서 칠성탱화·신중탱화·산신탱화·독성탱화가 있고, 그 밖에 동종이 하나 있다.

탱화는 산신탱화가 1989년에 조성한 것을 제외하고는 전부 일제강점기에 봉안한 것으로서, 그림 아래에 있는 화기(畵記)에 대덕사(大德寺)에서 이운해왔다는 내용이 적혀 있다. 그림의 크기는 칠성탱화가 가로 168cm, 세로 94cm, 신중탱화가 85cm, 86cm, 독성탱화가 가로 67cm, 세로 97cm이다.

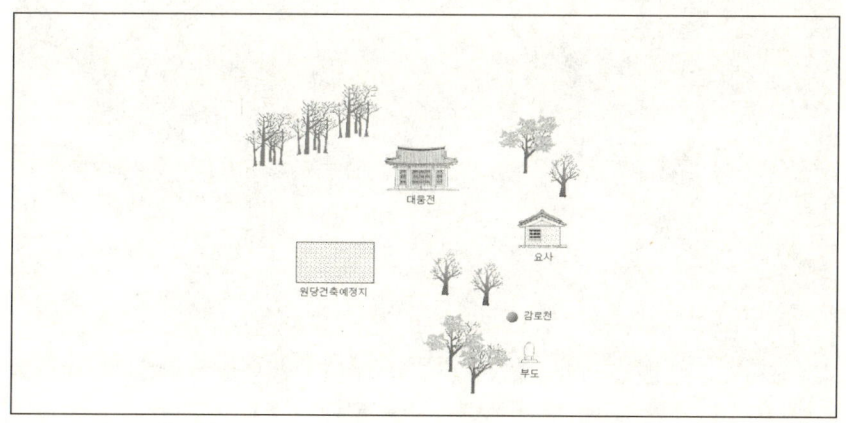

복전선원

■ 위치 및 창건

　복전선원(福田禪院)은 대전광역시 중구 석교동 산17-1번지 보문산(普門山)에 자리한 재단법인 선학원 사찰이다.
　복전선원에 대한 고기록 등의 문헌이 전하는 게 없어 창건 및 연혁이 확실하지는 않다. 그러나 절에서 전하기로는 조선시대인 1669년(현종 10)

복전선원　1985년 새롭게 중창불사하여 대전지역의 제일참선수도처로써 자리하고 있다.

대웅전 관음보살상

이라고 하는데, 이것은 대웅전에 봉안된 관음보살상의 복장문(腹藏文)을 근거로 한 말이다.

　그 뒤의 연혁은 알 수 없고, 근대에 와서 1943년 정도익 스님이 중건했으며, 이어서 1954년 이상월 스님이 3창을 이루었다고 한다. 이 때는 박고봉 스님을 조실로 모시며 원통선원을 짓고 비구니 선원을 경영했으며, 또한 「관음칠성회」라는 신도회를 만들어 포교활동에 열심이었다고 한다. 그리고 1962년 선학원으로 등록하였다.

　최근에 와서는 1985년 원통선원을 제외한 모든 건물을 헐고 새롭게 중창불사를 시작하였다. 그래서 현재 경내에는 대웅전을 비롯해서 삼성각·종각·요사·일주문 등이 자리잡고 있다. 현재 30여 명의 비구니 스님이 이곳에서 참선 수도하고 있으며, 주지는 1954년부터 주석하고 있는 상월(相月) 스님이다.

보문산 마애여래좌상
보문산 보문산성 부근에 있다.
고려 후기에 조성된 것으로 추정된다.

■ 성보문화재

● 보문산 마애여래좌상

복전선원에서 보문산으로 오르는 등산로를 따라 1km쯤 올라가면 보문산(普門山) 보문산성 동쪽에 높이 6m, 너비 6m 정도의 편편한 면이 있는 바위가 있는데, 이 바위의 남쪽에 불상이 새겨져 있다.

불상은 발바닥이 위로 향한 채 앉아 있는 좌상(坐像)으로서, 머리는 나발(螺髮) 위에 육계(肉髻)가 있으며, 목에는 삼도(三道)가 뚜렷하다. 불의(佛衣)는 통견(通肩)을 걸쳤으며, 오른손은 가슴 앞에서 들고 왼손은 배 위에 얹었으나 수인(手印)은 마멸이 심하여 뚜렷하지 않다. 그리고 눈을 가늘게 내려 뜨고 목이 짧으며 앉은 자세가 약간 불안하다.

불상 주위에는 둥근 두광(頭光)과 신광(身光)을 새겼는데, 광배의 바깥 윤곽은 선으로 음각하고 내부는 정으로 쪼아 내서 광배의 윤곽을 뚜렷하게 하였다. 이처럼 광배를 단순하게 처리하고 옷주름이나 불상의 윤곽을 간략하게 처리하였으나 조각 수법은 우수하다. 전체적 양식으로 볼 때 고려 후기의 작품으로 추정된다.

크기는 전체 높이 320㎝, 얼굴 길이 80㎝, 무릎 너비 230㎝이다.

이 마애불상이 복전선원과 직접적 관계가 있는지는 확실하지 않지만, 현재 복전선원에서 관리하고 있으며, 1990년 5월 대전광역시유형문화재 제19호로 지정되었다.

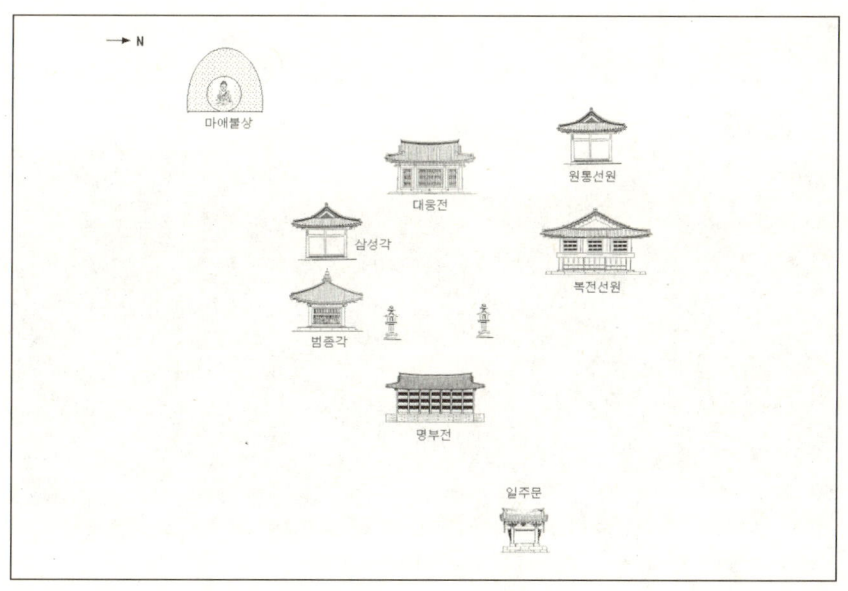

심광사

■ 위치 및 창건

심광사(心侊寺)는 대전광역시 동구 천동 106-1번지에 자리한 재단법인 선학원 사찰이다.

심광사는 1931년 어석우 스님이 창건한 이래 선학원에 등록하여 오늘에 이른다.

심광사 서향한 절은 대웅전 두 채를 비롯한 요사 등의 건물이 있다.

■성보문화재

　가람 구성은 전체적으로 서향(西向)으로 배치되었는데, 현재 절에는 대웅전 두 채를 비롯해서 요사 3동 등의 건물이 있다.
　절 뒤쪽, 곧 동쪽에 자리한 대웅전은 일반적으로 상대웅전으로 부르는데, 팔작지붕에 앞면 3칸, 옆면 2칸의 규모를 하고 있다. 내부에는 석가삼존불상을 비롯해서 독성상이 봉안되었고, 그 밖에 후불탱화·지장탱화·칠성탱화·신중탱화·현왕탱화·산신탱화·독성탱화 등이 있다. 후불탱화를 제외한 그림들은 전부 1933년에 조성한 것이다.
　서향한 대웅전은 시멘트로 축조한 현대식 건물로서, 안에는 석가불좌상 및 천불이 봉안되었으며, 불화로는 신중탱화가 있다. 그리고 1933년에 조성한 동종이 하나 있다. 석가불좌상은 절에서 전하기로는 신라 때 봉안한 것이라고 한다.

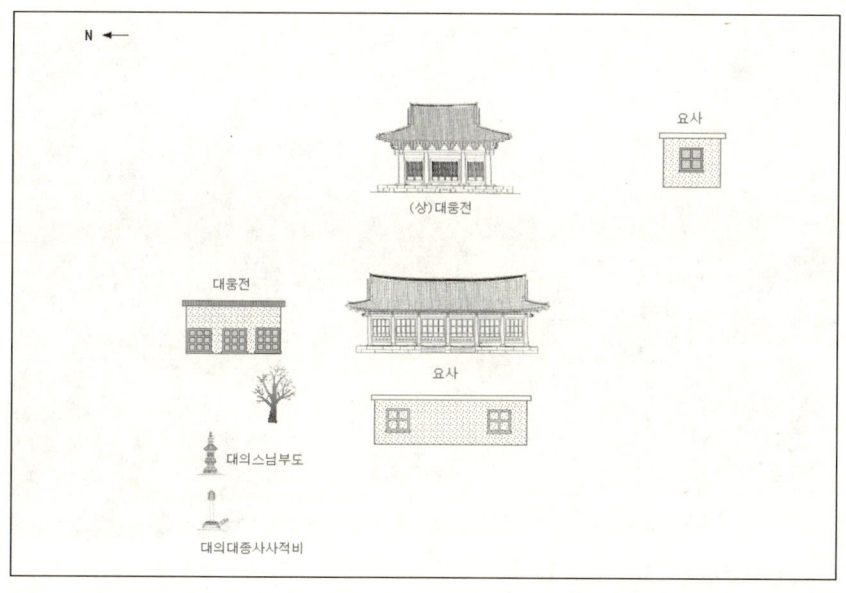

보석사

■ 위치 및 창건

금산군 남이면 석동리 진락산(眞樂山) 남동쪽 기슭에 자리하고 있는 보석사(寶石寺)는 대한불교조계종 제6교구 본사 마곡사의 말사이다.

지금은 비록 도량의 규모가 그다지 큰 편이 아니지만, 일제강점기 시절

보석사   진락산 남동쪽에 자리한 절은 통일신라시대 조구 스님에 의해 창건된 것으로 전한다.

에는 전국 31본산의 하나로 위봉사(威鳳寺)와 함께 전라북도 지역 사찰을 총 관장하던 곳이었다. 아울러 일제시대 이 곳에 설치되어 있던 강원을 통해 많은 학승들을 배출하므로써 이 시대 불교 발전에 기여한 공로도 적지 않았다. 이같은 측면으로 인하여 보석사는 지금까지 이 지역 일대에서 매우 중요한 비중을 차지하고 있는 사찰로 인식되고 있다.

　보석사의 창건에 대해서는 통일신라시대 창건설이 유력하다. 뚜렷한 문헌적 근거는 찾기 어렵지만, 현대의 각종 자료에는 885년(헌강왕 11) 조구(祖丘) 스님이 창건하였다는 내용이 실려 있다. 또한 조구 스님이 창건 당시 절 앞산에서 채굴한 금으로 불상을 조성하였기 때문에 절 이름을 보석사로 하였다는 연기(緣起) 설화도 전한다. 하지만 이능화(李能和)의 『조선불교통사』에는 '사승(寺乘)'을 언급한 부분에서 886년에 조구 조사(祖師)가 창건하였다고 밝히고 있어 현대 자료와 1년의 차이를 보인다. 여하튼 지금까지의 전승 자료를 종합한다면 보석사는 9세기 후반 조구 스님에 의해 창건되었다고 보는 것이 순리일 듯하다.

보석사사액　해강 김규진이 글을 쓰고 죽농 안순환이 그림을 그렸다.

그런데 창건주로 명시되어 있는 조구 스님이 어떠한 분인지에 대해서는 관련 자료가 전혀 남아 있지 않다. 9세기에 활동한 신라 승려 가운데 조구라는 이름의 승려는 전혀 보이지 않는 것이다. 다만 동일한 이름의 고승 한 분이 기록 속에 보이고 있어 눈길을 끈다. 조선을 세운 태조로부터 깊은 존경을 받았던 조구국사(祖丘國師, ?~1395)라는 인물이다. 이 분은 무학대사가 왕사(王師)를 지내던 시절 함께 국사로 책봉될 만큼 당시 불교계에서 큰 비중을 차지하고 있었다. 그의 자세한 행장은 알 수 없지만, 일부 단편적 자료를 통해 그가 천태종 소속 승려라는 사실과 전라북도 담양(潭陽) 지역 출신이라는 점이 확인된다. 특히 담양현은 조구의 출생지라는 이유로 훗날 군(郡)으로 승격될 만큼 특별한 예우를 받기도 하였다. 아울러 그가 국사로 책봉된 해는 1394년(태조 3)이며, 그 다음해인 1395년 11월 입적하였다는 사실이 『태조실록(太祖實錄)』에 보이고 있다. 조선 초기에 국사로 책봉되었다는 점 하나만 보더라도 그의 불교사적 위상은 대단히 중요할 것으로 생각되지만, 아쉽게도 더 이상의 내용은 확인하기 어렵다.

은행나무 나라에 큰 일이 있을 때마다 울음을 낸다는 영험으로 유명하다. 천연기념물 제365호.

그러면 조구 국사와 보석사의 창건주로 인식되고 있는 신라의 조구 스님은 동명 이인이 분명하다고 보아야 할까? 이에 대한 명확한 답을 내리기는 어렵지만 동일인을 지칭했을 가능성도 높아 보인다. 중창주였던 조구 국사가 훗날 창건주로 잘못 인식되었을 가능성이 있다는 것이다. 특히 우리 나라 사찰에서는 이러한 사례가 종종 보이고 있다. 역사상 큰 업적을 남겼던 고승이 정작 그가 활동했던 시대와는 관계없이 훗날 그 사찰의 창건주로 전승되고 있는 경우가 많다는 것이다. 여하튼 이 문제는 앞으로 더 검토해 보아야 할 사항이지만, 조선 태조대에 국사를 역임한 조구 스님이 어떠한 형태로든 이 사찰과 관계를 맺고 있었던 것은 분명해 보인다.

한편 보석사 입구에는 둘레가 11m나 되는 은행나무가 서있는데, 지난 1990년 천연기념물 제365호로 지정될 정도로 이 지역의 명물로 이름이 나 있다. 높이가 40여 m에 달하는 이 나무는 조구 스님이 창건할 때 제자 다섯 명과 함께 육바라밀(六波羅蜜)을 상징하는 뜻에서 둥글게 여섯 그루를 심은 것이 하나로 합쳐졌다는 배경 설화를 간직하고 있으며, 이 지역 사람들에게는 나라에 큰 일이 있을 때마다 온종일 울음소리를 낸다는 영험으로 더욱 이름이 높다.

■ 연혁

보석사의 역사와 관련한 사적기라든가 고승의 비문 등은 전혀 전하는 내용이 없다. 따라서 보석사의 연혁을 체계적으로 정리하는 것은 대단히 어려운 일이지만, 지금까지 전하는 각종 자료를 종합하여 그 연혁을 간략하게나마 살펴보기로 하겠다.

보석사와 관계된 문헌상의 기록은 『신증동국여지승람(新增東國輿地勝覽)』에 최초로 전한다. 이 자료의 「금산군」조에 현존 사찰로 분류되어 실려있는데, 이로써 본다면 보석사는 16세기 초반 무렵까지 사세를 유지하고 있었음이 확인된다. 이후 『범우고(梵宇攷)』에는 '금폐(今廢)'라고 되어 있어 18세기 중반에는 이미 폐사의 모습으로 전해지고 있었던 것으로 보인다. 따라서 임진왜란 때 소실되었다고 하는 최근의 기록은 나름대로 신빙성이 있어 보이지만, 정확한 폐사 시점에 대해서는 더 검토해 볼 필요가 있다.

18세기부터 이미 폐사로 변해버린 보석사가 언제 중건되었는지는 불분명하다. 다만 현재 일주문 왼쪽에 서 있는 「의병승장비(義兵僧將碑)」가 1839년(헌종 6) 5월에 건립되었으므로 이 무렵 언젠가에 중건되었을 가능성이 높아 보인다. 일부 자료에는 고종 때 명성황후(明成皇后), 또는 그의 오빠가 중창하여 오늘에 이르고 있다고 서술되어 있지만, 이것은 「의병승장비」를 세울 당시의 중건 이후에 진행된 또다른 중건 사실로 이해해야 할 것이다.

보석사는 일제강점기에 들어서면서 이 지역 중요 사찰로 부각된다. 일제가 시행한 30본말사법에 따라 위봉사와 함께 전라북도 지역을 총괄하는 본사(本寺)로 선정되어 이 지역 33개 사암을 관장하게 되었던 것이다. 당시 금산사(金山寺)가 누락되고 보석사와 위봉사가 본사로 선정된 점에 대

산신각 일제강점기에 들어서 절은 위봉사와 함께 본사가 되어 33개 사암을 관장하였다.

해서는 여러 가지 의문이 제기될 수 있는데, 실제로 1930년 10월 무렵 보석사에서 개최된 본말사 주지회의에서 위봉사와 보석사는 기존 본산을 스스로 해소하고 그 대신 금산사를 대본산으로 정하자는 결정을 하였다는 기록도 보인다. 그러나 이른바 '전북 일본산주의(一本山主義)'에 입각한 이같은 움직임은 일제가 승인하지 않아 성사되지 못하였으며, 보석사는 결국 일제강점기가 종료되는 시점까지 31본사의 하나로 계속 존재하게 되었다. 이 시기 보석사는 강원(講院)을 운영하고 있었으며 이곳을 통해 적지 않은 인원을 배출하게 되었다. 1938년에는 당시 주지였던 황벽응(黃碧應) 스님을 회장으로 하는 「보석사 강원 학우회(學友會)」가 조직될 정도로 강원의 활동도 상당히 활발했었음을 알 수 있다. 이후 보석사 강원은 1941년 전북불교연합강원이 금산사에 설치되면서 자연스레 폐지되었던 것으로 보인다.

현대 이후에 들어와서는 특히 최근 몇 년 간 활발한 중창불사가 이어지고 있다. 1993년 일주문이 신축되었으며 1995년 요사 두 동과 담장 등을 지었다. 지금도 10년 계획 아래 중창불사가 진행중이므로 머지 않아 옛

기허당　영규대사의 진영을 봉안한 건물이다.

보석사의 가람 규모를 회복할 수 있을 것으로 기대된다.

■ 성보문화재

현재 절에는 대웅전을 비롯해서 기허당·산신각·비각 등이 있고, 대웅전 왼쪽에 신축한 사역과 요사가 있다. 그러나 구전에 전하는 삼국시대 창건기의 유물은 확인되지 않는다. 현재 보석사 사역 전체가 충청남도문화재자료 제18호로 지정되어 있다.

● 보석사 대웅전

앞면과 옆면 각 3칸씩의 규모로서, 지붕은 맞배지붕에 다포계 양식이며, 양측면에 방풍장(防風障)이 있다. 이 건물은 1993년 충청남도유형문화재

대웅전   맞배 다포계 건물로 충청남도문화재자료 제18호로 지정되어 있다.

제131호로 지정되었다.

내부에는 석가모니불을 중심으로 문수보살·보현보살이 협시로 봉안되어 있다.

석가여래좌상은 목재로서, 머리는 나발이며 육계는 뚜렷하지 못하다. 그러나 머리부분에는 정상계주 및 중앙계주가 있다. 정상계주는 상투형으로서 크며, 중앙계주는 타원형이다. 상호는 둥근 형태이며 양미간에 수정 백호가 있다. 또한 목에 삼도가 뚜렷하다. 목조 대좌에 안치된 불상의 크기는 높이 120㎝이며, 무릎 너비는 90㎝ 정도이다. 불의는 통견인데, 가슴 부분에 군의(裙衣)가 보인다. 수인은 항마촉지인을 하고 있다.

좌우 협시보살은 화염문의 보관을 쓰고 있는 형태로, 상호는 석가여래와 같은 모습이다. 보발(寶髮)은 귀를 감고 있으며 법의는 통견이다. 수인은 아미타구품인을 하고 있으면서 연화를 잡고 있는데, 문수보살과 보현보살은 대칭적 수인을 하고 있다. 목조 대좌에 안치된 이들 불상은 높이 90㎝ 정도, 너비 70㎝ 정도이다.

또한 대웅전 왼쪽에 모셔진 신장탱화에는 '□□四十五年壬子二月二十

대웅전삼존불상　석가모니불을 중심으로 문수보살과 보현보살을 봉안하였다.

六日神將幀造成'이라는 연도가 남아 있다. 이 화기의 앞부분이 명확하지 않으나 근대의 작품인 것으로 보아 1912년에 조성된 것으로 추정된다.

● 보석사 범종

이 범종은 절 문의 오른쪽에 걸려 있다. 청동으로 제작되었으며, 높이 95㎝ 하부 너비 63㎝ 크기이다. 종의 상부는 용모양의 고리와 1개의 통으로 구성되어 있으며, 상면 원형(圓形) 구획 내에 범자(梵字)를 배치하였다.

종신은 3분되어 상부에는 상하 2조의 범자가 배치되어 있고, 중간에는 당초문 내에 9개의 종유(鍾乳)와 보살입상이 교대로 배치되어 있다. 하부에는 제작년대와 화주명이 배치되어 있다. 그 가운데 '乾隆二十五年庚辰四月日高山大芚山安心寺改鑄鍾重一百七十斤'이라는 명문으로 보아 이 종

동종
1760년에 조성된 종으로 종신 중간 당초문 내에 9개의 종유와 보살입상이 배치되었다.

은 1760년(영조 30)에 제작되었고, 그 무게는 170근임을 알 수 있다. 또한 화주명을 통하여 경상도에서도 화주로 참여하였음을 알 수 있다.

전체적으로 도식화된 느낌을 주고 있으나 제작년대가 분명한 조선 초기의 종으로서, 보석사의 역사를 보완해주는 귀중한 자료로 판단된다.

● 부도

보석사 경내의 동남 기슭 어귀에 5기의 부도가 있다. 이들은 모두 조선시대 이후에 건립된 부도로서 탑신에 주인공의 이름이 새겨져 있는데, 그 가운데 1기는 1990년에 세운 것이다.

적조당(寂照堂) 부도는 기본적으로 팔각원당형의 형태를 갖춘 조선시대 부도이다. 하대석과 중대석·상대석을 갖춘 대석 위에 탑신은 원형(圓形)으로 조성되었으며, 옥개석은 4각이다. 전체 높이는 160cm이다.

채도당(採道堂) 부도는 1매석으로 기단부를 조성하고 그 위에 석종형

부도전 경내 동남 기슭에는 적조당을 비롯한 5분 스님들의 부도가 있다.

탑신을 안치했다. 기본적으로 석종형을 따르고 있으나 대석(臺石)이 모각(模刻)되어 있고, 탑신도 2단의 단을 지워 탑신과 상륜부의 형으로 모각되어 있는 특징을 가지고 있다. 전체 높이 160cm이다.

송월당(松月堂) 부도는 방형 기단 위에 안치된 석종형 부도이다. 탑신의 상부는 연화판의 상륜으로 모각되어 있으며, 전체 높이 150cm이다.

동암당(東岩堂) 부도는 1990년에 조성된 부도로 팔각원당형을 기본으로 하고 있다. 6각 기단부 위에 탑신은 원형으로 조성되었으며 옥개석은 평면 사각형태로 되어 있는데, 적조당 부도를 모델로 한 듯 하다.

전춘당(栓椿堂) 부도는 방형의 기단 위에 안치된 석종형 부도이다. 탑신 상부는 연화판의 상륜이 표현되어 있다. 전체 높이 130cm이다.

● 의병승장비

의병승장비(義兵僧將碑)는 임진왜란시 의총리 연곤평에서 순절한 영규

의병승장비각   임진왜란 때 순절한 영규대사의 충혼을 기리기 위해 세워진 비이다.

대사(靈圭大師)의 충혼을 기리기 위해 세워진 화강석재의 비석이다.
　비의 건립은 1839년 5월 금산군수 조취영이 하였으며, 1940년 일제강점기 말기에 비각이 헐리고 자획이 파괴된 채 매장되었던 것을 해방 후 재건하였다. 1979년 비각이 보수되고 1980년 영규대사 국역비가 건립되었다. 1984년 충청남도문화재자료 제22호로 지정되었다. 비의 앞면에는 '의병승장(義兵僧將)' 명이 있고, 뒷면에는 비문과 건립연대가 남아 있다.
　현재 보석사 일주문 왼쪽에 위치하며, 높이는 약 4m 정도이다. 주위에는 군수불망비 4기도 함께 옮겨져 있다.

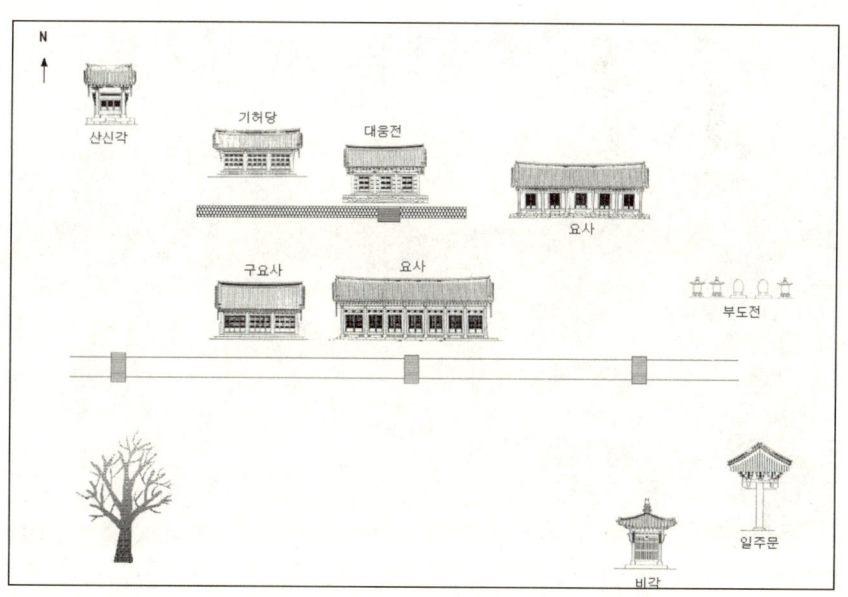

신안사

■ 위치 및 창건

신안사(身安寺)는 금산군 제원면 신안리 신음산(神陰山) 국사봉(國師峰) 아래에 자리하고 있는 고찰로서, 대한불교조계종 제6교구 마곡사의 말사로 속해 있다.

신안사 주위의 경관이 뛰어나 몸과 마음이 편안해진다 하여 신안사라 이름하였다고 전한다.

사찰에 이르는 긴 계곡을 포함하여 주변 경관이 빼어날 뿐 아니라, 과거에는 호화롭고 장엄한 건물들이 경내에 다수 세워져 있어 많은 스님들이 이 곳에 머무르며 수행했던 거찰(巨刹)로 알려져 있다. 하지만 지금은 대광전과 극락전 두 동의 건물과 요사 한 동만이 세워져 있을 뿐이어서 다소 적막한 느낌마저 주고 있다.

창건 시기에 대해서는 자료마다 서로 다른 내용을 수록하고 있어 혼란이 심한 상태이다. 우선 583년(신라 진평왕 5) 무염선사(無染禪師)에 의해 창건되었다고 하는 설이 일부 자료에 수록되어 있는데, 무염 선사는 성주산문(聖住山門)의 개창자인 낭혜화상(朗慧和尙) 무염(801~888)을 지칭하는 것이 분명해 보이므로 그 연대가 서로 맞지 않는다. 또한 651년(진덕왕 5) 자장율사(慈藏律師)가 창건하였다는 설이 전하는데 이 설은 연기설화도 함께 전해지고 있어 흥미롭다. 즉 자장 스님이 인근의 충청북도 영동(永同) 영국사(寧國寺)에서 수행할 때 이 곳에도 가끔 들려 머물렀는데, 주위의 경관이 빼어나므로 몸과 마음이 매우 편안해 졌다고 해서 신

극락전삼존불상 아미타불을 주존으로 양쪽에 협시보살을 봉안하였다.

신안사 61

안사라 이름하였다는 내용이다. 또 하나의 창건설은 보석사의 창건주로도 알려져 있는 조구 스님이 신라 헌강왕 때 창건하였다는 내용이다. 이처럼 여러 형태의 창건설이 전하고 있는 것은 어쩔 수 없는 현상으로 생각된다. 뚜렷한 문헌적 근거가 없는 상태에서 각종 구전 자료라든가 현대 자료에 의거하여 창건을 추정할 수밖에 없는 현실 때문이다. 이같은 혼란상은 사찰 인근에 대한 고고학적 조사가 이루어진다면 상당 부분 정리될 수 있을 것이다. 신안사의 창건 시기에 대한 추정도 이러한 조사가 진행된 이후에 보다 역사적 사실에 가까운 결론이 도출될 수 있지 않을까 한다.

신안사의 자세한 연혁은 알 수 없지만『신증동국여지승람』과『가람고(伽藍考)』에는 각각 현존 사찰로 분류되어 있어 16세기 무렵부터 18세기까지 사세를 계속 유지하고 있었음이 확인된다. 그리고 일제강점기에는 보석사의 말사로 속해 있었으며, 1950년의 한국전쟁 때 전각이 다수 불에 타버렸다고 한다. 결국 지금의 가람 형태는 과거의 규모에는 훨씬 미치지 못하고 있지만, 그나마 남아 있는 대웅전과 극락전이 조선 후기의 대표적 건물로 평가되고 있는 점을 통해 전성기 신안사의 위상을 어느 정도 파악할 수 있을 것이다.

■ 성보문화재

신안사 가람 배치는 서향으로 조성되어 있다. 현재 금당인 극락전이 서향으로 자리잡았고, 극락전에서 동북쪽으로 50여m 가량 떨어진 곳에 대광전이 역시 서향으로 자리하고 있다. 그리고 극락전 서북쪽에 있던 요사는 남동쪽으로 이건되어 있고, 극락전 남쪽에 서향의 건물이 신축되어 있다.

극락전 앞마당에는 칠층석탑 1기가 있으며, 또한 경내 곳곳에 맷돌과 석등 간주석 등의 석조물 편(片)이 방치되어 있다. 경내의 석축은 자연석을 이용해서 5단 내외의 높이로 쌓았는데, 과거의 모습들이 부분적으로 남아 있다. 그리고 사찰 입구 마을 어귀에는 부도 2기가 있다.

현재 신안사 사역 일원이 충청남도유형문화재 제3호로 지정되어 있다.

대광전 조선 후기 건물로 닫집이 마련된 불단 중앙에 삼신불을 모셨다.

●신안사 대광전

　대광전(大光殿)은 조선 후기의 건물로서, 1973년 충청남도유형문화재 제3호로 지정되었다.
　건축 양식을 보면, 자연석 기단 위에 덤벙주초 형식이며 지붕은 맞배형의 다포계, 그리고 앞면은 겹치마, 배면은 홑처마로 되어 있다. 규모는 앞면 5칸, 옆면 3칸으로, 앞면은 모두 쌍여닫이 격자살문을 달았다.
　내부에는 닫집이 마련된 불단 중앙에 비로자나불을 봉안하고, 좌우에 약사여래와 석가여래불을 모셨다. 지금의 건물은 1996년 보수된 것이다.

●신안사 극락전

　조선 후기의 건물로서, 1985년 충청남도유형문화재 제117호로 지정되었다. 건축 양식은, 자연석 기단 위에 덤벙주초석을 놓았으며 기둥은 배흘림

극락전　조선 후기의 건물로 1985년 충청남도유형문화재 제117호로 지정되었다.

을 가진 원형이다. 건물 규모는 앞면과 옆면 각 3칸씩 규모의 맞배지붕으로, 다포계 양식의 내4출목과(內四出目)과 외3출목(外三出目)의 포작(包作)으로 되어 있다. 앞면의 어칸(御間)에는 4분합문(四分閤門)의 빗살창을 하고, 협칸(夾間)에는 정자(井字)살창을 하였다.

건물 내부에는 우물마루를 깔았으며, 뒷면 중앙에 내고주(內高柱)를 세워 여기에 후불벽과 불단을 조성하여 삼존불상을 안치하였다. 주존불상은 오른손을 펴서 가슴에 들고, 왼손은 가슴께에 둔 아미타불이며, 좌우에 협시보살을 봉안하였다. 그리고 탱화는 1935년에 조성된 것이다.

● 석탑

극락전 앞 경내에 위치하고 있다. 현재 칠층석탑으로 구성되어 있으나 전체의 형태가 엉성하여 단일 석탑의 부재로 생각되지 않는다.

기단부는 옆면이 제형(梯形), 곧 사다리꼴의 1매석으로 구성된 특이한

석탑
기단부 윗면에 방형의 연화받침석이 있고
그 위에 탑신과 옥개를 놓았다.

형태이다. 기단 옆면은 2조의 음각선으로 4분되었고, 각 공간에는 4조의 안상(眼象)을 배치하였다. 기단부 윗면에는 방형의 연화받침석이 마련되어 있고 그 위에 탑신과 옥개가 놓여졌다.

탑신석과 옥개석은 각 1매석으로 구성되어 있으며 옥개석은 2단받침으로 구성되어 있다. 4층옥개석까지는 단일 석재로 추정되나, 그 상부의 부재는 기단석과 함께 후대에 보축(補築)한 것으로도 생각된다.

● 신안사 소장 목판

신안사에는 7종 86매의 목판(木版)이 소장되어 있다. 그 내용을 보면, 『금강반야바라밀경』·『대승기신론소』·『조계시집』·『주심무』·『위산경책』·『사십이장경』, 그리고 기타 문집류 등이다.

『금강반야바라밀경』은 구마라집이 번역한 경전을 판각한 것으로, 26.4×

부도 경내로 들어서는 마을 어귀에 자리한다.

19.1cm의 구획 내에 1판 9행각 14자로 배치되어 있다. 판의 크기는 가로 57cm, 세로 28cm, 두께 3cm이다. 판은 현재 62매가 남아 있는데, 서문 3판, 상권 부분 31판, 하권 부분 28판으로 구성되어 있다.

● 부도

신안사로 들어서는 마을 어귀에 종형(鍾形) 부도 2기가 위치하고 있다.
1기는 하대석 위에 기단석을 모각(模刻)한 석재를 두고 그 위에 종형의 탑신석을 배치하였다. 종형 부도는 2조의 돌선(突線) 위에 보주형(寶珠形)을 모각한 형태이다. 기단석의 크기는 높이 15cm, 너비 75cm, 탑신석의 크기는 높이 120cm, 너비 65cm이다.
또다른 1기는 탑신석에 '청신여보인지탑'이란 명문이 남아 있다. 하대석은 매몰되어 분명하지 않으며, 탑신석은 1중의 돌기(突起) 위에 보주형이 모각되어 있다. 탑신석의 크기는 높이 90㎝, 너비 50㎝로서 옆의 것보다 소형이다.

● 기타

극락전 옆에는 수조(水槽)로 사용되는 110×120×25㎝크기의 맷돌이 남아 있으며, 장독대 주변에는 높이 74㎝, 너비 32㎝의 석등 간주석이 방치되어 있다.
그 외에 치석된 흔적이 남아 있는 장대석들과 절구석재도 장독대 주변에서 확인된다.

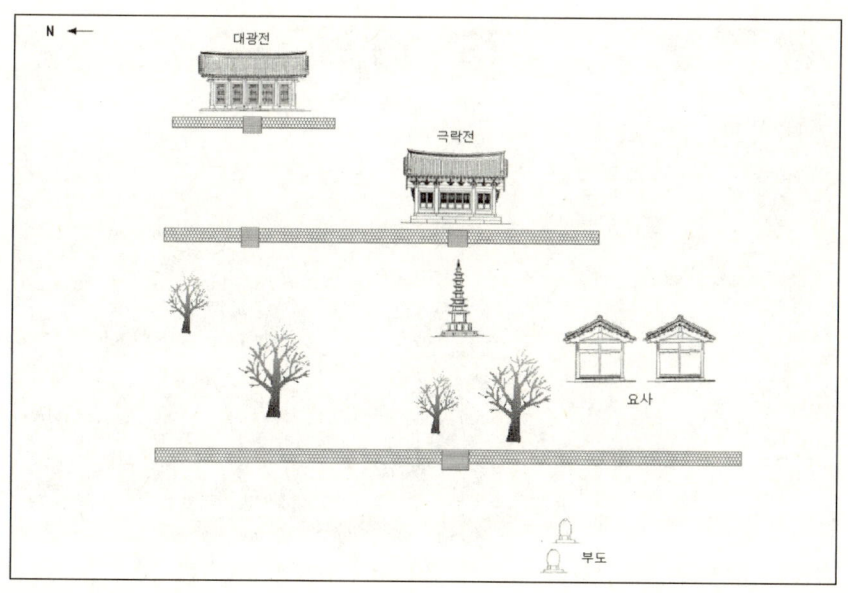

영천암

■위치 및 창건

　영천암(靈泉庵)은 금산군 남이면 석동리 진락산(進樂山)에 자리하고 있으며, 보석사의 북쪽으로 약 1km 정도 떨어진 산기슭에 있다. 사찰 이름에서 알 수 있듯이 칠성각의 뒤편에 있는 샘물인 '영천(靈泉)'이 특히 유

영천암　무량수각과 칠성각으로 구성된 단출한 규모의 절로 영천이라는 샘물로 유명하다.

명한데, 이 지역 사람들에게는 여러 가지 영험설화도 함께 전해지는 유서 깊은 곳이다.

현재 가람의 규모는 암자의 형태를 갖추고 있는 소규모의 도량이다. 이 암자의 역사라든가 이 암자가 어느 사찰에 부속되어 있었던 것인지 등에 대해서는 전혀 알려진 내용이 없다. 지리적 연관성으로 보아 보석사의 부속 암자였을 가능성이 높아 보이지만, 일제강점기 무렵의 보석사 소속 34개 사암 목록에서 영천암의 이름은 확인되지 않는다.

■ 성보문화재

현재 영천암의 전각으로는 무량수각과 칠성각이 있다. 무량수각 뒤편은 건물을 잇대어서 요사로 이용하고 있다.

영천암은 주위에 탑이나 기타 석조물은 찾아볼 수 없으며, 무량수각이

무량수각   관음보살과 지장보살 그리고 후불탱화 등을 봉안하였다. 모두 근래에 조성하였다.

영천샘물
칠성각 뒤에 있는 샘물로
영천이라 부른다.

나 칠성각 등에서 조선 말기에 유행했던 익공계의 건물구조를 엿볼 수 있는 정도이다.

● 무량수각

앞면 6칸, 옆면 3칸의 익공계 집으로, 앞면 1칸에는 툇마루를 놓고 있으며 바깥쪽 처마 밑에는 「영천암」 현판이 걸려 있다.
  내부에는 근래에 조성된 관세음보살상·지장보살상 각 1체가 봉안되어 있다. 관세음보살상의 높이는 60㎝이며, 무릎 너비는 약 30㎝ 정도의 소형 불이다. 불의는 통견이며, 수인은 아미타구품인을 하고 있다.
  불상 뒤에는 근래에 조성한 후불탱화가 있다.

● 칠성각

맞배지붕에 앞면 3칸, 옆면 2칸의 익공계 집이다. 앞면의 한 칸은 마루로 사용하고 있으며, 내부에는 칠성도가 모셔져 있다.

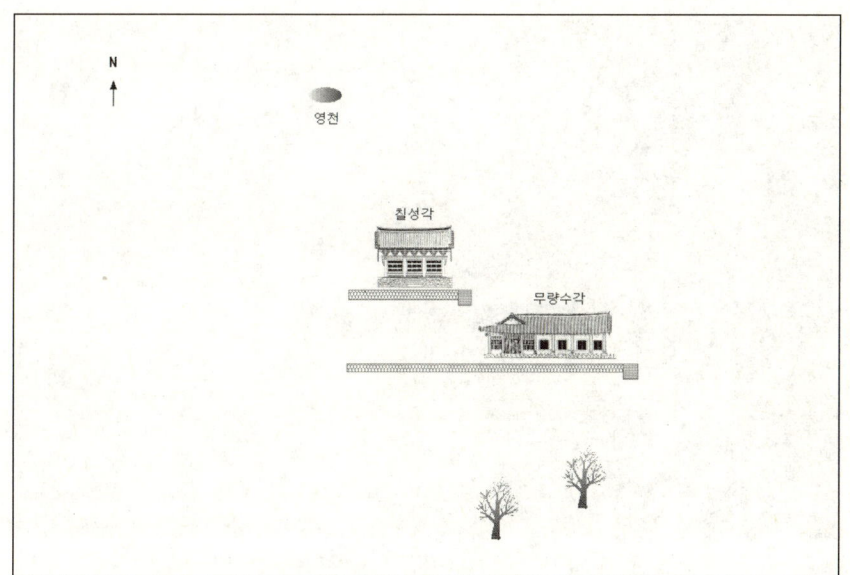

원흥사

■ 위치 및 창건

원흥사(元興寺)는 금산군 추부면 서태리 서대산(西臺山)에 자리하고 있는 한국불교태고종 소속의 사찰이다.

현재의 전각은 모두 근대 이후에 조성된 것들이며, 1931년 김만덕화 보

원흥사　1931년 옛 서대사터에 새롭게 세웠다고 전하나 현재 서대사의 흔적은 찾아보기 힘들다.

살이 옛 서대사(西臺寺) 터에 새롭게 창건하였다는 내용이 전한다. 실제로 『신증동국여지승람』의 「금산군」 조에는, '옛날에는 상·중·하 세 개의 서대사가 있었는데, 중서대사는 지금 없어졌다.' 라는 기록이 있다. 이로써 본다면 16세기 초반 무렵까지 상·하 서대사가 존재하였음을 알 수 있다. 아울러 『가람고』에는, '군에서 동쪽으로 40리 지점에 서대사가 있다.'는 기록이 있어 18세기 후반까지 사세를 계속 유지하고 있었음을 알 수 있다. 따라서 1931년 옛 서대사터에 원흥사를 새롭게 세웠다고 하는 부분은 역사적 사실로 보아도 무방할 듯하다.

하지만 현재로서는 원흥사가 세 개의 상대사터 가운데 어느 곳에 세워진 것인지, 또는 상·하 서대사가 어느 시기까지 존속하다 폐사로 바뀌었는지 하는 등의 내용에 대해서 확인할 수 없는 상태이다. 경내 축대의 외곽에 있는 부도 두 기를 제외하면 옛 서대사와 관련한 흔적은 전혀 찾아볼 수 없다.

그리고 비록 현대에 들어와 1980년 조성된 것이기는 하지만, 21척 높이의 석조미륵입상이 이 곳을 찾는 참배객들로부터 많은 관심을 받고 있다.

■성보문화재

1931년 중건되었으므로 현재 가람의 형태는 작고, 또한 정형(定形)에서 다소 벗어난 형태로 남아 있다.

가람 배치는 서향을 정면으로 하고 있다. 현재 원흥사의 전신인 서대사 당시의 유물들은 찾아볼 수 없다.

경내에는 대웅전과 요사 2동, 그리고 대웅전 북쪽에 1980년에 세운 석조미륵입상이 있다.

대웅전은 앞면 3칸, 옆면 2칸의 규모로서 우진각지붕을 하고 있으며, 요사 2동은 함석지붕으로 되어 있다. 대웅전에는 주존불과 함께 창건주의 영정이 봉안되어 있다.

부도 2기 모두 석종형의 부도로 그 중 1기는 기단부에 취운당대사명이 음각되어 있다.

　석조미륵입상은 좌대 포함 높이 21척이며, 불상의 높이만 10척이다. 이 불상의 석재는 의정부에서 생산되는 화강암을 사용하였다고 전한다.
　경내 축대 외곽에는 조선시대 부도 2기가 남아 있으며, 그 옆에 미륵입상을 봉안하였다. 그리고 1983년 절의 중건에 공로가 많은 박상현 거사의 공덕비를 세웠다.

● 부도

　2기의 부도 중 1기는 크기가 100×85cm, 높이 30cm로서, 4각 기단석 위에 석종형의 탑신이 안치된 부도이다. 기단석 옆면에는 각면 2조의 안상이 조각되어 있다. 석종형 탑신의 높이는 130cm이고 둘레는 60cm이다.
　또 다른 1기는 하부가 좁은 2단의 팔각기단석 위에 석종형 탑신을 안치한 형태이다. 기단부의 크기는 1변 30cm, 총 높이 24cm이고, 탑신석은 높이

102cm, 너비 55cm이다. 기단부 측면에는 '취운당대사' 명이 음각 되어 부도의 주인을 알 수 있다. 전체적 양식으로 보아서 조선시대의 작품으로 추정된다.

그 밖에 요사 앞에 1변 65cm의 부정형 자연석에 지름 40cm의 원공(圓孔)이 있는 돌절구가 방치되어 있다.

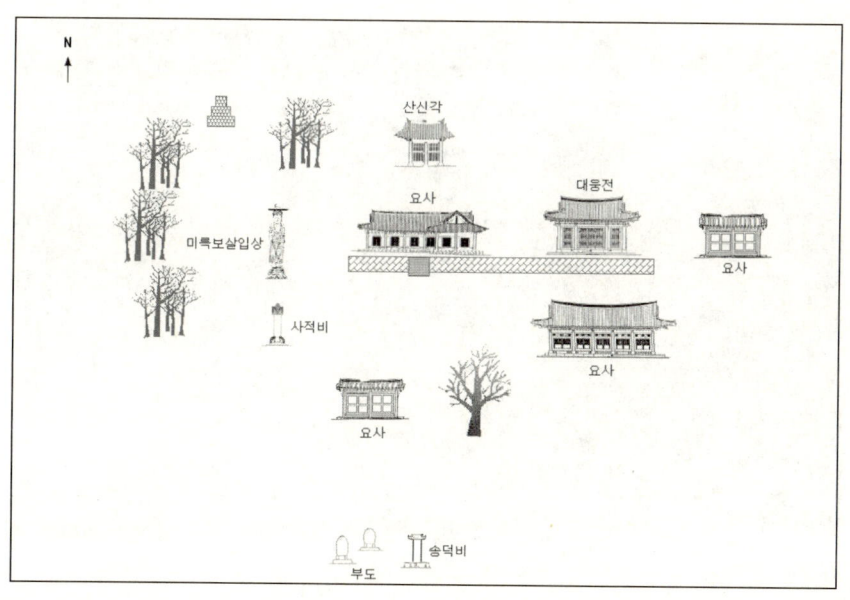

태고사

■ 위치 및 창건

태고사(太古寺)는 금산군 진산면 행정리 대둔산(大芚山)의 마천대(摩天臺) 아래에 자리하고 있으며, 대한불교조계종 제6교구 마곡사의 말사로 속해 있다.

태고사 원효스님이 창건하고 태고보우스님이 중창하였다고 전한다. 대둔산 마천대 아래 자리한다.

뚜렷한 문헌적 근거는 찾기 어렵지만 신라 원효 스님의 창건설이 유력하게 전승되고 있다. 아울러 사찰 이름에서 알 수 있듯이 고려 말 고승인 태고 보우(太古普愚) 국사가 중창하였다는 설이 전한다. 이후 조선시대에 이르러 진묵화상(震默和尙)이 다시 중창하게 되었다고 하는데, 특히 조선시대에는 성리학자 우암(尤庵) 송시열(宋時烈) 선생이 이 곳에서 수학하였다는 관련 자료도 전하고 있다. 사찰에 이르는 곳에 자연 암문(巖門)이 설치되어 있는데 이 암문 외부에 송시열의 친필로 알려진 '석문(石門)' 글자가 새겨져 있는 것이다.

태고사는 일제강점기의 30본말사법이 시행되고 있을 때 보석사의 말사로 속해 있었는데, 그 이전의 사찰 존속 여부에 대해서는 확인할 수 없는 상태이다. 이 곳은 한국전쟁 과정에서 사찰이 전소되는 화를 입은 것으로 알려지고 있으며, 현재의 도량은 도천(道川) 스님이 약 30여 년간 이 곳에 머무르며 중건한 결과라고 한다. 도천 스님은 최근 1999년에도 지장전을 신축하고 백 팔 계단 조성 불사를 진행하는 등 사찰의 중수에 힘쓰고 있다.

108계단 108개의 계단을 한 걸음씩 걸어올라 갈 때 절을 찾는 이의 번뇌도 하나씩 사라진다.

태고사가 자리한 곳은 워낙 빼어난 주변 경관으로 이름이 높다. 전국 12승지(勝地)의 하나로 이 곳을 들고 있다고 하며, 원효가 이 곳을 발견한 뒤 너무 기뻐한 나머지 3일 동안 춤을 추었다는 이야기도 전한다. 또한 근대의 고승인 만해(萬海) 한용운(韓龍雲)도, "대둔산 태고사를 보지 않고 천하의 승지를 논하지 말라."고 하였다는 내용이 전한다.

한편 전단향나무로 조성된 태고사 삼존불상을 개금(改金)할 때 갑자기 뇌성벽력과 함께 폭우가 쏟아져서 금칠을 말끔히 벗겨버렸다는 전설도 전해지고 있다.

■ 성보문화재

대둔산의 마천대 밑에 위치하고 있는 태고사의 가람배치는 대웅전·극락전·관음전·산신각, 그리고 요사 2동 등으로 이루어져 있다.

대웅전내부 안에는 석가여래 아미타여래 약사여래의 삼신불이 봉안되어 있다.

관음전 1977년에 건립되었으며 안에는 관세음보살상과 신중탱화 등이 봉안되었다.

● 태고사 대웅전

특이하게 팔작지붕에 'ㄷ'자형을 이루고 있는 건물로서 1977년 신축되었으며, 1984년 충청남도문화재자료 제27호로 지정되었다. 내부에는 석가여래·아미타여래·약사여래의 3불을 모셨다.

● 극락전

1978년에 건립되었으며, 현재 관세음보살·대세지보살·지장보살 등을 봉안하고 있으며, 후불탱화와 신중탱화가 있다.

부도 경내에는 3기의 부도가 있는데 모두 석종형으로 조선시대에 조성되었다.

● 관음전

1977년에 건립된 관음전은 앞면 5칸의 건물로, 내부에는 관세음보살이 봉안되었으며, 뒷면에 신중탱화가 모셔져 있다.

● 산신각

1980년에 건립된 산신각에는 칠성탱화·산신탱화·독성탱화 등이 있다.

● 부도

현재 태고사 경내에 부도 3기가 있다.

석문
경내로 들어가는 입구에
자연석 바위를 이용한 문으로
석문 입구에는 송시열의 친필글씨가
새겨져 있다.

 전부 기본적으로 석종형을 하고 있는데, 그 중 하나는 방형의 지대석 위에 원형 하대석을 마련하였다. 하대석에는 앙련(仰蓮)의 연꽃이 모각되었으며, 그 위에 석종형 탑신을 올렸다. 부도의 크기는 탑신 지름 50㎝, 전체 높이 105㎝이다. 화강암 석재로 조성된 이 부도의 주인공은 알 수 없으나 조선시대의 것으로 추정된다.
 다른 부도 하나는 방형의 지대석 위에 연화문이 모각된 원형 하대석이 마련되어 있다. 탑신은 상부에 보주가 모각된 종형으로, 보주는 3단의 형식으로 구성되어 있다. 부도의 크기는 탑신 지름 50㎝, 높이 109㎝이다. 조선시대의 작품으로 추정된다.
 나머지 하나의 부도는 앞의 부도와 동일한 구성으로 조성되었다. 방형 대석과 연화문이 배치된 원형 하대석 위에 마련된 탑신석은 상부에 연화상의 보주가 모각되어 있다. 석재는 화강암이며, 부도의 크기는 탑신 지름 50㎝ 정도, 높이 108㎝ 정도이다. 역시 조선시대에 조성되었다.

● '석문'명 암각

　태고사 경내로 들어서는 곳에는 자연석 바위의 틈으로 마련된 암문(巖門)이 설치되어 있는데, 사람이 겨우 통과할 수 있는 좁은 공간이다. 이 암문 외부 입구에 우암 송시열(宋時烈)의 친필이라 전하는 '석문(石門)'명이 음각 되어 있다. 글씨의 크기는 길이 40cm, 너비 30cm 정도이다.

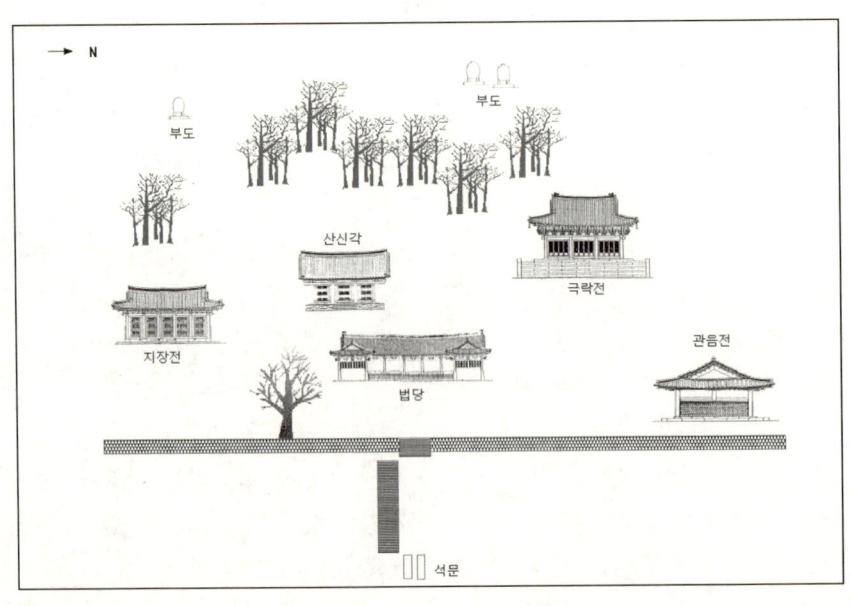

II. 공주시

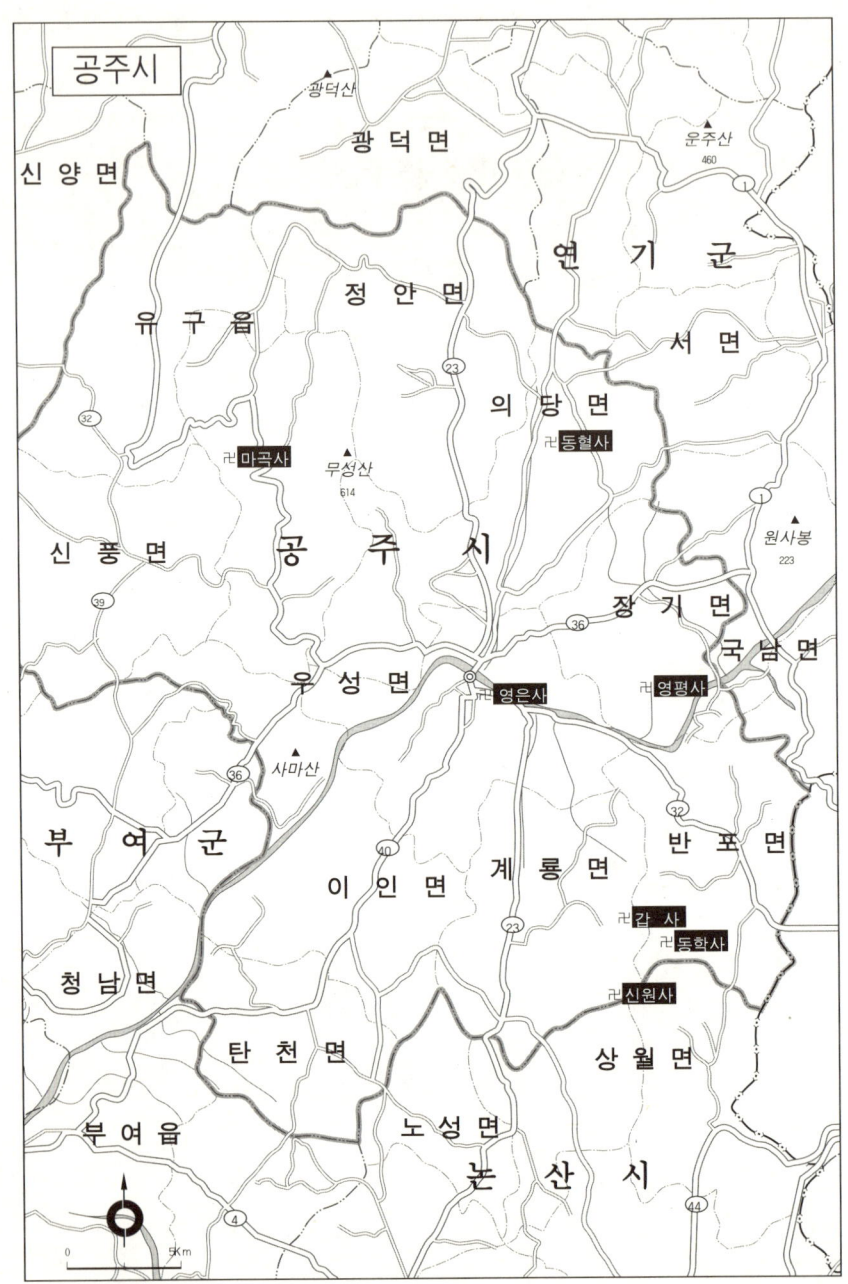

공주시의 역사와 문화

　공주시(公州市)는 충청남도 중앙부에 위치하며, 옛 이름은 웅천(熊川)·웅진(熊津)·회도(懷道)·안절군(安節郡)·공산(公山)·금성(錦城)·웅주(熊州) 등이다. 동쪽은 연기군, 서쪽은 예산군 및 청양군, 남쪽은 논산시 및 부여군, 북쪽은 천안시와 접한다. 1999년 10월말 현재 인구는 13만 7,000명이고 행정구역은 1개읍 10개면 6개동 277개리로 이루어져 있다.
　북쪽과 남쪽은 산지를 이루고 중앙부의 하천유역에는 평야가 전개된다. 북쪽에는 차령산맥이 북동에서 서남으로 이어져 국사봉(國士峰, 402m)·무성산(茂盛山, 613m)·금계산(金鷄山, 575m) 등의 여러 산을 형성하고, 동남부에는 계룡산(鷄龍山, 845m)이 우뚝 솟아 있다. 무주·장수 부근에서 발원한 금강은 군의 중앙부를 대체로 동쪽에서 서쪽으로 관류하며, 많은 지류와 합류하여 양안에 비옥한 범람원을 이루어 놓았다.
　한강 이남에서 처음으로 구석기 유물이 발견된 장기면 석장리를 통해 이 지역에 선사시대부터 사람들이 거주하였음을 알 수 있다. 삼한시대에는 마한의 불운국(不雲國)이 있었던 것으로 추정되지만 확실하지 않다. 공주 지역에 역사무대에 본격적으로 등장하는 것은 백제의 웅진천도가 이루어진 이후부터이다. 이 시기의 산성 및 고분이 군내 각 지역에 산재하고 있다. 후삼국시대에도 후백제의 세력권이 되었던 곳이다. 940년(고려 태조 23) 공주로 개칭되어 비로소 현재의 이름을 가지게 되었다. 983년(성종 2) 전국에 12목을 설치하면서 공주목이 되었으며, 중앙에서 지방관이 파견되었다. 조선 초기에는 고려말의 행정구역을 계승하였으므로 별다른 변화가 없었다. 1895년 지방제도 개혁에 따라 공주목은 군으로 개편되었으며, 공주부가 신설되어 인근 27개군을 관할하게 되었다. 1932년 대전군으로 도청이 이전되면서 공주군은 행정중심지로서의 기능을 상실하게 되었다. 1986년 공주읍은 공주시로 승격되었고, 이후 공주군도 시와 통합되어 현재의 모습을 갖추게 되었다.

주요 사찰로는 계룡산의 갑사·마곡사·동학사 등이 유명하다. 특히 화엄종 10대 사찰의 하나였던 갑사에는 철당간 및 지주(보물 제256호)·부도(보물 제257호)·『감지은니묘법연화경』권1·6(보물 제269호·보물 제270호)·동종(보물 제478호)·『월인석보』판목(보물 제582호)·대웅전(유형문화재 제105호)·대적전(유형문화재 제106호)·석조약사여래입상(유형문화재 제50호)·석조보살입상(유형문화재 제51호)·사적비(유형문화재 제52호)·강당·삼성각·팔상전 등 많은 문화재가 있다. 또한 마곡사에는 오층석탑(보물 제799호)·영산전(보물 제800호)·대웅보전(보물 제801호)·대광보전(보물 제802호)·동제은입사향로(유형문화재 제20호)·동종(유형문화재 제62호)·천왕문·국사당·명부전·응진전·해탈문 등의 유물·유적이 있고, 동학사에는 청량사지 오층석탑(보물 제1284호)·청량사지 칠층석탑(보물 제1285호)·삼층석탑·삼성각 등이 있다. 그 밖의 불교문화재로는 동원리석탑(유형문화재 제49호), 상신리당간지주(유형문화재 제94호), 가척리석탑(유형문화재 제98호), 계룡산마애불, 신흥리석불입상 등이 있다.

마곡사

■ 위치 및 창건

　마곡사(麻谷寺)는 공주시 사곡면 운암리에 있으며, 태화산(泰華山)의 지맥(支脈)에 의해 둘러 쌓인 명승지에 자리하고 있는 이 지역의 대표적 고찰이다. 국사봉(國師峰)으로부터 남쪽으로 흘러 내려온 마곡천(麻谷川)의 상류가 계곡 사이에서 동쪽으로 급하게 방향을 바꾸며 돌아가고 있는 우회지역에 자리하고 있기 때문에, 그야말로 산수(山水)가 겸비된 승지(勝地)로 이름 높다. 특히 이 곳의 산수 형세는 태극형이라고 하여 택리지(擇里志)·정감록(鄭鑑錄) 등의 자료에는 전란을 피할 수 있는 우리나라 십승지지(十勝之地)의 하나로 소개되어 있기도 하다.

　빼어난 자연환경 못지 않게 마곡사는 오랫동안 이 지역 불교의 중추적 역할을 담당해 온 거찰(巨刹)의 면모를 지니고 있다. 사찰의 규모 뿐만 아니라 유구한 역사와 전통 등의 여러 측면에서 이 지역 최고의 사세(寺勢)를 갖춘 곳으로 정평이 나 있는 것이다. 특히 근대 이후 전국 사찰의 사격을 정리하는 과정에서 마곡사는 충청남도 지역을 총 관장하는 사찰로서의 위상을 부여받게 된다. 1902년 당시 궁내부(宮內府) 소속으로 사사관리서(寺社管理署)가 설치되었는데, 여기에서 마련한「대한사찰령(大韓寺刹令)」에 의해 전국 16개 중법산(中法山) 사찰 가운데 하나로 지정되었던 것이다. 당시 충청북도 지역에서는 법주사(法住寺)가 중법산 사찰이

마곡사 절의 산수는 태극형이라하여 전란을 피할 수 있는 우리 나라 십승지지의 하나로 꼽히고 있다.

되었으며 충청남도지역에서는 이곳 마곡사가 유일하게 지정되었다. 이러한 위상은 일제강점기에도 그대로 이어져 30본말사법에 의한 30본산(뒤에 31본산으로 늘어남)의 하나로 지정되었으며, 현재도 대한불교조계종 제6교구 본사로서 인근 지역의 상당수 사암을 관장하는 위상을 간직하고 있다.

  마곡사는 그 중요한 불교사적 위상에 비해 사찰 역사와 관계된 자료가 너무 소략한 상태이다. 이로 인해 창건시기 및 창건주를 추정하는 데에도 적지 않은 어려움이 따르고 있다. 현존하는 자료 가운데 마곡사의 창건과 관계된 내용을 전하고 있는 가장 오랜 기록은 「마곡사대광보전중창기(麻谷寺大光寶殿重創記)」라는 현판이다. 지금 대광보전 내부에 걸려 있는 이 현판은 1785년(정조 9) 청암문인(青巖門人) 제봉(霽峰) 스님이 기록한 것

인데, 여기에서 마곡사 창건에 대한 사실을 다음과 같이 밝히고 있다.

　마곡사의 창건은 당(唐)나라 정관(貞觀) 17년 계묘(癸卯, 643년)에 이루어졌다. 자장율사(慈藏律師)가 나라에 많은 사찰을 세우고 다녔는데, 이 사찰은 그가 세 번째로 세운 것이다. 오랜 세월이 흐르면서 사찰의 흥폐(興廢)도 무상(無常)했는데, 재조(再造)는 범일(梵日) 스님이 했고, 세 번째 중건은 도선(道詵), 네 번째 중수는 보조(普照), 다섯 번째는 각순(覺淳) 등의 여러 승려가 이루었는데 그 일은 인영(印英) 스님이 기록한 사적에 기록되어 있다. 건륭(乾隆) 47년 임인(壬寅, 1782년) 9월 초 닷새 날에 사찰에 화재가 발생하여 대광보전과 여러 선실(禪室), 범종루 등이 불에 타 모두 재가 되어버리고 말았는데, 다행히 불상은 화를 면하게 되었다.

　이 기록은 대광보전의 중창을 기념하기 위해 작성된 것이다. 1782년(정조 6) 발생한 화재로 대광보전을 비롯한 여러 전각이 불에 타 버리자 마곡사 대중은 곧 중창에 들어갔는데, 그로부터 3년 뒤인 1785년에 이르러 대광보전이 다시 건립되었다는 내용이다.
　위에서 소개한 내용은 중창 과정을 기술하기에 앞서 마곡사의 창건 이후 역사를 간략하게 정리해 놓은 부분이다. 이에 의하면 마곡사는 643년 자장율사가 창건하였으며, 이후 사굴산문의 개창자 범일국사가 두 번째로 중창하였고 계속해서 도선, 보조국사 지눌, 그리고 조선시대의 각순 등이

천왕문 안에는 사천왕상이 있고 중수기 현판이 걸려 있다.

중창을 이어 왔다는 사실을 알 수 있다. 물론 여기서 밝힌 내용을 있는 그대로 믿기는 어려울 것이다. 하지만 현 상태에서는 이 중창기문이 가장 오래된 자료라는 사실을 유념할 필요가 있다. 어차피 창건 당시의 기록이 남아 있지 않은 상태에서는 일단 가장 오랜 자료의 기술 내용에 신빙성을 둘 수밖에 없는 것이다. 특히 위의 내용에서 밝히고 있듯이 제봉 스님은 인영이라는 스님이 지은 사적기의 내용을 참고하면서 이 중창기문을 작성하였다. 인영 스님은 1651년에 있었던 다섯 번째 중창의 역사를 기록한 인물로 보인다. 따라서 위의 중창기문 작성 시점보다 100여 년 앞선 시기에도 이같은 창건, 중창의 역사가 그대로 인식되고 있었음을 확인할 수 있다.

그런데 현대에 들어와 작성된 각종 자료는 대체로 자장율사에 의한 640년(선덕왕 9) 창건설을 수용하고 있는 편이다. 위의 중창기문보다 3년 앞선 창건설인데, 이 연도는 어떠한 자료를 근거로 성립된 것인지 파악되지 않는다. 마곡사의 역사를 가장 상세하게 전하고 있는 「태화산마곡사사적

명부전내부
지장보살은 구원의 이상을 상징하는
보살로 모든 인간을 교화하여 성불하도록
이끄시는 분이다.

입안(泰華山麻谷寺事蹟立案)」(1851년)에서, '정관 17년'(643년)을 선덕왕 9년(640년)으로 잘못 표기한 내용이 발견되는데, 혹시 이 내용을 받아들이는 과정에서 발생한 오류가 아닐까 한다. 이 사적입안은 풍부한 내용을 담고 있지만 워낙 후대에 편찬된 자료이기 때문에 그 인용하는 과정에 있어 보다 세밀한 검증 작업이 필요한 자료이다. 여하튼 현존 자료를 종합한다면 마곡사의 창건 연도는 643년으로 이해하는 것이 순리일 듯하다.

한편 일부 자료에는 신라 승려 무선(無禪)이 당나라에서 돌아와 이 절을 창건하였으며, 그 때 스승인 마곡 보철(麻谷普澈)을 사모하는 뜻에서 마곡사라고 하였다는 창건설이 전한다. 또한 일제강점기의 30본말사법 시행 과정에서 작성된 문건에는 신라 보조선사(普照禪師) 창건설이 수록되어 있으며, 「선교양종대본산마곡사연기약초」(충청남도지에 번역 발췌문이 실려 있음)라는 자료에도 그와 같은 내용이 실려 있다. 하지만 이들 창건설은 모두 뚜렷한 문헌적 근거를 갖고 있지 못하며, 현존 자료에 의한다

대광보전내부벽화

면 창건주 역시 자장율사로 보는 것이 타당할 듯하다.

■ **연혁**

창건 이후 마곡사의 역사를 상세하게 전하는 자료는 발견되지 않는다. 따라서 마곡사의 역사를 시대순으로 정리하여 살펴보는 데에는 많은 어려움이 따를 수밖에 없다. 특히 조선시대 이전의 역사는 보조국사 지눌의 중창 사실 이외에 알려진 내용이 전혀 없을 정도이다. 그나마 「태화산마곡사사적입안」에는 지눌의 중창 과정이 비교적 상세하게 실려 있다. 즉 마곡사는 약 100여 년간 폐사의 형태로 남아 있다가 지눌에 이르러 중창되었다는 내용인데, 승안(承安) 4년(1199년, 사적입안에는 고려 명종 때라고 되어 있지만 이 해는 신종 2년에 해당한다) 제자 수우(守愚)와 함께 이 곳을 찾은 지눌은 빼어난 경관을 보고 다리에 올라 춤을 추었다는 내

대광보전후불벽화

고방 절에서 사용하던 광 혹은 창고와 같은 건물로 중층의 구조로 되어 있다.

용이 실려 있다. 그래서 훗날 사람들이 이 다리를 '무교(舞橋)'라고 부르게 되었다는 것이다. 이 자료에는 또한 지눌이 중창을 진행하면서 당시 왕실로부터 밭 200결(結)을 받았다는 내용이 실려 있다. 이 내용을 그대로 수용한다면 지눌의 중창 불사는 상당히 대규모로 진행된 것이었음을 짐작할 수 있다.

한편 이규보(李奎報, 1168~1241)의 동국이상국집에는 마곡사와 연관되어 있는 듯한 시가 한 수 수록되어 있어 흥미롭다. 이규보가 마곡사에 있었던 스님에게 보낸 시인데, 그 제목과 내용은 다음과 같다.

「그 스님이 화답해 주었으므로 다시 차운하여 장난삼아 증정함(其僧見和復次韻戱贈)」

마곡사의 절간 살림살이는 물자가 풍족한데 그 스님이 마곡사에서 왔다고 들었다

대웅보전내부기둥
이 기둥을 안고 돌면 아들을 낳는다는
구전이 전한다.

어찌하여 하찮은 작은 암자로 와서 붙어 사는가.
공문(空門)은 단속없음을 이제서야 알았거니와
한 수의 시로는 계율을 모르겠다.

麻谷禪棲足自資 聞自麻谷來
如何來寄小庵卑
空門無檢今方識
一首詩中律莫知

이 시를 받은 스님이 어느 분인지는 정확히 알 수 없으나 당대의 문호 이규보와 시를 주고 받을 정도라면 나름대로 승단 내에서의 위상을 갖추고 있었던 인물로 보인다. 이 시에서 주목되는 내용은 당시 마곡사의 절 살림살이가 풍족했다고 하는 이규보의 표현이다. 즉 마곡사라는 살림이 풍부한 사찰에 있던 스님이 무엇하러 조그마한 암자에 와서 지내고 있느냐는 표현을 통해, 당시 고려인들에게 마곡사는 살림이 풍족한 사찰로 인식되고 있었다는 흥미로운 사실을 살필 수 있는 것이다. 비록 자세한 연혁은 알 수 없지만, 시 한 구절을 통해 고려시대 마곡사의 또다른 모습을 알 수 있게된 것은 그나마 다행이라고 하겠다.

■ 성보문화재

마곡사에는 본사답게 상당수의 전각이 있고, 또한 그 만큼의 많은 성보문화재가 있다. 전각과 누각만 하더라도 대웅보전을 비롯하여 대광보전·영산전·응진전·명부전·국사당·천왕문·해탈문·범종루·흥성루(興聖樓) 등이 있고, 요사도 우화궁(雨花宮)·매화당(梅花堂)·염화실(拈花室)·심검당(尋劍堂)·연화당(蓮華堂)·고방(庫房) 등 여러 채가 있다.

대웅보전제석천룡도   봉주 스님외 3인의 금어가 그린 것으로 1910년에 조성되었다.

그 밖에 경내에는 오층석탑이 있고, 천왕문과 해탈문 사이에 부도 5기가 있다. 그리고 천왕문에서 대광보전 쪽으로 들어서는 사찰 경내 입구에는 시내가 있는데, 그 위로 극락교가 걸려 있다.

마곡사의 지정문화재로는 보물 5점, 충청남도유형문화재 2점, 충청남도 문화재자료 5점 등 전부 12점이 있는데, 그 내용은 다음의 표와 같다.

지정현황	번호	명칭
보물	제799호	마곡사 오층석탑
보물	제800호	마곡사 영산전
보물	제801호	마곡사 대웅보전
보물	제802호	마곡사 대광보전
보물	제1260호	마곡사 석가모니괘불탱화
유형문화재	제20호	마곡사 동제은입사향로
유형문화재	제62호	마곡사 동종
문화재자료	제62호	마곡사 사천왕문
문화재자료	제63호	마곡사 국사당
문화재자료	제64호	마곡사 명부전
문화재자료	제65호	마곡사 응진전
문화재자료	제66호	마곡사 해탈문

이 같은 지정문화재를 중심으로 하여, 각 성보문화재를 전각·탱화·탑파·공예의 차례로 알아보면 다음과 같다.

● 마곡사 영산전

영산전은 일명 천불전으로 불러 오기도 하는데, 마곡사에서 가장 오래된 전각으로서 조선시대인 1651년(효종 2)) 각순대사(覺淳大師)가 중수하

영산전 1651년 각순대사에 의해 중수된 건물로 천불전으로도 불린다. 보물 제800호

였다.

 규모는 앞면 5칸, 옆면 3칸의 단층 맞배집이며, 막돌과 장대석으로 허튼층쌓기를 한 기단 위에 막돌초석을 놓고 약한 배흘림두리기둥을 세웠다. 포작(包作)은 창방(昌枋)으로 결구하고, 기둥 위에만 공포를 짜 놓은 주심포(柱心包) 건축이다. 공포(栱包)의 짜임은 외2출목으로 쇠서「牛舌」의 끝이 감겨 말린 것이 특이하며, 또 후면 공포에서는 이런 쇠서가 없는 것도 특기할 만하다. 내부 바닥은 우물마루이고 천장은 우물천장으로 층단천장을 이룬다. 1984년 11월 보물 제800호로 지정되었다.

 영산전 안에는 불단에 7여래상 및 천불상이 봉안되었고, 그 밖에 1910년에 조성한 신중탱화와 근래에 만든 금고(金鼓)가 있다. 신중탱화의 크기는 가로 257cm, 세로 222cm이다.

● 마곡사 대웅보전

　대웅보전은 조선시대 중기 1592년(선조 25)의 임진왜란 때 소실된 것을 1651년(효종 2) 각순대사와 당시의 공주목사(牧使)가 중건하여 오늘에 이른 것이다.
　전각의 규모는 앞면 5칸, 옆면 4칸의 중층(重層) 팔작집이다. 기단(基壇)은 막돌허튼쌓기이며, 이 위에 배흘림 두리기둥을 세웠다. 공포는 주심(柱心)은 물론 주칸(柱間)의 평방 위에도 짜올린 다포식(多包式)으로, 상하층 모두 내외3출목이다. 특히 쇠서 끝에 연봉(蓮峰)을 새겨 조선시대 중기 이후부터 말기적인 모습을 보여주고 있다. 처마 아래에 걸려 있는「대웅보전」편액은 신라의 명필 김생(金生)의 글씨라고 전하여 온다.
　현재 전각 안에는 석가불・약사불・아미타불의 삼존불이 봉안되어 있으며, 각각의 존상마다 뒤에 후불탱화가 걸려 있다. 그리고 관음보살좌상이 있으며, 탱화로는 후불탱화 3점 외에 영산탱화・신중탱화・산신탱화가

대웅보전　임진왜란 때 소실된 것을 1651년 중건하여 오늘에 이른다. 보물 제801호.

대웅보전내부

대광보전   소실되었던 것을 조선시대 말 다시 지은 건물이다. 보물 제802호.

있다. 신중탱화는 1910년에 조성한 것으로서 크기는 가로 211cm, 세로 151cm이다. 그 밖에 동종과 괘불함이 있다. 1984년 11월 보물 제801호로 지정되었다.

● 마곡사 대광보전

  뒷편에 있는 대웅보전과 함께 마곡사의 금당으로서, 경내의 전체 가람배치상으로는 해탈문·천왕문과 일직선상에 놓여 가장 중심 되는 위치에 자리잡고 있다.
  정확한 창건연대는 알 수 없으나 소실되었던 것을 조선시대 말인 1813년(순조 13)에 다시 지은 것이다.
  건물의 규모는 앞면 5칸, 옆면 3칸의 단층다포식팔작지붕 건물이다. 공포는 외3출목, 내4출목이며 쇠서는 끝이 날카롭게 위로 뻗쳐 있고 그 위

대광보전비로자나불
건물의 동쪽을 바라보고
비로자나불이 봉안되었으며 그 뒤로
1788년에 조성된 후불탱화가 있다.

에 연봉이 장식 되었으며, 봉황 머리의 운공(雲工)도 첨가되었다. 앞면의 3분합문(三分閤門)에는 꽃모양의 장식이 가미되고, 내부도 2단의 우물천장에 연화문(蓮華紋)·운학문(雲鶴紋)이 그려져 있다. 그리고 불상 위에는 섬세한 조각의 닫집이 있어 공간구성을 한층 풍성하게 해 준다. 앞면 어칸(御間) 기둥머리의 용머리 조각은 내부의 화려한 구성과 함께 건물 전체를 풍만한 장식으로 가득 채워 준다.

양식적으로 볼 때 장식적 특징을 잘 살린 조선시대 후기 건축의 걸작품 가운데 하나이다. 1984년 11월 보물 제802호로 지정되었다.

● 마곡사 사천왕문

1984년 5월 충청남도문화재자료 제62호로 지정되었다.

명부전 금당지역을 나와 극락교를 지난 곳에 영산전과 함께 있다.

● 마곡사 명부전

 명부전(冥府殿)은 지장보살을 중심으로 염라대왕 등의 시왕을 모신 곳으로, 일명 시왕전·지장전·명왕전(冥王殿)이라고도 한다. 지장보살은 불교에서 구원의 이상을 상징하는 자비로운 보살로서, 모든 인간을 교화시켜 성불하도록 하는 역할을 맡은 보살이다. 시왕은 인간이 죽은 후에 지옥에서 죄가 많고 적음을 가리는 10명의 왕인데, 염라대왕은 그 중의 다섯 번째 왕이다. 주존인 지장보살을 중심으로 좌우에 명부시왕상을 모시고 있다. 1984년 5월 충청남도문화재자료 제64호로 지정되었다.

● 마곡사 응진전

 이 곳은 부처님의 제자인 16나한을 모신 곳으로, 나한전(羅漢殿)이라고

응진전 부처님의 제자 16나한을 모신 곳으로 나한전이라 부르기도 한다.

도 한다. 본래 응진전(應眞殿)은 수도승(修道僧)의 신앙 형태를 나타내는 건물 중의 하나이다.

석가부처님을 중심으로 제자인 아난·가섭을 모시고, 그 주위에 16나한상, 그리고 끝에 범천과 제석천을 함께 모신다. 16나한은 수행을 완성하여 성자(聖者)의 지위에 올라 중생에게 복을 주고 바른 법으로 인도하기를 원하는 존재를 말한다.

이 응진전 건물은 1852년(철종 3)에 다시 수리한 것이다. 1984년 5월 충청남도문화재자료 제65호로 지정되었다.

● 마곡사 해탈문

마곡사의 정문으로서 이 문을 지나면 속세를 벗어나 법계로 들어간다는 상징적 의미를 지니며, 해탈을 하겠다는 마음을 갖게 된다고 하여 해

해탈문 금강역사상과 문수동자·보현동자상이 봉안되어 있다.

탈문(解脫門)이라 한다.

중앙 통로 양쪽에 금강역사상과 보현·문수 동자상을 모시고 있다. 1984년 5월 충청남도문화재자료 제66호로 지정되었다.

● 마곡사 석가모니불괘불탱

이 괘불(掛佛)은 그림의 화기(畵記)에 적혀 있는 '천백억화신석가모니불'이라는 존명으로 보아 주존은 석가불인 것을 알 수 있다. 화기에는 또한 각 존상들의 명칭도 함께 기록되어 있어 도상학(圖像學)적인 면에서 중요하다.

그림의 양식을 보면, 두광 좌우에 지권인(智拳印)을 한 비로자나불과 설법인(說法印)의 노사나불이 배치되었고, 미륵보살과 제화갈라보살이 좌우에 배치된 것으로 보아 성불한 부처님의 형태가 보살의 형상으로 묘사된 것 같다. 원형 두광과 거신형 신광 주위로 육대보살·십대제자, 제석천과 범천, 사천왕·천자·아수라·용왕·벽지불(辟支佛) 등이 좌우대칭으로 화면 가득히 배치되었다. 이같은 군상(群像)중 중앙의 주존은 용화수 가지를 왼손에서 오른쪽으로 걸쳐서 잡고 있는데 신체에 비해 두 손을 크게 묘사하여 마치 용화수 가지를 강조한 것으로 보이며, 내의인 승가리 위에 걸친 통견(通肩)과 군의(裙衣)의 색조와 문양은 화려함을 더해주고 있다. 두광 좌우의 청정법신비로자나불과 원만보신노사나불을 아주 작게 묘사한 점은 청양의 장곡사 미륵불괘불탱(1673년작, 국보 제300호), 서산의 개심사 영산회괘불탱(1772년작, 보물 제1264호)과 같은 유형이다.

좌우협시인 육대보살은 미륵과 제화갈라보살을 비롯하여 관음·대세지·문수·보현보살로 구성되었으며 십대제자상과 보향·명월천자가 상단 좌우 끝에, 그리고 아수라·가루라·용왕들이 배치되어 있다.

화기로 보아 탱시주, 파탕시주, 금·포·원경·후배지·인등·초지 등의 시주를 비롯한 여러 승려와 일반인들이 참여하에 제작되었으며, 음력 사월 초파일의 부처님오신날 외에도 수륙재(水陸齋)와 49재에 쓰여졌음을 알 수 있다.

대형의 화면에 중후한 형태, 현란한 색채 등 17세기 전반의 특징을 보이고 있는 이 그림은 구도에서도 삼각형을 겹친 모양으로 여러 권속들을 작고 중첩되게 배치한 다음 본존을 중앙에 크게 묘사하고 있어 일반대중들을 압도시키는 예배대상의 면모를 잘 보여주고 있다. 이 괘불은 따라서 삼신불 가운데 화신(化身) 석가불을 노사나불과 동일하게 보살형으로 형상화한 특이한 도상으로 주목된다.

1997년 8월 보물 제1260호로 지정되었다.

● 마곡사 오층석탑

이 탑은 방형(方形)의 기단(基壇) 위에 상륜부가 라마(喇嘛) 형식으로

오층석탑
고려말의 석탑으로
대광보전 앞 마당에 서 있다.
보물 제799호.

조성되어 있는 특수한 모양으로, 중국 원(元)의 영향을 받은 고려 말의 작품으로 추정되며, 전세계에서 3기 밖에 없는 작품 가운데 하나로 전해지고 있다. 이 탑은 조선시대 중기 1592년의 임진왜란 때 무너져 그 속의 귀중품은 당시에 없어졌다. 1984년 11월 보물 제799호로 지정되었다.

● 마곡사 동제은입사향로

이 동제은입사향로(銅製銀入絲香爐)는 넓은 테두리를 가진 완형(埦形)의 몸체와 나팔형으로 확대된 높은 받침대를 갖춘 향로이다. 오동색(烏銅色)을 띠고 있으며, 표면에는 은사(銀絲)를 상감(象嵌)해서 화려한 무늬를 장식하였다.
몸체인 신부(身部)의 무늬는 쌍구식(雙鉤式)의 당초문인데, 네 곳에 둥

요사지역 종무소로 사용되는 심검당과 연화당을 비롯한 요사들이 한 구역을 이루고 있다.

근 테두리인 원권(圓圈)을 만들고 그 안에 범자(梵字)를 하나씩 넣었다. 이 원권 주위에는 여의두문(如意頭紋)이 돌려져 있고, 또한 몸체 하부와 받침대 상부에는 연판문(蓮瓣紋)이 만들어져 있다. 그 이외의 부분에는 전부 비슷한 당초문으로 나타내었다.

1973년 12월 충청남도유형문화재 제20호로 지정되었다.

● 마곡사 동종

경내 오층석탑 동쪽 심검당의 툇마루에 자리하고 있던 동종으로서, 종 몸체에 있는 주성기(鑄成記)에 의하여 1654년(효종 5) 충청도 대흥(大興)의 안곡사(安谷寺)에서 주조되었음을 알 수 있다. 동종의 용뉴(龍鈕)에는 두 마리의 용이 조각되었고, 종신(鍾身) 어깨의 네 곳에 유곽(乳廓)을 배치했다. 유곽 사이사이와 종신부의 중앙 네 곳의 상하에 각각 원형 두광을 가진 보살상을 양각하였다. 유곽의 내구(內區)에는 9개의 유두(乳頭)가 돌출되었고, 종신의 상대(上帶)에는 두 줄기의 방형대(方形帶)를 만들었다. 그리고 그 안에 원권을 마련하고 범자문을 놓았다. 하대(下帶)는 연화문(蓮花紋)과 보상화문(寶相花紋)을 교차시킨 당초문대(唐草紋帶)로 구성하였다.

 이 동종은 전체 규모가 크지는 않지만 제작연대와 장소를 확실히 알 수 있어 중요한 자료가 된다. 1976년 1월 충청남도유형문화재 제62호로 지정되었다.

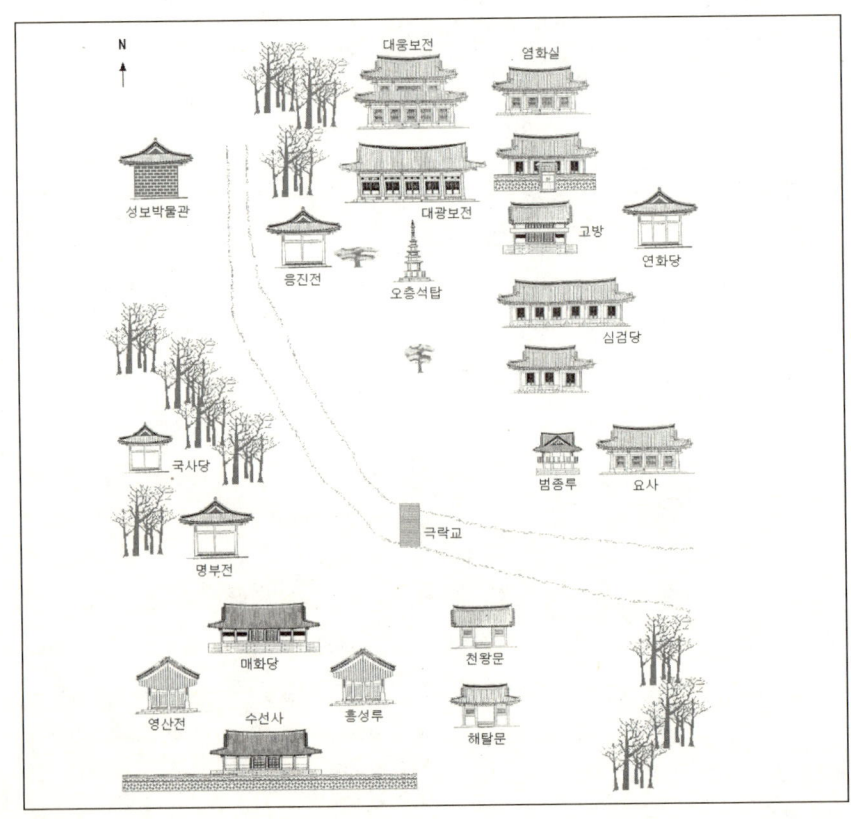

갑사

■ 위치와 창건

갑사(甲寺)는 공주시 계룡면 중장리 계룡산(鷄龍山)에 자리한 대한불교 조계종 제6교구 본사 마곡사의 말사이다.

계룡산 연천봉으로부터 서북쪽으로 앞이 환하게 트인 곳에 자리한 갑

갑사 낮은 능선의 끝자락에 있으면서도 산사의 멋을 한껏 안겨주는 곳으로 그 경관이 매우 아름답다.

강당사액 글씨는 1887년 충청감사 홍재희가 쓴 것이다.

사는 양쪽으로 작은 계곡을 끼고 있는 낮은 능선의 끝부분에 서향으로 세워져 있다. 경내로 들어가는 길은 예로부터 산사의 멋을 한껏 풍겨주는 곳으로 이름이 높고, 주위를 둘러싼 산봉우리에는 수목들이 울창하게 자라고 있어 아름다운 경관을 이루고 있다.

갑사의 창건에 대하여는 여러 설이 전해온다. 「갑사사적비」와 『문화유적총람』에는 신라 진흥왕 때 자장(慈藏) 율사가 창건하고 혜명(慧明) 선사가 증축하였다 하는데, 이외에도 420년에 아도(阿道) 화상이 창건했다는 설, 556년 혜명(惠明) 화상의 창건설, 그리고 아도 화상이 창건하고 혜명 화상이 중창했다는 설 등이 전해오고 있다. 창건에 대한 기록이 이처럼 확실치는 않지만, 그 시기는 삼국 통일기 이전으로 볼 수 있다. 그것은 신라시대 의상(義相) 대사의 화엄십찰(華嚴十刹) 중에 계룡산 갑사가 포함되어 있기 때문이다.

신라의 대문장가 최치원(崔致遠)이 찬술한 「법장화상전(法藏和尙傳)」에, '해동(海東)의 화엄대학(華嚴大學)이 십산(十山)에 있으니 중악공산

팔상전내부 영산회상도를 비롯하여 팔상도와 신중도 등이 봉안되었다.

의 미리사, 남악 지리산의 화엄사, 북악 부석사, 강주 가야산 해인사와 보광사, 웅주 가야협의 보원사, 계룡산 갑사(岬寺), 삭주 화산사, 양주 금정산의 범어사, 비슬산 옥천사, 전주 모악산 국신사이다'라고 하였다.

의상 대사가 당나라에 유학하여 그곳 종남산에서 지엄(智儼) 선사로부터 화엄의 오묘한 뜻을 배워 깨닫고 귀국하여 화엄의 큰 뜻을 선양하면서 국내의 영지(靈地)에 제자들과 함께 여러 절을 세워 화엄십찰이라 일컬었으니, 그 중의 하나가 바로 계룡산 갑사인 것이다.

『동국여지승람』에는 계룡갑사(鷄龍岬寺)로 기록되어 있으며, 그 밖에 갑사(岬寺)·갑사사(甲士寺)·계룡사(鷄龍寺) 라고도 했다. 1911년 사찰령(寺刹令)이 반포될 때는 갑사가 30본사의 하나인 마곡사의 수(首)말사였으며, 마곡사와는 예로부터 사람들의 왕래와 불법의 교류가 활발하였다 한다.

표충원 사명당 등 스님 영정 8점이 봉안되어 있다.

■ 연혁

　신라와 고려시대에서 화엄종 사찰로 번성했던 갑사의 흔적은 여기 저기서 보이고 있다. 대적전 근처에서 신라 때의 주초석이 아직도 남아 있으며, 철당간 및 지주(支柱)의 위용과 갑사 부도의 화려함은 당시의 상황을 충분히 짐작하게 한다. 전해오는 기록에 의하면 갑사는 859년과 887년에 중창 불사가 크게 이루어졌다고 한다.

　조선시대에 접어든 후 1442년 4월 나라에서 사원의 승려수와 토지의 규모를 정할 때 예조(禮曹)에서, '충청도 공주 계룡사는 원래 100결의 토지가 있었지만 이제 50결을 더하여 70명의 승려를 거주토록 할 것'을 건의하여 시행된 바 있다. 계룡사는 계룡갑사의 다른 이름으로 생각되어, 조선 전기에도 국가적 비중이 매우 컸고, 사세는 더욱 확장되었음을 알 수 있다. 1583년(선조 16) 여름에는 정문루(正門樓)를 중수하였고, 이듬해 여름에 무게 8,000근의 대종을 새로 주조하였다. 전에 있던 종이 북쪽 오랑캐

삼층석탑
대적전으로 가는 길목에 있다.
고려시대에 조성된 것으로 추정되며
일명 공우탑으로 불린다.

의 침입을 막기 위한 화포를 만드는 데 공출되었기 때문이었다.

정유재란으로 건물이 모두 불타버린 뒤 1604년(선조 37)에 인호(印浩)·경순(敬淳)·성안(性安)·병윤(竝胤) 스님 등이 힘을 합하여 먼저 대웅전과 진해당(鎭海堂)을 중건하였고, 이어 1654년(효종 5) 사정(思淨)·신휘(愼徽)·일행(一行)·정화(正華) 스님 등이 관찰사 강백년(姜栢年)의 도움으로 크게 중창하여 가람을 일신하였다. 불사를 마치고 난 후 당시의 상황은 이지천(李志賤)이 지은 공주 계룡산 갑사 사적비문에 새겨져 있다.

1738년(영조 14)에는 영조 임금의 명으로 표충원(表忠院)이 건립되었다. 당시의 표충원은 절의 남쪽 기슭에 있었다고 한다. 현 위치로 표충원을 옮긴 것은 1845년(헌종 11)의 일로, 당시 충청도 관찰사 강시영(姜時永)이 관비(官費)를 모아 옮겨 지었다 한다.

이후에도 몇 차례의 중창불사가 있었으니, 1797년(정조 21)에는 원선사

표충원기허당비

(圓禪師)가 중창하였고, 1875년(고종 12)에도 중수 불사가 있었다. 그리고 1899년(광무 3)에는 적묵당(寂默堂)이 신축되었다.

부속암자로는 내원암(內院庵)·신흥암(新興庵)·대성암(大聖庵)·대적암(大寂庵)·대자암(大慈庵) 등이 있다.

■ 주요 인물

● 기허 영규

서산(西山) 대사의 제자인 기허 영규(騎虛靈圭) 대사는 지금의 공주 계룡면 월암리 판현(板峴)에서 태어나서, 19세에 갑사 청련암(靑蓮庵)으로

선원 최근 삼성각 뒤편에 새로 지어졌다. 건물 옆에는 부도 2기가 있다.

출가하였다. 성은 박(朴)씨이며 본관은 밀양으로 사대부 집안이었다.

  1592년(선조 25) 임진왜란이 일어나자 승병(僧兵)을 모집하여 참전하였는데, 주로 충청도에서 활약하여 청주성을 탈환하고, 옥천의 적을 물리치는 등 혁혁한 전과를 올렸다. 의병장 고경명(高敬命)이 금산에서 분전하고 있을 때 이를 구하려고 의병장 조헌(趙憲)과 함께 나아가 최후까지 싸웠으나 중과부적으로 중상을 입고 퇴각하여 공주 유산(柳山)에서 숨을 거두었다. 이에 선조 임금은 왕명으로 진위장군에 추봉하고 정성껏 장사를 지내도록 하였다.

  영규 대사의 묘는 공주 계룡면 유평리 산5번지에 있으며, 현재 충청남도기념물 제15호로 지정되어 있다. 무덤에 세운 묘비(墓碑)는 1810년(순조 10) 방계(傍系)의 후손들이 세웠고, 표충원 마당에 있는 「승병장영규대사사적비」는 1973년 정인보(鄭寅普, 1892~?)가 글을 지어 세웠다.

■ 성보문화재

갑사의 가람 배치는 대웅전이 있는 구역과 대적전이 있는 구역의 둘로 나누어 볼 수 있다. 중심이 되는 대웅전 구역의 현존 당우로는 대웅전·강당·응향각·진해당·적묵당·팔상전·표충원·삼성각·종각·요사가 있으며, 대적전 구역에는 대적전과 요사가 있다.

사찰 앞면에는 석축을 쌓아 그 위에 삼문(三門) 형식의 해탈문이 있고, 그 안으로 들어서면 좁은 마당이 있는 강당(講堂)이 있다. 강당 뒤의 마당을 사이에 두고 한 층 높은 석단 위에 대웅전이 서향으로 서있다.

대웅전 마당의 좌우에 요사로 쓰이고 있는 진해당(振海堂)과 적묵당(寂默堂)이 배치되어 있다. 대웅전 전면 왼쪽의 진해당은 1875년(고종 12) 대웅전과 함께 중건된 건물로 알려져 있다. 'ㄱ'자 형의 평면에 팔작지붕을 올렸다. 적묵당은 1899(광무 3)에 중수되었으며, 앞면 6칸, 옆면 3칸의 건물과 오른편으로 꺾이어 앞면 4칸, 옆면 2칸의 건물이 결합하여 'ㄱ'자의

삼성각   대웅전 동쪽에 위치하며 칠성탱화를 비롯하여 독성탱화와 산신탱화를 봉안하였다.

평면을 이루고 있다.

　대웅전 서쪽 요사지역 안에 월인석보판목보존각이 있고, 동쪽에는 삼성각이 있다.

　대웅전에서 좀 벗어난 북쪽 언덕 위에 담장으로 둘러쳐진 안에 팔상전(八相殿)이 있고, 그 남쪽에 임진난 때의 승병장을 모신 표충원(表忠院)이 있다. 팔상전은 앞면 3칸, 옆면 1칸의 겹처마 맞배지붕의 건물로 서향을 하고 있다. 내부에는 후불탱과 팔상도, 신중탱이 사진으로 봉안되어 있다. 표충원은 앞면 3칸, 옆면 2칸의 건물이며, 내부에 사명 유정(泗溟惟政)·청허 휴정(淸虛休靜)·기허 영규(騎虛靈圭) 등 3인 고승의 진영이 중앙에 봉안되어 있고, 그 밖에 다른 고승 진영 5점도 있다.

　대웅전이 있는 지역에서 남쪽으로 작은 계곡을 지나면 대적전과 작은 요사가 있고, 그 앞에 보물로 지정된 갑사 부도가 있다. 부도가 있는 곳에서 서쪽으로 경사진 곳을 내려가면 철당간 및 지주가 있다.

　대적전을 바라보고 왼쪽의 빈터에 초석이 노출된 건물지가 하나 있다. 앞면 5칸, 옆면 3칸의 규모에 남향으로 세워졌던 이 건물은 초석의 형식을 보아 고려시대에 세워졌던 것으로 보이며, 갑사의 연혁을 검토하는 데 매우 중요한 가치를 지니고 있으니, 아마도 갑사 창건 당시의 가람의 위치는 곧 현재의 대적전 일대가 아닐까 생각하고 있기 때문이다.

　대적전으로 가는 길목에 삼층의 석탑 1기가 있다. 본래는 갑사의 산내 암자인 사자암에 있었는데, 대적전 뒤편으로 옮겨 놓았다가 다시 현 위치로 옮긴 것으로 전해온다. 기단은 4매의 장대석으로 되어 있고, 탑신부는 탑신과 옥개는 각각 1매의 돌로 이루어져 있으며, 상륜부는 모두 없어졌다. 이 탑의 높이는 190cm이며 고려시대에 건립된 것으로 추정된다. 일명 공우탑(功牛塔)이라고 부른다.

　부도전은 표충각에서 주차장으로 내려가는 길 오른편에 있다. 여기에는 대산당(大山堂)·충허당(庶虛堂)·함황당(涵徨堂)·현은당(玄隱堂)·용월당(龍月堂)·청심당(淸心堂) 등 전부 16기의 부도가 있다.

　부도전으로 내려가는 길목에는 충청남도유형문화재 제52호로 지정된

부도전 표충원에서 주차장으로 내려가는 길 오른편에 있다. 모두 16기의 부도가 있다.

「갑사 사적비」가 있다. 자연석 암반 위에 장방형의 대좌를 마련하고 대석으로 된 비신을 올려 놓았다. 내용은 갑사의 역사를 기록한 것인데, 비신 상단에 '공주계룡산갑사사적비명(公州鷄龍山岬寺事蹟碑銘)'으로 되어 있어 당시에는 갑사(岬寺)라 불리웠음을 알 수 있다. 1659년(효종 10)에 세워졌으며, 비문은 비신의 4면에 새겼는데, 글은 이지천(李志賤)이 짓고, 글씨는 이기징(李箕徵)이 썼으며, 상단의 제액(題額)은 홍석구(洪錫龜)가 썼다.

● 대웅전

갑사의 본전(本殿)으로서, 정유재란때 소실되었던 것을 1604년(선조 37) 인호(印浩)·경순(敬淳) 스님 등이 힘을 합하여 중건하였다. 이후 1653년(효종 4) 충청도 관찰사 강백년(姜栢年)의 도움을 받아 사정(思

표충원입구

대웅전 정유재란때 소실되었다가 1604년에 중건하고 1653년에 개수하였다.

淨)·신휘(愼徽) 스님 등이 대중창 불사를 하면서 크게 개수하여 오늘에 이르고 있다. 현재 충청남도유형문화재 제105호로 지정되어 있다.

그런데 본래의 대웅전은 현재 대적전이 있는 부근으로 보이며, 정유재란 이후 이 곳에 대웅전을 중건한 것으로 추정된다. 규모는 앞면 5칸, 옆면 3칸의 단층 다포식(多包式) 맞배지붕 건물이다.

건물의 양식은, 화강암 기단 위에 자연석 덤벙주초를 놓고 그 위에 배흘림의 둥근 기둥에 창방과 평방을 짜고 나서 주두(柱頭)를 올려 놓았다. 기둥의 간격은 가운데 칸을 다소 넓게 잡아 공포를 2구씩 배치하고, 협칸에는 1구씩 배치하였다. 가운데 칸에는 띠살문의 사분합 쌍여닫이 문이 있고, 양 옆 협간과 옆면 앞칸에 분합문을 달았다. 가구(架構)는 내고주(內高柱)를 세우고 그 위에 동자기둥을 얹어 마루보를 받쳤으며, 이 마루보에 의지하여 우물천장을 가설하였다. 내고주열에는 후불벽을 만들고 그 위쪽에 불단(佛壇)을 설치하였다.

불단에는 석가여래를 주존불로하여 오른쪽에 아미타여래, 왼쪽에 약사

대웅전내부 석가여래를 주존으로 하여 아미타여래와 약사여래의 삼존을 모셨다.

여래의 삼존상을 좌상으로 모셨다. 여래상의 사이와 양 옆에는 4보살의 입상이 협시하고 있으니 대세지보살·문수보살·관음보살·보현보살이다. 임진왜란 이후 중창 불사 당시에 조성된 것으로 보이는 이 불상은 시대상황이 반영된 듯 매우 건장한 모습을 하고 있다.

후불탱은 영산회상도·아미타회상도·약사회상도 등 모두 3폭이 걸려 있다. 영산회상도는 세로가 긴 화면의 중앙에 그려진 주존을 중심으로 6보살, 10제자, 8부중, 사천왕이 좌우 대칭으로 배치되어 있으며, 화면 상단으로 올라갈수록 작게 그려졌다. 이 불화는 1730년(영조 6)에 그려진 것임을 화기를 통해 알 수 있다. 아미타회상도의 본존은 연화대좌 위에 결가부좌한 모습이며 중품하생의 수인을 취하고 있다. 주위에 8보살과 사천왕, 가섭·아난 등의 제자상, 신장상 등이 그려져 있다. 약사회상도의 본존은 왼손에 약함을 들고 있는 모습이며 일광보살·월광보살을 비롯하여 4보살과 사천왕·신장상·청신남녀상 등이 그려져 있다. 아미타회상도와 약사회상도도 영산회상도와 같은 시기에 그려졌다. 대웅전 내부 오른쪽벽에는

갑사 123

1910년에 그려진 신중도와 현왕도가 나란히 봉안되어 있고, 왼쪽벽에는 1905년에 그려진 삼장보살도가 있다. 불단 위쪽에는 화려한 닫집을 설치하여 장엄하였으며, 대체로 조선시대 중기의 양식을 보이고 있다.

● 강당

대웅전과 해탈문 사이에 위치하고 있는 강당(講堂)은 앞면과 옆면 각 3칸의 규모를 한 맞배지붕의 건물로서, 공포는 다포식이다. 자연석 위에 덤벙주춧돌을 배열하고 배흘림한 둥근 기둥을 세운 뒤 그 위에 창방을 짜올렸다. 가구(架構)는 평방 위에 2출목으로 공포를 짜올려 도리를 받치는 한편 평주 사이에 대들보를 걸치고 기둥 4개를 세워 이를 받쳤고, 대들보 위의 천장은 판장(板張) 천장이다. 본래 스님들이 불법을 강론하던 건물로서, 「계룡갑사(鷄龍甲寺)」라는 사액이 붙어 있는데, 이 글씨는 1887년(고종 24) 충청감사 홍재희(洪在羲)가 쓴 것이다. 전체적으로 기교

강당 불법을 강론하던 건물로 정면에는 계룡갑사라고 쓴 사액이 걸려 있다.

를 부리지 않은 조선시대 건축물로, 충청남도유형문화재 제95호로 지정되어 있다.

● 대적전

대적전(大寂殿)은 갑사 경내 앞을 흐르는 계곡 건너편에 있으며, 본래의 금당지로 추정되고 있는 곳에 요사 한 채와 더불어 한 구역을 이루고 있다. 앞면과 옆면 각 3칸 규모의 팔작지붕을 한 서향 건물로서 공포는 다포식이다.

건축 양식은, 장대석으로 쌓은 기단 위에 덤벙주춧돌을 놓고 돌 위에 둥근 홈을 새겨 기둥자리를 표현하였다. 기둥 위에는 창방과 평방을 십자 모양으로 짜맞추고 그 위로 공포를 올렸는데, 건물 뒤쪽에서는 공포를 생략하였다. 앞쪽 가운데 칸에 4분합문을 달았으며, 그 위쪽에 공간포를 배열하였고, 양 옆칸과 옆면 앞쪽 칸에는 2분합문을 달았으며 문살은 모두

대적전 대웅전이 있는 구역과 떨어진 곳에 있으며 건물 앞에는 갑사 부도가 있다.

대적전내부
석가삼존불상과 삼불회도가 봉안되었으며 그 좌우에는 사천왕도 2폭이 걸려 있다.

띠살로 되어 있다. 천장은 우물 천장이며 단청은 특이해서 천장에 연꽃무늬와 태극선 모양의 파문(巴文)을, 대들보에 물고기를, 앞쪽 창방에 신선도를, 평방에는 개와 고양이 그림을 그려 놓았다.

건물 내부는 통칸으로 바닥에 널마루를 깔고 내고주를 세웠고, 고주 사이에는 후불벽을 세워 그 앞에 불단을 설치하였다. 불단 위에는 석가여래상과 문수보살·보현보살의 삼존상을 좌상으로 안치하였다. 전각 명칭이 대적전이라서 주존이 비로자나불이어야 할 텐데 지금은 석가불이 봉안되어 있다. 이 석가삼존불상은 상호가 원만하고 자세가 단정한 것으로 보아 조선 후기 영조·정조 시대에 제작된 것으로 보인다.

후불벽에는 1907년에 조성된 삼불회도와 2폭의 천왕도도 걸려 있다. 삼불회도는 정방형에 가까운 화면에 석가여래·아미타여래·약사여래의 삼존과 문수·보현·관음·지장 등 여러 보살과 아난·가섭 등 십대제자 및 여러 권속들이 묘사되어 있다. 이 불화는 1907년 당대의 화승 금호 약효

갑사 동종
종신에 새겨진 명문에
절이름을 갑사사로 기록하고 있다.
1584년에 조성하였다.
보물 제478호.

(錦湖若效) 등이 조성한 우수한 작품이다.

삼불회도 좌우편에는 한 폭에 두 천왕을 그린 사천왕도가 걸려 있다. 삼불회도와 이 두 폭의 사천왕도는 합해서 한 벌이 되는 것으로 같은 시기에 그려진 것이다. 대적전은 충청남도유형문화재 제106호로 지정되어 있다.

● 갑사 동종

갑사의 정문인 해탈문 입구 오른편에 사모지붕의 종각이 있고, 그 안에 전체높이 127 ㎝, 입지름 91.5㎝의 동종이 있다. 현재 보물 제478호로 지정된 이 동종은 1584년(선조 17년) 국왕의 성수를 축원하는 도량인 갑사에서 사용할 목적으로 조성된 것인데, 일제강점기에 공출물로 빼앗겼다가 광복 후 인천에서 다시 찾아온 것이다.

　종의 윗부분에는 음통이 없으며 두 마리의 용을 네 다리와 몸체를 종에 부착시켜 용뉴를 이루고 있다. 종의 어깨 부분부터 배 부분까지는 완만한 곡선을 이루다가 밑부분까지는 직선으로 되어 있다. 어깨 부분에 삼각형에 가까운 입상(立狀)의 파문(波紋)을 돌렸고, 그 아래 부분 원 안에 범자(梵字) 31자를 양각으로 주조하여 일렬로 배치하였다. 그리고 상대(上帶) 바로 밑에 있는 4개의 유곽은 각각 9개의 유두를 3열로 두었고, 종신에는 4개의 당좌와 그 사이에 석장을 잡고 구름 위에 서있는 지장보살상이 양각되어 있다. 종소리로 지옥의 문을 깨뜨려 지옥 중생을 구출해내려는 지장보살의 서원을 상징하는 것이다.

　하단에는 두 줄을 돌려 보상화문을 새겼고, 유곽과 승상(僧像) 사이의 한 곳에 양각한 명문이 있어 이 종의 조성내역과 주조연대, 소요된 쇠의 무게 및 시주자의 명단을 알려준다. 곧 만력(萬曆) 11년에 북쪽 오랑캐가 쳐들어 오자 화포를 만들기 위해 갑사의 종도 공출되었고, 이듬해에 무게 8,000근의 대종을 새로 주조하게 되었다는 것이다. 또 이 명문에는 절 이름이 '갑사사(岬士寺)'로 되어 있어 주목된다. 기본 형태와 양식은 신라 및 고려종을 계승하고 있으며, 조선시대 전반기의 동종의 양식을 볼 수 있는 대표적 작품이다.

　보물로 지정된 동종 외에 또하나의 동종이 있다. 이 동종은 하단에 새겨진 명문을 통하여 1774년(영조 50)에 조성된 것임을 알 수 있다.

● 갑사 부도

　현재 보물 제257호로 지정 되어 있는 이 부도는 본래 갑사 뒤쪽 계룡산 산중에 있었으나, 현재는 갑사 중심부가 아닌 계곡 건너 남쪽 대적전 경내에 있다. 원위치에 쓰러져 있던 것을 1917년 무렵에 현위치로 옮겨 세웠다. 기본 구조는 팔각원당형(八角圓堂形)을 따르고 있다.

갑사부도
고려시대에 조성된 팔각원당형의 부도로
조각이 화려하고 웅대하다.
보물 제257호.

　기단은 8각의 높직한 지대석 위에 하층은 넓고 상층은 차차 줄어든 3층으로 되어 있다. 기단의 하층에는 8각의 각 모퉁이마다 밑에서 연꽃이 피어나는 모양을 하고, 각 면에는 한 구씩의 형태를 달리하는 사자(獅子)를 조각하였는데, 모두 원각(圓刻)에 가깝다. 기단 상층은 운룡문(雲龍紋)을 입체적을 조각하여 매우 생동감있고 화려하며, 기단 상하층의 조각 안쪽에 구멍이 파져 있어 물이 밖으로 빠지도록 했다.
　중대석은 거의 원통에 가까운데 각 귀퉁이에 꽃모양의 무늬가 튀어나와 있고, 그 사이에 주악천인상(奏樂天人像)이 양각되었다. 상대석은 8각으로 밑에 두툼한 부연(副緣)이 있고 상면에는 32잎의 연꽃이 둘려 있으며, 중앙에 2단의 굄이 있다.
　탑신석도 8각의 기둥형태로서 앞뒤 양면에 문호형(門戶形)과 자물쇠가 새겨져 있고, 그 좌우에 사천왕상(四天王像)이 두드러지게 양각되었다. 옥개는 높이가 높은데 비해 넓이가 좁아 안정감이 부족하지만 기와골 등 세

갑사부도부분 기단 하층에는 사자상을 조각하였는데 그 중 함께 있는 인면상이 돋보인다.

부 양식을 우아하고 정교하게 조각하였다. 본래의 상륜부는 없어졌고 새로 만든 보주를 올려놓았다.

이 부도는 국보 제57호 전라남도 화순 쌍봉사 철감(澈鑑) 선사 부도와 비슷한 양식을 띠고 있다. 철감 선사(798~868)는 사자산문(師子山門)의 조사인데, 이 갑사 부도는 사자산문의 제 2대 조사인 징효 절중(澄曉折中, 826~900)의 부도가 아닌가 생각되고 있다. 갑사 대웅전 뒷산인 수정봉 중턱에 있던 중사자암터에서 옮겨 왔다 하니, 그 중사자암이라는 이름으로 사자산문과의 관련도 짐작할 수 있기 때문이다. 징효 대사가 공주(公州)에 머문 적이 있다고 비문에 적혀 있음도 이 사실을 뒷받침한다.

전체적으로 조각이 화려하고 웅대하지만, 목조건물 양식의 모각은 다소 섬약하고 섬세한 느낌을 준다. 옥개석이 지나치게 작아지는 결함이 있으나 기단부의 조각은 고려시대의 특징을 잘 드러내고 있으며, 전면에 조각된 각종 문양과 기법은 고려시대 승탑 가운데 우수작의 하나로 손꼽을 수 있다. 높이는 2.05m이다.

철당간
갑사부도에서 100m쯤 떨어진 평지위에
세워져 있다. 석조의 지주 위에
높이 15m에 달하는 철당간이 세워져 있다.

● 철당간 및 지주

 철당간 및 지주는 보물로 지정된 갑사부도로부터 서쪽으로 약 100m 쯤 떨어진 곳에 있는 계단을 내려가면 다다르는 평지에 있다. 기단은 단층으로 크고 길쭉한 장방형의 돌 2장으로 동서로 마주보게 조립하여 만들었는데, 윗면 접착부분 두 곳에 돌을 조립시켰던 쇠못이 그대로 남아 있다. 좌우에 2구씩의 안상을, 앞 뒷면에 3구씩의 안상을 음각하였다.
 간(竿)은 상부 한 곳에만 구멍을 뚫어 철제 당간의 철통을 굵은 철사로 세 번 돌려 고착시켰다. 당간은 지름 50cm의 철통 24개를 연결한 것이다. 전하는 말에 의하면 본래 28개의 철통이었으나 1893년(고종 30) 7월 25일에 4마디가 부러져 떨어졌다고 한다. 28마디는 28수(宿)를 상징한 것이고,

맨 꼭대기에는 호암미술관 소장의 용두보당과 국립경주박물관의 금동용두처럼 용두(龍頭)가 있어 번기(幡旗)를 달았던 것으로 생각된다.

15m 높이의 철당간과 3m의 지주는 통일신라시대에 만들어지고, 원위치에 남아있는 매우 귀중한 자료로서 보물 제256호로 지정되어 있다.

● 월인석보판목

『월인석보(月印釋譜)』는 세조가 『월인천강지곡(月印千江之曲)』과 『석보상절(釋譜詳節)』의 내용을 합쳐 만든 책이다. 석가의 일대기와 공덕을 칭송하는 내용으로 된 월인석보를 나무에 새겨 책으로 찍어내던 이 판목은 우리 나라에 남아 있는 것 중에 유일한 것이다.

보물 제582호로 지정된 월인석보 판목은 본래 57매 233장으로 모두 24권이었으나 현재는 권21의 46매만 남아 있다.

개판기(開板記)에 의하면 1569년(선조 2)에 충청도 한산 죽산리 백개만(白介萬)의 집에서 글씨를 새겨서 논산 불명산(佛明山) 쌍계사(雙溪寺)에 보관되어 있던 것임을 알 수 있다. 그런데 70여 년 전에 갑사로 옮겨 왔다고 전하지만, 그 이유나 정확한 시기는 알 수 없다. 훈민정음(訓民正音) 창제 이후 제일 처음 나온 것으로 15세기 당시의 글자와 말을 그대로 보존하고 있어 국어학 연구에 매우 귀중한 자료다.

● 석조약사여래입상과 석조보살입상

석조약사여래입상은 해탈문을 나와 산 정상쪽으로 약 100m 정도 오르면 도달하는 자연석굴 안에 모셔져 있다. 고려 초기의 작품처럼 옷주름의 표현이 약간 과장되었으나 상호가 원만하여 친근감이 간다. 오른손은 시무외인을 짓고 왼손은 같은 높이에 약호(藥壺)를 들고 있어 약사여래임을

석조약사여래입상
갑사 뒷산의 중사자암에서
옮겨온 것이라고 한다.
왼손에 약호를 들고 있다.
충청남도유형문화재 제50호.

알 수 있다.

  현재 충청남도유형문화재 제50호로 지정되어 있는 이 약사여래입상은 갑사 뒷산에 있던 중사자암에서 옮겨온 것이라 한다. 석조보살입상도 뒷산 중턱의 천연 감실(龕室)에 있었다 하나 지금은 사중에 옮겨져 있다. 백제시대의 양식을 보이는 우수한 작품으로서 충청남도유형문화재 제51호로 지정되어 있다.

● 괘불

  이 괘불(掛佛)은 1650년(효종 1)에 조성된 삼신불화로서, 현재 국보 제298호로 지정되어 있다.

갑사 133

이 그림은 비로자나불이 화엄의 교리를 설법하고 있는 연화장(蓮華藏)세계를 묘사한 것으로, 초대형 화면의 중단에는 법신(法身) 비로자나불을 중심으로 보신(報身) 노사나불과 화신(化身) 석가불의 삼신불이 좌상으로 배치되고, 상단에는 관음보살·세지보살, 나한·금강역사·벽지불 등이 배치되어 있다. 하단에는 문수보살·보현보살을 비롯하여 사리불·사천왕이 일렬로 배치되고, 중단의 삼신불 광배 위로 8보살과 제석·범천이 에워싸고 있다. 본존 수미단 아래에 사리불(舍利佛)이 있는데, 그 형상은 이중광배를 갖추고 있으며, 무릎을 꿇고 앉은 뒷모습이다. 사리불은 영산회상도에서 석가불에게 설법을 청할 때 주로 등장한다.

구도는 상중하의 3단으로 되어 있으며, 상단은 천상세계를 상징하고, 중단은 삼신불을, 하단은 외호중과 청문(聽聞)하는 사리불로 구성되어 있다. 삼신불의 광배 안에는 목단과 연화의 문양이 화려하게 묘사되어 있고, 노사나불의 보관과 영락장식 그리고 보살과 나한의 천의와 가사에 보이는 금니의 문양은 화려하고 세련된 솜씨를 보여준다. 그러나 삼신불의 뾰죽

개산대재 절의 산문이 처음 열린날을 기념하는 행사로 괘불재가 함께 행해진다.

괘불 국보 제298호

한 육계와 왜소한 어깨 등의 표현은 다소 도식적이다. 주색조는 녹색·적색·황색이며, 금니가 사용되었으며 그 밖에 밝은 청색과 주홍색 등의 중간 색채도 사용되어 화면 전체를 밝고 화려하게 보여준다.

화기에 의하면 이 괘불은 1650년에 처음 조성되어 1771년(영조 47)에 1차 중수되었고, 1976년에 2차 중수가 이루어졌음을 알 수 있다. 처음 조성될 당시의 주지는 경환(瓊還) 스님이었으며, 신환(信換) 스님의 증명 아래 경잠(敬岑)·화운(華雲)·응열(應悅) 등 8명의 화원이 참여하여 그렸다. 화기에는 인등(引燈)·원경(圓鏡)·궤(樻)·복장(腹藏) 시주 등 괘불 조성 불사에 소요된 물품과 시주자의 명단이 있고, 두 차례에 걸친 보수 불사의 내역도 기록되어 있다. 크기는 길이 11.18m, 너비 6.88m이다.

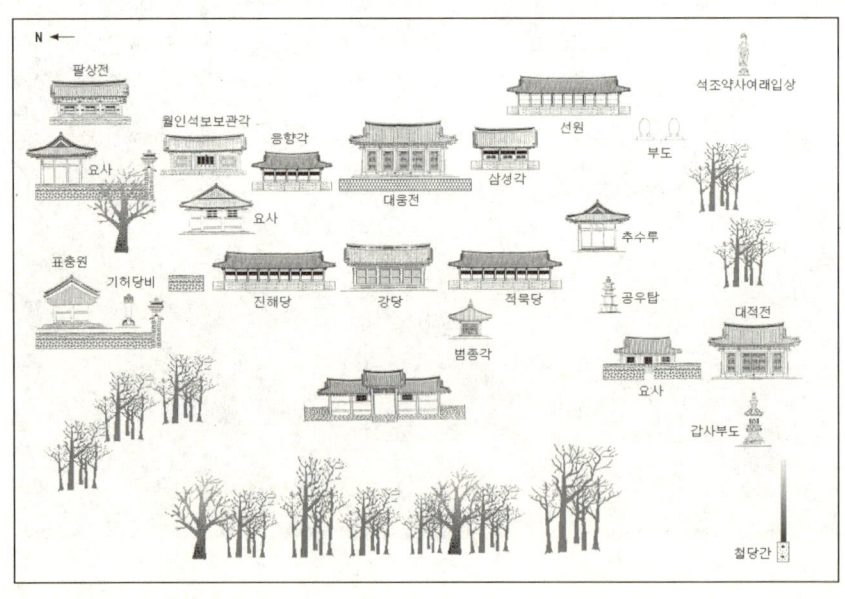

동학사

■위치 및 창건

동학사(東鶴寺)는 공주시 반포면 학봉리 계룡산(鷄龍山)에 자리한 대한불교조계종 제6교구 본사 마곡사의 말사이다.

계룡산 동쪽에 형성된 계곡의 상류 부근에 절이 있어 계곡을 따라 연천

동학사　724년 청량사라는 이름으로 창건된 절은 고려시대에 지금의 이름으로 고쳐 불렀다.

강설전 승가대학 도서관으로 사용된다.

봉으로 오를 수 있고, 그곳에서 서북쪽으로 내려가면 갑사(甲寺)에 이르고 서남쪽으로 내려가면 신원사(新元寺)에 이르게 된다.

724년(신라 성덕왕 23) 상원(上願) 화상이 암자를 지었던 곳에 회의(懷義) 화상이 절을 창건하여 처음에는 청량사(淸凉寺)라 하였다고 전해온다. 그 뒤 920년(고려 태조 3)에 왕명을 받은 도선(道詵) 국사가 중창하여 태조의 원당(願堂)이 되었으며, 936년(태조19)에 신라가 망하자 개국공신 유차달(柳車達)이 이 절에 와서 신라의 시조와 충신 박제상(朴堤上)의 초혼제를 지내기 위해 사당 짓고 사찰을 확장한 뒤 절 이름도 지금처럼 '동학사(東鶴寺)'로 바꾸었다고 한다.

동학사에는 경내에 숙모전(肅慕殿)과 삼은각(三隱閣)이 함께 있어 창건 유래와 밀접한 관계를 갖고 있다. 멸망한 전왕조의 충신들의 원혼을 달래주는 종교의 국가적 기능을 충실히 한 절로서 매우 큰 의의를 지니고 있다고 말할 수 있다.

절 이름에 관련해서는 절이 계룡산의 동쪽에 있고, 절 근처에 학(鶴)

육화원 　동학사의 승가대학 건물로 사용된다.

모양의 바위가 있어서 동학사라고 했다는 설도 있지만, 삼은각(三隱閣)을 짓고 여기에 배향한 고려의 충신이자 동방이학(東方理學)의 조종인 정몽주(鄭夢周) 등을 제향하여 동학사(東學寺)라고 하였다는 설도 있으니, 이것 역시 근거 없는 바는 아닌 것으로 생각된다. 『동국여지승람』에는 동학사(東學寺)로 기록되어 있다.

■ 연혁

신라시대에 창건된 동학사는 고려 초에 신라의 시조와 충신 박제상(朴堤上)을 위한 사당을 지었고, 조선 초기인 1394년(태조 3) 고려의 유신(遺臣) 길재(吉再)가 동학사의 승려 운선(雲禪)과 함께 단을 쌓고 고려 태조를 비롯, 충정왕·공민왕의 초혼제와 정몽주의 제사를 지냈으며, 1399년에는 고려 유신 유방택(柳方澤)이 이 절에 와서 포은 정몽주·목은 이색(李

화경헌
1986년에 건립된 건물이다.

稷)·야은 길재 등의 초혼제를 지냈으며, 이듬해 이정간(李貞幹)이 공주 목사로 와서 단의 이름을 삼은단(三隱壇)이라 하고, 또한 전각을 지어 삼은각이라 하였다고 한다. 조선왕조 개창 초기에 이전 고려 왕조의 충신들에 대한 제사를 지내고 공주 목사가 전각까지 지은 사실은 매우 의미 있는 일이다.

또한 1475년(세조 3) 김시습(金時習)이 조상치(曺尙治)·이축(李蓄)·조려(趙旅) 등과 함께 삼은단 옆에 단을 쌓아 사육신의 초혼제를 지내고 단종(端宗)의 제단을 증설하였다. 그리고 이듬해 세조가 동학사에 와서 제단을 살핀 뒤 단종을 비롯하여 정순왕후(定順王后)·안평대군(安平大君)·김종서(金宗瑞) 등과 사육신(死六臣), 그리고 세조의 왕위찬탈로 원통하게 죽은 280여 명의 성명을 비단에 써 주며 초혼제를 지내게 했다. 그리고 인신(印信)과 토지를 하사하고 동학사(東鶴寺)라고 사액하여 승려들과 유생들이 함께 제사를 받들도록 하였다.『조선왕조실록』숙종 45년

세진정
남매탑으로 올라가는 길 옆 계곡에 있다.

4월 임신조에는, '세조가 동학사(東鶴寺)에 거동하였다.'고 하였으며, 이어서, '세상에 전하기를, 절의 승려가 재(齋)를 베풀어 원통하게 죽은 혼령들을 위로하였고, 이른바 초혼기(招魂記)라는 것이 아직도 보존되고 있는데, 이것은 여러 신하들의 이름을 기록한 것이다.'라고 하였다.

　1728년(영조 4) 신천영(申天永)의 난으로 초혼각을 포함한 절의 전각이 소실되었고, 1785년(정조 9) 정후겸(鄭厚謙)이 위토(位土)를 팔아버려 제사가 중단되는 위기를 겪기도 하였다. 1814년(순조14) 월인(月印) 스님이 예조에 상소하여 10여 칸의 사옥과 혼록봉장각(魂錄奉藏閣)을 세웠고, 1827년(순조27) 홍희익(洪義翼)이 인신(印信)을 봉안하는 집을 따로 세웠으며, 충청좌도어사 유석(柳奭)이 300냥을 내고 정하영(鄭河永)이 제답(祭畓)을 시주하여 다시 제사를 베풀었다.

　1836년(효종 2)에는 공주 사람 정규흠(鄭奎欽)이 거짓을 꾸미고 사람을 속이는 일이 잦아 동학사(東學祠)의 유생들과 틈이 생겼고, 급기야 통문

산내암자 경내로 올라가는 진입도로 옆에 산내암자들이 나란히 자리하고 있다.

을 지어 거짓말을 퍼뜨리다가 의금부에 체포되었다. 본래는 절에서 사육신의 초혼기를 간수하며 제사를 지내왔는데, 이 즈음 그 지방의 유생들이 옮겨와서 동학서원(東學書院)이라는 서원(書院)을 만들었다가 이 정규흠의 일이 터지자 다시 서원을 헐고 동학사(東鶴寺)로 고쳐 부르게 하고, 옛날처럼 승려들로 하여금 수호하게 하였다.

이상에서 본 바와 같이 동학사는 조선 후기까지는 여러 충신들의 제사를 모시는 국가적 의미의 사찰로서 역할을 하였음을 알 수 있다. 1864년(고종 1) 보선(普善) 스님이 금강산에서 동학사로 와서 옛날 집을 모두 헐고 건물 40칸과 초혼각 2칸을 지었는데, 1904년에 와서 초혼각을 숙모전(肅慕殿)이라 개칭하였다.

1950년 한국전쟁때 옛 건물이 모두 소실되었고, 1960년 이후에 중건하였다.

최근에는 1965년 현재 동학사 승가대학으로 사용되는 육화원(六和院)과 강설전(講說殿)을 지었고, 1972년 염화실(拈和室)·범종루를 지었다. 이어

서 1980년 대웅전, 1984년 조사전, 1985년 요사인 설향당(雪香堂), 1986년 화경헌, 1990년 실상료(實相寮)를 지었다.

동학사 강원은 경상북도 청도 운문사(雲門寺) 강원과 더불어 우리 나라의 대표적 비구니 수행도량으로 이름이 높다. 강원과 선원을 갖추고 있어 도제 양성의 요람이 되고 있으며, 이는 조선 후기 이후 여러 강백들이 맥을 이어 노력한 결과라 하겠다. 특히 불교정화운동 이후 40여 년 동안 엄격한 규율과 충실한 교육으로 훌륭한 비구니를 많이 배출하여 교계의 모범이 되고 있다. 절의 주요 인물로는 근대의 고승 경허 성우(鏡虛惺牛) 스님 등이 있다(경허 스님에 대해서는 「수덕사」편 참고).

산내 암자로는 관음암·길상암(吉祥庵)·문수암(文殊庵)·미타암(彌陀庵)·상원암(上願庵)·심우정사(尋牛精舍) 등이 있다.

■성보문화재

동학사의 가람 배치는 동서 방향으로 길게 되어 있다. 절 앞쪽의 계곡이 동에서 서로 흐르는데, 남쪽과 북쪽은 능선이 병풍처럼 가로막아 활용할 수 있는 면적이 협소하기 때문이다. 중심부에 있는 대웅전은 바로 앞에 계곡이 있고, 계곡을 따라 도로가 있으며, 도로에 접하여 자연석을 사용하여 쌓은 석축 위가 대웅전의 앞뜰이다. 대웅전 서쪽에 약간 뒤로 물러서서 삼성각이 있고, 그 서쪽에 조사전이 있으며, 두 당우 앞에 바로 근접해서 요사가 있다.

한편 대웅전 동쪽에는 「동학사(東鶴寺)」 사액이 붙은 근래에 지은 큰 건물이 있으니, 바로 실상선원(實相禪院)이다. 우리 나라 근대에 있어 선풍(禪風)을 진작시킨 경허 스님이 견성한 토굴이 있던 자리에 세운 선원이다. 경허 스님이 토굴을 짓고 참선 삼매에 드실 때는 그곳을 실상암(實相庵)이라 하였기에 그 뜻을 이어 그렇게 이름 붙인 것이다. 실상선원 동쪽에 숙모전과 삼은각이 있다.

대웅전 앞 뜰에 삼층석탑이 있고, 대웅전 서쪽 100여m 떨어진 곳에 6기의 부도가 있는 것을 비롯하여 동학사 경내에 모두 11기의 부도가 있다. 길상암 약간 못 미쳐 문수암으로 가는 길목에도 1기, 길상암 뒷편에 3기, 대웅전 서쪽 약 100m 지점의 새로 지은 건물 뒷편 50m 지점에 6기, 그리고 6기의 부도에서 산기슭을 따라 북쪽으로 100m 거리에 1기가 있다. 이 가운데 이름을 알 수 있는 것은 추월당(秋月堂)·나월당설민(懶月堂雪敏)·고암당탄보(高岩堂坦寶)의 부도 등 3기이다. 이들 부도는 모두 조선 후기에 조성된 것이다.

● 대웅전

앞면과 옆면 각 3칸씩의 겹처마팔작지붕의 건물이다. 석조 기단 위에 주초석을 놓고 원형 기둥을 세워 남쪽을 향하게 하여 1980년에 지었다.

대웅전 1980년에 새로 지어진 건물로 문살에는 화려한 문양이 조각되어 있다.

대웅전 삼존불   석가여래를 주존으로 좌우에 아미타여래와 약사여래를 봉안하였다.

　내부는 우물마루를 깔고 후면 중앙에 불단을 조성하여 삼존불을 봉안하였다. 석가여래를 주존으로 하고 좌우에 아미타여래와 약사여래를 소조의 좌상으로 조성하여 목조 대좌 위에 안치하였다.
　후불탱화는 근래에 제작한 목각삼불회탱이 봉안되어 있다. 그리고 동쪽 벽에는 약사탱화·신중탱화, 서쪽 벽에는 아미타탱화·현왕탱화가 걸려 있는데 이들은 모두 1898년(광무 2)에 조성된 것이다.

● 삼성각

　대웅전 서편에 있는 삼성각은 앞면 3칸, 옆면 2칸의 맞배지붕 건물로 충청남도문화재자료 제57호로 지정되어 있다. 장대석을 외벌대로 쌓은 기단 위에 덤벙주초석을 놓고 원형 기둥을 세웠다. 정면 3칸에 모두 띠살문을 달았는데 오른쪽 앞칸에도 외여닫이문을 달아 평상시에 출입문으로 사

대웅전 현왕탱화
1898년에 조성되었다.

용하고 있다.

　삼성은 곧 칠성(七星)·산신(山神)·독성(獨聖)을 말한다. 칠성은 북두칠성을 말하는데, 인간의 복과 수명을 맡고 있으며, 산신은 우리 민족 고유의 산악 숭배의 토속 신앙으로 호랑이와 더불어 나타나는데 재물을 주관한다. 독성은 인연의 이치를 홀로 깨닫고 성인이 되어 말세 중생에게 복을 내린다는 존재이다. 각각 도교·토속·불교신앙의 한 표현으로, 불교가 토착화하는 과정에서 여러 신앙 요소가 합쳐진 형태이다. 불교 본연의 신앙 대상이 아니므로 건물 이름을 전(殿)이라 하지 않고 각(閣)이라 한다.

　현재의 건물은 1818년(순조 18) 지은 것인데, 내부에 단을 설치하여 중앙에 칠성탱화를, 좌우에 산신탱화와 독성탱화를 모셨다.

삼성각   1818년에 건립한 건물로 칠성탱화와 산신탱화·독성탱화를 봉안하였다.

● 숙모전

　세조에 의해 왕위를 강제로 빼앗겼던 단종의 복위를 꾀하다 발각되어 참형을 당한 성삼문(成三問) 등 사육신의 넋을 위로하기 위해 1456년(세조 2)에 처음 마련된 제단(祭壇)으로, 그로부터 2년 후에 왕이 친히 이곳에 와서 단종과 금성대군(錦城大君) 등의 종실과 김종서(金宗瑞)·황보인(皇甫仁) 등 당시 죽음을 당한 280여 위패를 모신 초혼각(招魂閣)이 이루어졌다고 한다. 초혼각지(招魂閣址)는 충청남도기념물 제18호로 지정되어 있다.
　그 뒤 1466년(세조 12) 김시습(金時習) 등이 증축하여 매년 봄·가을로 제사를 지내오다, 1728년(영조 4) 화재로 타버린 것을 1827년(순조 27)에 다시 세웠다. 그 후 1864년(고종 1) 만화(萬化) 스님이 지금의 모습으로 재건하였다.

숙모전 사육신의 넋을 위로하기 위해 1455년에 처음 마련한 제단이다.

초혼각 북쪽 벽에 단종의 위패를 모시고, 동쪽 벽에는 고려말 충신인 삼은·삼상·엄흥도 등 7위를, 서쪽 벽에는 사육신과 김시습 등 7위를 모셨다. 고종 41년(1904)에 이름을 숙모전(肅慕殿)으로 바꾸고 단종의 비 정순왕후를 함께 모셨다. 숙모전은 충청남도문화재자료 제67호로 지정되어 있다.

● **삼층석탑**

대웅전 앞뜰에 있는 삼층석탑은 충청남도 문화재자료 제58호로 지정되어 있다. 2매의 기대석 위에 기단석도 2매로 이루어져 있으며, 그 위에 탑신부가 올려져 있다. 석탑은 3층으로 구성되어 있는데, 제3층의 탑신과 상륜부의 노반 이상 부분은 없어졌다. 초층 탑신에 비해 2층 탑신이 급격히 낮아졌고, 일부 파손된 부분도 있다. 탑신에는 우주(隅柱)가 표시되어 있고 옥개석(屋蓋石) 받침은 5단이다. 현재 높이는 176cm이며, 절의 창건 당

삼층석탑
대웅전 앞뜰에 있다.
3층의 탑신과 상륜부의 노반 윗부분은 없어졌다.

시인 신라 시대에 조성된 것이라는 자료도 있으나 그 양식으로 보아 고려 시대에 조성된 것으로 추정된다.

● 남매탑

　동학사에서 북쪽으로 2.8㎞ 쯤 오르면 나란히 서있는 2기의 탑이 있다. 보물 제1284호로 지정되어 있는 청량사지(淸凉寺址)의 오층석탑과 보물 제1285호로 지정되어 있는 칠층석탑이 바로 그것이다.
　계룡산 삼불봉 아래 동쪽 8부능선, 해발 약 590m의 등산로 옆에 있는 이 탑의 사지는 근처에서 「청량사(淸凉寺)」라는 명문이 있는 막새기와가 발견되어 청량사지라 부르고 있다. 청량사는 임진왜란 때 병화로 전각이 모두 소실되었고, 이 탑만 남게 되었다고 한다. 일명 남매탑 또는 오뉘탑이라 부르기도 하는 이 2기의 석탑들은 1950년대에 무너져 있던 것을 1961년

남매탑　청량사지의 오층석탑과 칠층석탑을 이른다. 보물 제1284호와 1285호로 지정되었다.

에 복원하였다고 한다. 사역 내에는 현재 상원암이라는 암자가 있다.

　오층석탑은 단층기단 위에 세운 석탑으로 현재 오층으로 된 탑신과 그 위에 노반과 보주형태의 부재가 남아 있다. 전체적 조성수법으로 보아 부여 정림사지오층석탑에서 비인(庇仁) 오층석탑으로 이어져 오는 석탑조성 양식의 특징을 보여주고 있다. 칠층석탑은 단층기단 위에 세운 석탑으로 현재 7층 옥개석 위에 노반만 남아 있으며, 전체적으로 폭이 좁고 높이가 높은 형태이다. 이 칠층석탑은 조성 수법이 익산 미륵사지석탑에서 익산 왕궁리 오층석탑으로 이어져 오는 석탑 조성 양식의 특징을 보여주고 있다.

　이 오층석탑과 칠층석탑은 일부 결실된 부재가 있기는 하나 상층으로 올라가면서 부재가 생략되거나 세부 조각 수법이 정연하지 않는 등, 고려 중기의 시대적 조형 수법을 잘 나타내고 있는 귀중한 문화재이다.

　이 남매탑에는 다음과 같은 전설이 전해오고 있다.

　신라 646년(선덕왕 15)에 상원(上願)이라는 스님이 이곳에서 수도를 하고 있었다. 어느 날 목에 커다란 뼈가 걸려 고생하는 호랑이를 구해주었는데, 얼마 후 호랑이는 아름다운 처녀를 업어다 놓고 갔다. 상원 스님은 기절한 처녀를 따뜻이 간호하여 소생시켰다. 그 처녀는 상원의 아내가 될 것을 소원하였으나 상원 스님은 사랑과 수행 중에 수행을 선택하여, 그녀의 제의를 단호히 거절하면서, 남매가 될 것을 제의하여 같이 수도하였다는 것이다.

그렇게해서 두 사람은 비구와 비구니로 수행하다가 한 날 한 시에 열반에 들었고, 이 소식을 들은 처녀의 아버지는 그 뜻을 가상히 여겨 이 탑을 세워 뜻을 기리니, 후인들이 명하기를 남매탑이라 하였다 한다. 그러나 이 석탑은 고려시대의 작품이며, 두 석탑이 나란히 다정하게 있는 것을 보고 훗날 지어낸 것이 아닌가 한다.

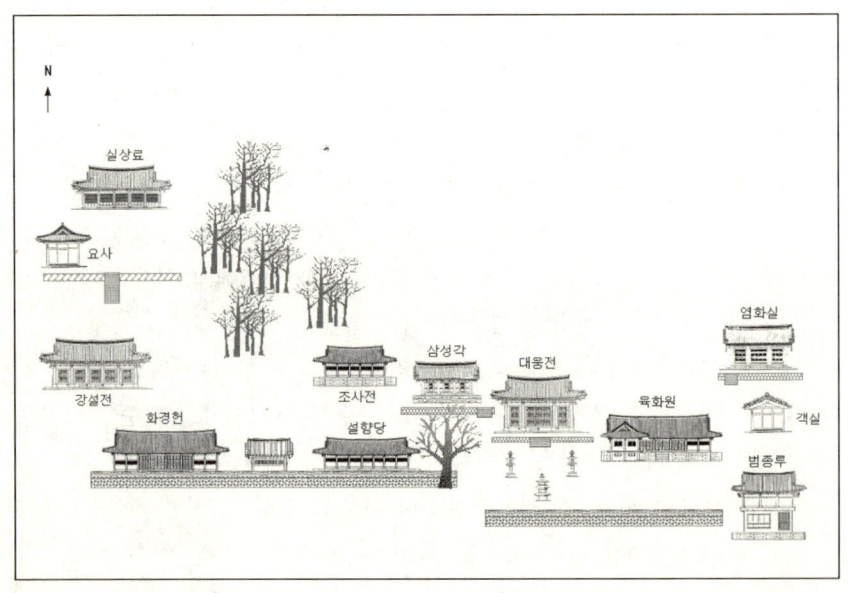

동혈사

■ 위치 및 창건

동혈사(銅穴寺)는 공주시 의당면 월곡리 산45번지 천태산(天台山)에 자리한 대한불교조계종 제6교구 본사 마곡사의 말사이다. 천태산은 '銅穴山', 혹은 '東穴山'으로 부르기도 한다.

동혈사 조선시대 중후기까지 법등을 이어오다 폐사된 이후 근래 절터 북쪽에 중건되었다.

석탑 원래 동혈사지에 있던 탑으로 지금은 대웅전 옆으로 옮겨져 있다.

실제로 절 이름도 지금처럼 '銅穴寺'로 부른 것 외에 『신증동국여지승람』·『공산지(公山誌)』에는 '東穴寺'로 표기되어 있기도 하다. 이것은 동혈사가 공주 지역의 혈사(穴寺), 곧 풍수에 입각하여 창건된 사찰임을 알게 해준다.

동혈사의 창건이 언제인지는 잘 알려져 있지 않은데, 앞서 말한 것처럼 『신증동국여지승람』과 『공산지』에 소개된 것으로 보아서 조선시대 중후기에 이르기까지 법등을 이어왔음을 알 수 있다. 그러나 그 뒤 어떤 이유에선지 폐사가 되었고, 근래에 동혈사지에서 북쪽으로 약 50m 가량 올라간

동혈사지전경 현재의 절로 올라가는 길목에 있다. 특별한 유물 유구는 없다.

곳에 지금의 동혈사가 세워졌다.

　최근에는 화재로 법당·산신각이 소실되었다가 1996년 무렵에 법당을 새로 짓고, 이어서 나한전을 건립했다.

■성보문화재

　현재 절에는 대웅전·나한전·요사 등의 건물이 있다. 그리고 대웅전 뒤편에는 옛 산신각 자리로 추정되는 건물터가 있다.

　한편 대웅전 왼쪽에는 석탑 1기가 있는데, 지금의 절 자리에서 서남쪽 아래에 있던 본래의 동혈사지에 있던 것을 옮겨온 것이다. 그리고 본래 자리에 있었다는 부도는 도난당하고 지금은 없다.

　대웅전은 맞배지붕에 앞면 3칸, 옆면 2칸 규모이며, 안에는 석가불상을 비롯해서 영산회상도·칠성탱화·신중탱화·산신탱화 등이 있는데, 전부

근래에 조성한 것이다.

　나한전은 맞배지붕에 앞면 3칸, 옆면 2칸 규모이며, 내부 불단에는 석가불상 및 아난·가섭의 삼존상이 봉안되었고, 그 주위로 16나한상과 동자상·인왕상 각 2체씩이 둘러서 있다.

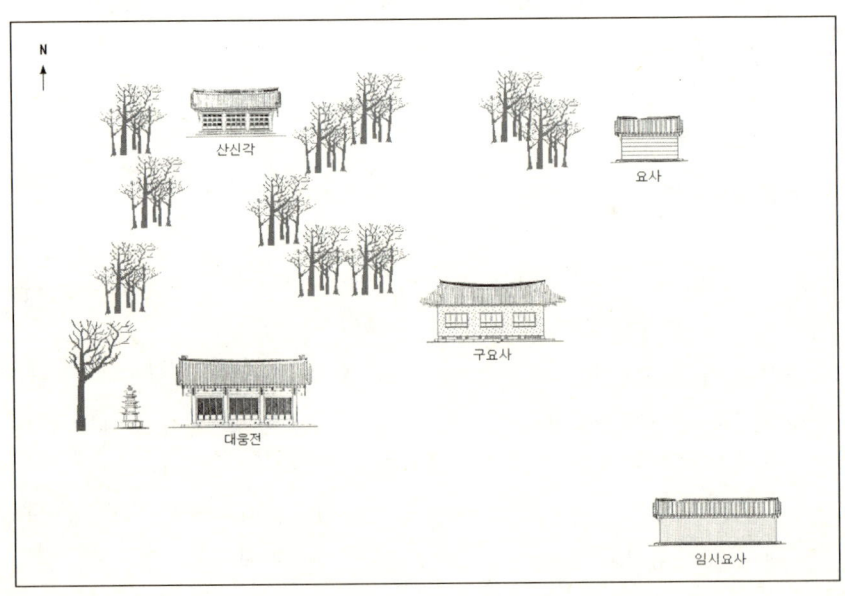

신원사

■ 위치 및 창건

　신원사(新元寺)는 공주시 계룡면 양화리 계룡산(鷄龍山)에 자리한 대한불교조계종 제6교구 본사 마곡사의 말사이다.
　신원사는 계룡산 동서남북에 자리한 4대사찰 중 남쪽 사찰에 해당한다.

신원사　절은 계룡산 천왕봉과 연천봉 사이를 흐르는 계곡 옆에 자리한다.

대웅전내 보덕화상진영
열반종의 개산조이며 651년 절을 창건하였다.
평양의 영탑사를 짓기도 하였다.

신원사를 품에 안은 계룡산은 민족의 명산으로서, 『정감록(鄭鑑錄)』과 결부되어 일찍부터 민간 신앙의 영지(靈地)로 주목을 받아 왔던 곳이다. 계룡산의 주봉인 천황봉을 배경으로 하여 천황봉과 연천봉 사이를 흐르는 계곡 옆의 최승지(最勝地)에 신원사가 자리하고 있다고 할 수 있다.

또한 신원사 동쪽의 신도안「新都內」은 조선 태조 이성계가 도읍으로 정하여 한때 궁궐 조영 공사를 하다가 중단한 곳으로, 지금도 다듬어진 초석이 많이 남아 있어 충청남도유형문화재 제66호로 지정되어 있다.

신원사는 651년(백제 의자왕 11) 열반종의 개산조 보덕(普德) 화상이 창건하였다고 전한다. 보덕 화상은 본래 고구려의 승려로 평양의 영탑사(靈塔寺)를 지었고 연복사(演福寺)에도 주석한 고승이었으나, 당시 보장왕이 중국에서 도교를 숭상하는 정책을 시행하자 이에 반발하여 백제로 와서 전라도 완산주에 경복사(景福寺)를 짓고 백제 불교를 크게 중흥시킨 분이다.

신라말 도선(道詵) 국사가 이 신원사 근처를 지나다가 법당만 남아 있던 절을 중창하였다고 하고, 1298년(고려 충렬왕 24)에 무기(無奇) 화상이 중건하였다고 전해오지만 고증이 쉽지 않다.

신원사는 계룡산신(鷄龍山神)을 모신 중악단(中嶽壇)이 있어서 특수한 지위와 성격을 지니고 있다. 신원사 동편에 인접된 곳에 한 구역을 이루고 있는 중악단은 조선시대의 국가적 산신각이라는 점에서 주목할 만하다.

신원사의 본디 이름은 신정사(神定寺)였으나 뒤에 신원사(神院寺)라고 했다가 1866년(조선 고종 3)에 지금의 이름으로 고쳤다고 한다. 1644년에 조성된 괘불의 화기에는 '神定寺'라고 쓰여 있어 17세기 중반까지는 그렇게 부른 것을 알 수 있는데, 18세기 중반의 기록인 『가람고(伽藍考)』와 『범우고(梵宇攷)』에는 모두 '神院寺'라고 되어 있다.

■ 연혁

조선시대에 접어들어 신원사는 1394년(태조 3) 무학(無學) 대사가 크게

영원전　1394년 무학대사가 절을 중창할 당시 건물이 처음 지어졌다.

계룡선원   외국인들을 위한 국제선방으로 이용되고 있다.

중창하였고, 이 때 영원전(靈源殿)을 지었다고 한다. 임진왜란과 병자호란을 거친 1644년(인조 22)에는 당시 주지 삼욱(三旭) 스님이 영준(靈俊) 스님의 증명 아래 괘불을 조성하였다. 이 괘불은 드물게 보이는 노사나불 독존상으로서, 현재 국보 제299호로 지정되어 있다.

 1866년(고종 3)에는 관찰사 심상훈(沈相薰)이 중수하면서 지금처럼 신원사라 하였으며, 1876년 보연(普延) 화상이 중건하여 오늘에 이르고 있다. 1879년에는 계룡산 중악단(中嶽壇)이 설치되어 묘향산의 상악단, 지리산의 하악단과 함께 왕실의 기도처가 되었다.

 부속 암자로는 고왕암(古王庵)·등운암(騰雲庵)·마명암(馬鳴庵)·남암(南庵) 등이 있다. 고왕암은 660년에 창건되어 1419년에 중건되었고, 다시 1928년에 청운(淸雲) 스님이 중건하였다고 전한다. 이름을 '고왕'이라 한 것은 삼국통일기 나당연합군이 백제를 침공할 때 백제의 왕자 융(隆)이 피난하였다가 이곳에서 신라군에 붙들려 항복하였기에 붙혀진 이름이라고 한다.

대웅전   984년 중수되었다가 근대에 와서는 1946년 만허 화상에 의해 중수되었다.

■ 성보문화재

신원사의 가람은 계룡산 천황봉의 남서쪽 능선을 배경으로하여 남향으로 자리를 잡고 있다. 현존 당우는 대웅전·영원전·독성전·사천왕문·세진당·종무소·계룡선원 등이 있다. 가운데의 대웅전을 중심으로 그 앞쪽 좌우에 영원전과 요사가 배치되어 있다. 대웅전 서쪽에는 독성각이 대웅전을 바라보고 있으며, 경내로 들어서는 입구에는 사천왕문, 그 서쪽에 범종각이 있다. 사천왕문은 최근에 세워졌고, 범종각은 1985년에 세워졌다.

대웅전 앞쪽 서편에 있는 요사는 종무소로 사용하고 있으며,「신원사(新元寺)」사액이 걸려 있다. 절 입구 동쪽에 서향으로 서있는 계룡선원(鷄龍禪院)은 외국인들을 위한 국제 선방으로 쓰이고 있다.

경내에서 동북쪽으로 100m 쯤 떨어진 산기슭에 부도밭이 있다. 백곡당(白谷堂)·추월당(秋月堂)·금파당(金波堂) 부도 등 8기의 부도가 약 50여 평의 평탄한 대지 위에 한 줄로 나란히 배치되어 있는데, 다른 지역에

대웅전내부

서 옮겨온 것도 있다고 한다.

현재의 신원사는 규모로 보아 대찰이라고 말할 수는 없지만, 앞쪽에 잘 다듬어진 빈터가 많이 남아 있는 것으로 보아 과거에는 부속건물이 많이 있었으며, 사세가 융성한 시기가 있었음을 미루어 짐작하게 한다.

● 대웅전

경내 중심부에 자리한 대웅전은 앞면과 옆면 각 3칸씩의 팔작지붕 건물로서 남쪽을 향하고 있으며, 현재 충청남도유형문화재 제80호로 지정되어 있다.

984년(고려 성종 3)에 여철(如哲) 화상이 중수하였다하며, 임진왜란 때 소실되었으나 다시 중수한 적이 있다. 지금의 건물은 1876년(고종 13) 보연(普延) 화상이 중건한 것이며, 1906년 일봉(日峰) 화상이 중수하였고,

대웅전 제석천룡도
1907년 문성 스님 등 십여명의
금어 스님에 의해 조성되었다.

신원사 163

영원전내부 보통 명부전으로 불리는 건물로 지장삼존과 시왕 등이 모셔져 있다.

1946년 만허(滿虛) 화상이 다시 중수한 것이다.

 자연석을 쌓아 만든 기단 위에 덤벙주초석을 놓고, 약한 배흘림을 가진 원형 기둥을 사용하여 같은 간격으로 분할된 3칸에 4분합의 문을 달았으며, 옆면과 뒷면에는 문을 두지 않은 판장벽이다.

 내부는 바닥에 우물마루를 깔고 뒤쪽에 불단을 놓아 삼존불좌상을 안치하였다. 아미타여래를 주존으로 하여 오른쪽에 대세지보살, 왼쪽에 관세음보살이 협시하고 있다. 아미타여래상은 소조(塑造)의 좌상으로 원만한 상호에 통견(通肩)의 법의를 걸치고 있으며, 보관을 쓴 양 보살상도 모두 소조 좌상으로 손에는 연봉오리를 잡고 있다.

 후불탱화는 20세기 초에 보응 문성(普應文性) 등이 그린 영산회상도(靈山會上圖)가 모셔져 있고, 같은 시기에 그려진 신중탱화가 대웅전 서쪽 벽에 걸려 있다.

 불단 앞에는 두 개의 방형 기둥이 세워져 있는데, 여기에 걸쳐서 닫집을 설치하였다. 그리고 동종과 괘불함이 대웅전 내부에 있다.

독성각
칠성도와 독성도
그리고 보련당 진영 등이
함께 봉안되었다.

●영원전과 독성각

　대웅전 앞 동쪽에 있는 영원전(靈源殿)은 앞면 3칸, 옆면 2칸의 맞배지붕 건물로 서쪽을 향하고 있다.
　근래에 세워진 이 건물의 내부에는 우물마루를 깔고 뒷면에 'ㄷ'자 모양의 단을 조성하여 지장보살·도명존자·무독귀왕의 지장삼존과 시왕·판관·녹사·사자·인왕 등이 모셔져 있다. 영원전은 일반 사찰에서는 명부전이라 부르는 전각이다.
　대웅전 서쪽의 독성각(獨聖閣)은 앞면 3칸, 옆면 1칸의 맞배지붕의 소형 건물로 남쪽을 향하고 있다. 내부에는 최근에 그려진 독성도와 1907년 (융희 1)에 편수 보응 문성(普應文性)이 그린 칠성도와 함께 보련당(寶蓮堂)의 진영도 모셔져 있다.

오층석탑
보수공사 때 사리구와 함께
고려시대의 동전 등이 발견되었다.

● 오층석탑

　중악단에서 동남쪽으로 30m 쯤 떨어진 곳에 있는 고려시대의 석탑으로서 충청남도유형문화재 제31호로 지정되었다. 현재 탑신부가 4층만 남아 있지만 본래는 5층석탑이었던 것으로 추정하고 있다.
　지대석 위에 2층의 기단을 형성하고 있으며 1층기단 면석에 안상을 조각하였다. 탑신에는 우주가 조각되고 옥개와 탑신은 각각 다른 돌로 되어 있다.
　1975년 보수공사 때 1층 탑신의 사리공(舍利孔)에서 외호(外壺)와 내호(內壺)로 구성된 사리구(舍利具)와 함께 고려시대의 개원통보(開元通寶)·황송통보(皇宋通寶) 등 동전이 발견되어 고려시대의 탑인 것이 분명히 밝혀졌다. 그리고 손잡이와 주둥이가 깨진 자기(磁器) 주전자와 녹색 유리제 목긴항아리가 함께 나왔다.

탑의 제작 수법과 양식이 통일신라 시대의 일반 형식을 따르고 있는 고려 시대의 석탑이다. 전체적으로 중후한 느낌을 주는 석탑으로 높이는 310cm이며, 탑의 서쪽에는 배례석이 있다.

●신원사 노사나불괘불탱

국보 제299호로 지정되어 있는 이 노사나불괘불탱(盧舍那佛掛佛幀)은 1644년(인조 22) 영준(靈俊) 스님의 증명 하에 응열(應悅)·학전(學全) 등 5인의 금어가 조성하였다. 조선후기 불화의 양식적 특징을 잘 보여주는 이 괘불은 17세기 불화의 대표작으로 주목된다.

화기에 '신정사(神定寺) 대영산회탱(大靈山會幀)'이라 기록되어 있어 영축산의 법회 모습인 영산회상도를 묘사한 것임을 알 수 있다. 법신 비로자나불을 중심으로 보신 노사나불과 화신인 석가모니불을 좌우 협시불로 배치하는 것이 통례이나, 이 괘불은 특이하게 노사나불을 단독상으로 그렸다.

도상은 초대형 화면에 노사나불을 중심으로 좌우에 십대보살과 십대제자, 제석과 범천, 그리고 사천왕상 등이 입상으로 묘사되고 상단에는 벽지불(酸支佛)과 비천(飛天)이 배치된 군도(群圖) 형식을 보이고 있다. 구도는 좌우 횡렬의 2단 구도로 노사나불이 일반 대중을 내려다보게끔 묘사하였고, 노사나불이 주존불로 나타난 독특한 도상을 보여주고 있다.

채색은 밝은 적색과 녹색이 주를 이루며 군데군데 금니가 칠해져 있고, 중간 색조가 많이 사용되어 화려하고 부드러운 느낌을 준다. 특히 배경에 있어 2/3 가량을 본존에서 뻗어 나오는 오색의 광선문으로 메우고 나머지 하단 부분은 분홍, 옅은 청색, 황색 등이 배합된 서운(瑞雲)으로 깔아 화면 전체에 화려함을 더해 준다. 짜임새 있는 구도, 섬세한 표현, 협시들의 알맞은 신체 비례, 밝고 맑은 색조 등 세련된 솜씨를 보여준다.

이 괘불은 본존불의 두광 가장자리 근처에 '원만보신노사나불(圓滿報

중악단전경 이 제단은 우리 나라 산악신앙의 제단으로서 중요한 의미를 지니고 있다.

身盧舍那佛)'이라는 여덟 자가 각각 원 안에 쓰여져 있어, 본존불의 명칭이 노사나불임을 확실하게 알려주고 있다. 노사나불이 단독상으로 그려진 중국의 용문석굴(龍門石窟) 등과 비교되어야 할 문제이지만, 우리 나라 불화에서는 상당히 보기 드문 도상이다.

화기에는 시주자 목록에 이어 증사(證師)·지전(持殿)·화원(畵員)·화사(化士)·주지(住持) 등의 이름과 '갑신(甲申) 유월(六月) 신정사(神定寺) 대영산회탱(大靈山會幀) 조성(造成)'이라는 글이 쓰여져 있어 조성에 참여한 사람들과 시기 등을 알려 주고 있다. 크기는 길이 11.18m, 너비 6.88m이다.

● 중악단

신원사 대웅전을 향하여 오른쪽에 있는 중악단(中嶽壇)은 우리 나라 산악신앙의 제단으로서 중요한 의미를 지닌다. 궁궐의 전각처럼 웅장한 규

중악단
소슬삼문형식의 외삼문과 내삼문을 통과한 후에 중악단의 본전이 나타난다.

모에 중문까지 갖추어 의연하게 자리한 중악단은 본래 계룡산의 산신제단 즉 계룡단이었는데, 조선 말 고종 때 묘향산에 상악단, 지리산에 하악단을 두고 있었으므로 중악단으로 고쳐 부르게 되었다.

계룡산에서는 신라때에도 중사례(中祠禮)로 제사를 지냈고, 조선시대에는 봄과 가을 두차례에 걸쳐 제사를 지냈다. 고려 말 이성계가 새로운 왕조를 개창하고자 마음먹고 전국의 명산을 두루 돌아다니며 산신께 기도를 하였는데, 이 계룡산에서의 기도로 힘을 얻어 조선을 건국하였다 하며, 태조로 즉위 후에 산신각을 짓고 계룡단(鷄龍壇)이라 편액하고 지성으로 산신을 모셨다고 한다.

이후 계룡단은 줄곧 조선 왕조의 기도도량으로 기능을 해왔는데, 1851년(철종 2) 폐허되었다가 1879년(고종 16) 중창하여 지금처럼 중악단으로 명명되었다.

입구에 소슬삼문형식의 외삼문이 있고, 다시 내삼문을 둔 다음 그 내부에 중악단의 본전을 세웠다. 앞면과 옆면 각 3칸의 다포팔작지붕의 중악단은 조선 말기의 건축물 중에서도 우수한 것에 속한다. 내부 중앙 뒤쪽에 단을 설치하고 계룡산신의 위패를 모셨다. 보물 제1293호로 지정되어 있다. 중악단의 영역은 612㎡이며, 둘레에는 축담이 둘려져 있다.

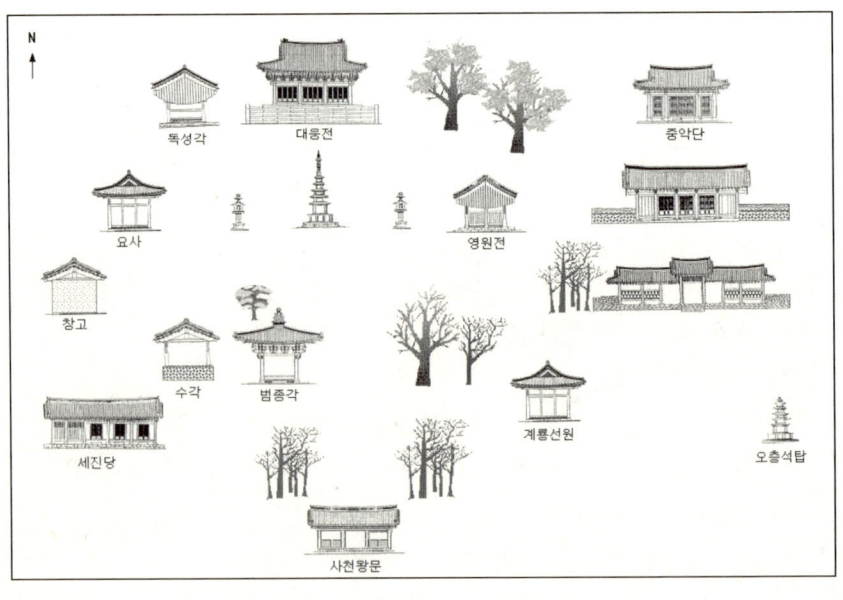

영은사

■ 위치 및 창건

영은사(靈隱寺)는 공주시 금성동 11-3번지 공산성(公山城) 내에 자리한 대한불교조계종 제7교구 본사 마곡사의 말사이다. 공산성 내 북쪽 끝에 위치한 영은사는 앞에 있는 금강(錦江)을 한눈에 조망할 수 있다.

영은사 임진왜란 당시 승병들이 합숙과 훈련을 하던 곳으로 공산성 내에 자리한다.

원통전
관음보살을 주존으로 모신 건물로
절의 주법당 건물이다.

　영은사의 창건에 대해서는 몇 가지 설이 전한다. 우선 백제 때 이루어 졌다는 설이 있는데, 그에 관한 정확한 문헌적 근거는 없다.
　문헌을 보면, 19세기에 편찬된 『공산지(公山誌)』에 조선시대 초인 1458년(세조 4) 나라에서 영은사를 창건했다고 기록되어 있다. 그리고 1616년 (광해군 8) 이곳에 승장(僧長)을 두어 전국 8도의 사찰을 관장케 했다는 기록도 보인다. 이에 대해서는 좀 더 정확한 문헌적 고증이 필요하다는 견해도 있지만, 아무튼 조선시대동안 영은사가 나름대로 중요한 자리를 차지하고 있었던 것은 짐작해 볼 만 하다. 특히 임진왜란 당시 승병의 합숙 및 훈련소로서, 이곳에서 조련된 승병들이 영규(靈奎) 대사의 인솔 하에 충청남도 금산(錦山) 전투에 참여했었다.
　한편 현재 절에 전하는 탑부재 등의 양식이 고려시대의 것임을 볼 때 영은사는 고려시대 초기에 창건되었을 가능성도 많다.

원통전 관음보살상과 후불탱화
후불탱화는 1888년
금호당 약효 등의 금어가 그렸다.

■ 성보문화재

영은사의 가람 구성은 금당인 원통전을 비롯해서 관일루·요사 등으로 이루어져 있다.

원통전은 맞배지붕에 앞면 3칸, 옆면 2칸 규모이며, 내부불단에 관음보살좌상이 봉안되어 있다. 불화로는 후불탱화와 칠성탱화·신중탱화·산신탱화·독성탱화, 그리고 동종이 있다. 이 가운데 관음후불탱화는 1888년(고종 25) 금호 약효(錦湖若效) 등의 금어가 그린 것이다.

관일루(觀日樓)는 팔작지붕과 맞배지붕이 혼합된 'ㄷ'자형 건물로서, 인법당으로 사용된다. 임진왜란 당시에는 승병의 합숙소였던 건물로서, 조선시대에 창건되었으나 그 뒤 몇 차례의 개수·보수가 있어 본래의 모습은 많이 없어졌다. 현재 안에는 지장보살상과 지장탱화가 봉안되어 있다.

그 밖에 영은사 경내에 석탑 부재 및 초석·장대석 등의 건물 부재가 남아 있다. 석탑 부재는 옥개석 1매인데, 지금은 우물의 뚜껑으로 사용되고 있다. 크기가 가로 세로 각 80cm, 높이 21cm, 탑신받침 길이 50cm에 층급받침이 3단이다. 그리고 장대석은 서쪽 요사의 기단부, 관일루 뒤쪽의 기단부, 원통전 계단 등에 끼여 있다. 또한 관일루 건물 초석 가운데는 열쇠구멍 형태의 주미(柱尾)를 한 고려시대 양식을 보이는 초석 1기가 있다. 이 석재 부재들은 전부 문헌에 기록되지 않은 영은사의 연혁을 나타내주는 것으로 볼 수 있다.

한편 영은사 부근에서 통일신라시대 불상 6체가 출토된바 있었는데, 다만 이 불상이 영은사와 직접 연관된 것인지는 알 수 없다.

영평사

■ 위치 및 창건

영평사(永平寺)는 공주시 장기면 산학리 441번지 장군산(將軍山)에 자리한 대한불교조계종 제7교구 본사 마곡사의 말사이다.
최근에는 1987년 요사 건립부터 시작해서 중창불사를 진행하여, 1991년

영평사 장군산 아래 자리한 절은 최근 대웅보전 건립을 비롯한 대대적인 중창불사가 한창 진행중이다.

대웅보전, 1999년 삼성각 및 선방 등을 새로 지었다. 그리고 앞으로 누각·일주문을 세울 예정이라고 한다.

■ **성보문화재**

가람 구성은 대웅보전과 삼성각·선방 및 요사 2동 등으로 이루어져 있다.

대웅보전은 팔작지붕에 앞면 5칸, 옆면 3칸 규모로서 내부에는 석가불상·약사불상·관음보살상의 삼존 및 지장보살입상이 봉안되었다. 그리고 불화로는 삼존불후불탱화 각 1폭씩과 지장탱화·신중탱화가 있다. 이 작품들은 전부 최근에 조성한 것이다.

삼성각은 맞배지붕에 앞면 3칸, 옆면 1칸의 규모로서, 안에는 석조치성광여래상·산신상·독성상 및 칠성탱화·산신탱화·독성탱화가 걸려 있다.

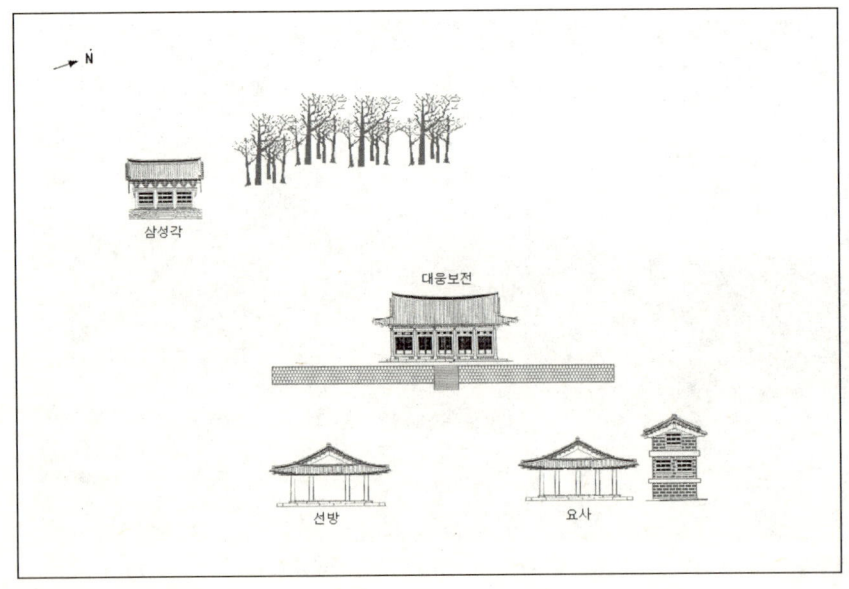

Ⅲ. 논산시 · 보령시 · 부여군

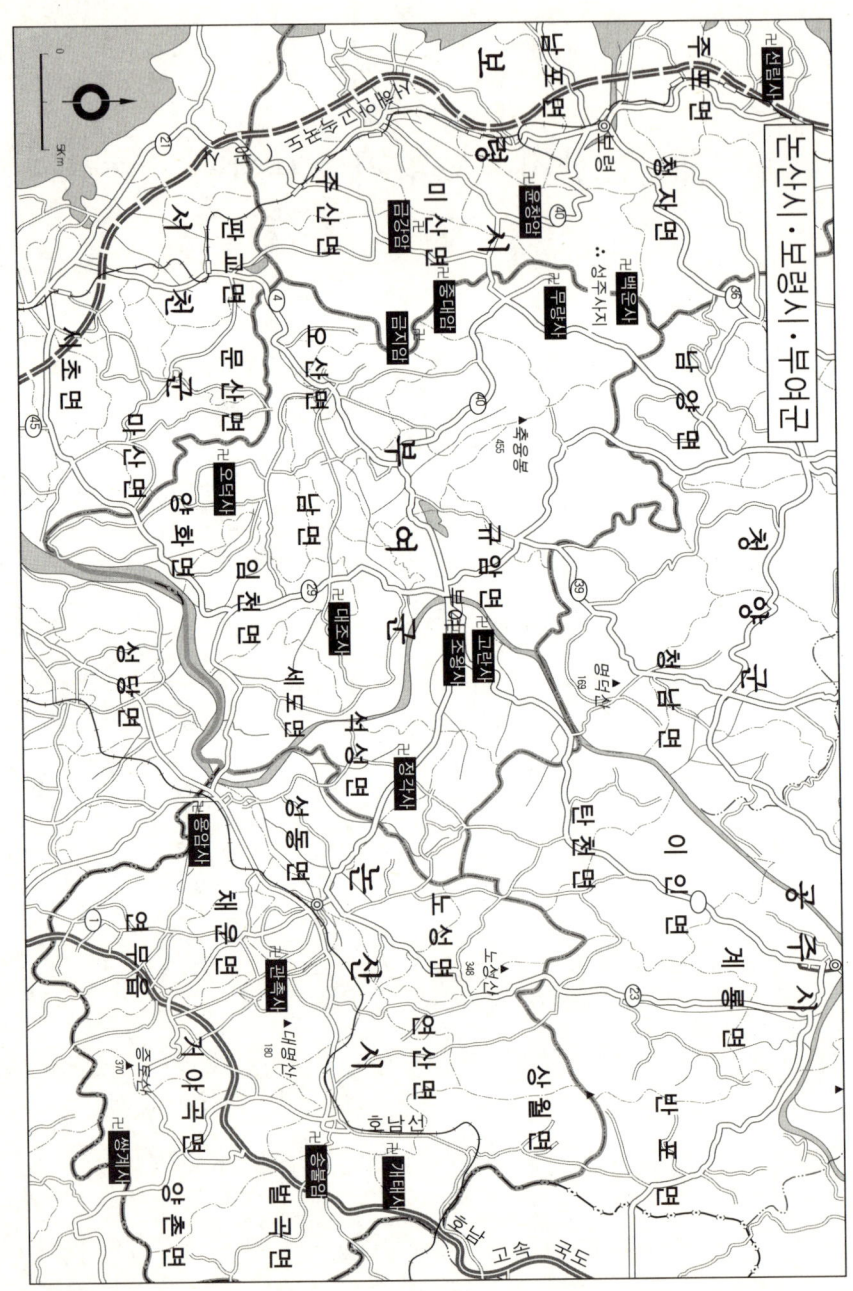

논산시 · 보령시 · 부여군의 역사와 문화

 충청남도 동남부에 위치하는 논산시(論山市)는 1999년 10월말 현재 인구 17만 1,705명이고 행정구역은 2개읍 12개면 2개동 469개리로 이루어져 있다.
 자연환경은 계룡산맥과 대둔산(大屯山, 878m) 줄기가 군의 동북부에서 동남부에 걸쳐 지나고 있어 험준한 산악지대를 형성하고 있는데, 계룡산과 대둔산은 금강(錦江)의 발원지이기도 하다.
 역사적으로는 삼국시대에 백제권에 속하였으며, 신라시대에 이르러 황산·이산·덕은·석산의 4군으로 개칭되었다. 조선은 개국 후 도읍지로 논산을 지목하였으나 반대의견으로 지금의 서울에 자리를 잡게 되었다. 근대에 들어와 은진군·연산군·공주군·진잠군 일부가 병합되어 논산군이 설치되었고, 근래에 논산군은 시로 승격되었다.
 주요 불교문화재로는 관촉사에 석조미륵보살입상(보물 제218호)·석등(보물 제232호)·배례석(유형문화재 제53호)·석문과 석탑이 있고, 개태사지에 석불입상(보물 제219호)·철확·오층석탑·석조, 쌍계사에 대웅전(보물 제408호)·부도가 있으며, 그 밖에 연산천호리비로자나석불(유형문화재 제91호), 은진관촉리비로자나석불입상(유형문화재 제88호), 탑정리석탑(유형문화재 제60호), 송불암 미륵불, 덕평리석조여래입상, 용화사석불 등이 있다.
 보령시(保寧市)는 충청남도 서남부에 위치하며, 1999년 10월말 현재 인구는 12만 1,082명이고, 행정구역은 1개읍 10개면 5개동 233개리로 이루어져 있다.

자연환경은 차령산맥의 남서 끝부분에 위치해 동부에는 오서산(烏棲山, 791m)·월명산(月明山, 544m) 등이 솟아 있어 산악지대를 이루며, 서부 해안지대는 대체로 평지를 이루고 있다.

보령은 삼한시대에 만로국(萬盧國)이었고 백제 때는 사촌(沙村)이라 불렸다. 통일신라에 이르러 웅진도독부의 행정체제에 편입되기도 하였으며, 고려시대에 들어서 홍주(洪州)라 하였다. 조선시대에 현으로 승격되었으며, 근대에 와서는 여러 군면들과 병합 개편되어 보령군이 되었고 근래에 시로 승격되었다.

부여군(扶餘郡)은 충청남도 서남부에 위치한 군으로서 1998년말 현재 인구는 9만 7,183명이고 행정구역은 2개읍 15개면 428개리로 이루어져 있다.

자연환경은 북서쪽이 차령산맥의 여맥이 지나가 산지를 이루며 남동쪽 금강유역에서는 평야가 발달되었다. 그리고 성대산(星臺山, 631m)·아미산(峨嵋山, 577m)·월명산(月明山, 544m) 등이 북서쪽에 솟아 있다.

부여 송국리에서는 최대 규모의 청동기 유적이 발견되었으며, 삼한시대에는 마한의 초산국(楚山國)이 있었던 것으로 추정된다. 예로부터 소부리 혹은 사비(泗泚)라 불렸던 이 곳은 백제의 도읍을 이루고 번성하였다. 고려 건국 후 청주목의 속군인 공주에 속하며 부여군이 되었고, 근대에 들어 인근지역을 병합하여 군으로 승격되었다.

개태사

■ 위치 및 창건

개태사(開泰寺)는 논산시 연산면 천호리 108번지에 자리잡고 있다. 충남지역에는 다른 지방에 비해 대찰이 많지 않다. 그 가운데 현재 대한불교조계종의 본사인 수덕사와 마곡사 등이 대찰로 손꼽히고 그밖에 갑사·

개태사 후삼국을 통일한 왕건은 개태사를 창건하고 신왕조의 위업을 선양하였다.

동학사·관촉사, 그리고 개태사 등이 오랜 역사와 전통을 지닌 중요한 사찰이다.

　개태사는 일찍이 고려 초에 창건되어 거대한 규모를 지닌 국가적 사찰로 시작되어 오랜 성쇠를 거듭하였다. 지금은 번성하던 옛 가람은 사라지고 근래에 새로 들어선 전각이 법등을 이어가고 있지만 그 역사적 향기와 유구한 전통은 여전히 살아 있다.

　절의 창건은 고려초인 936년(태조 19)에 시작하여 940년(태조 23) 12월에 이르기까지 4년 여에 걸쳐 완성되었다. 후삼국을 통일한 태조 왕건은 개태사를 창건하여 신왕조의 위업을 선양하였던 것이다.

　개태사의 창건이전에 이미 이곳에 사찰이 있었다. 정확한 이름은 전하지 않으나 『삼국사기』 등에 '황산불사(黃山佛寺)'라는 절이 보인다. 여기서 황산은 후일 개태사가 들어선 천호산과 동일한 산이라고 한다. 그러나 절이름이 전하지 않는 점으로 보아 그리 큰 규모는 아니었던 것 같다. 이러한 기존의 사찰자리에 개태사가 창건되었던 것이다.

우주당　절이 완성되자 태조 왕건은 화엄법회를 개최하기도 하였다.

절이 완성되자 태조는 친히 소문(疏文)을 지어 화엄법회를 개최하기도 하였다.『고려사』에 이러한 창건의 사실이 간단하게 전하지만 조선중엽에 편찬된『신증동국여지승람』에는 창건당시의 사정을 다음과 같이 자세히 설명하고 있다.

천호산 개태사에는 고려 태조의 진전(眞殿)이 있다. 고려 태조 19년에 백제를 정벌하여 큰 승리를 거두니 하내(河內)의 30여 군과 발해국 사람들이 모두 귀순하였다. 드디어 유사(有司)에게 명하여 개태사를 창건하고 친히 원문(願文)을 지어 손수 이르기를, "백성들이 백가지 근심을 만나니 많은 고통을 이겨낼 수 없었습니다. 군사는 경내에 얽히어서 재난이 진한(辰韓)을 시끄럽게 하니 사람들은 의탁하여 살 길이 없고 집들은 온전한 담이 없습니다." (중략)

(태조는)하늘에 고하여 맹세하기를, "큰 간악한 무리를 섬멸, 평정하여 백성을 도탄에서 벗어나도록 하겠나이다." 하였다. 위로 부처님의 힘에 의탁하고 다음에 하늘과 신령의 위엄에 의지하여 20여 년간의 수전(水戰)과 화공(火攻) 속에서 몸소 화살과 돌을 무릅쓰고 천리 길을 남으로 치고, 동으로 쳐서 친히 방패와 창을 베개로 삼았다. 병신년 가을 9월에 숭선성(崇善城)에서 백제의 군사와 대진(對陣)하여 한번 부르짖으니 군사의 무리가 와해되었다. (중략)

초적과 흉도들이 자신들의 죄과를 뉘우쳐 새사람이 되겠다고 즉시 귀순해왔습니다. (태조는) 그 뜻이 간사한 자를 누르고 악한 자를 제거하여 약한 자를 구제하고 기울어진 것을 붙들어 일으키는데 있으므로, 털끝만큼도 침범하지 않고 풀잎 하나도 다치지 않았습니다. (중략)

부처님의 붙들어 주심에 보답하고, 산신령의 도와주심을 갚으려고 특별히 관사(官司)에 명하여 불당을 창건하고는 산이름을 천호(天護), 절이름을 개태라고 하나이다.

『신증동국여지승람』「연산현」〈불우〉 개태사

삼성각 팔각지붕의 건물로 내부에는 칠성탱화·산신탱화 등이 봉안되었다.

위의 기사는 태조가 후백제를 정벌하기 위하여 8만7천의 대군을 인솔하여 천안부와 일선군(一善郡) 등지에서 후백제군을 격파하였던 역사적 사실에 대한 설명이다. 전세가 기울자 후백제왕 신검(神劍)은 황산군(지금의 연산)에서 마침내 투항하게 되었다. 이러한 대승리를 기념하여 개태사를 창건하였다는 것이다. 산이름을 천호산, 절이름을 개태사라고 하였다는 점에서 풍수도참설도 절의 창건에 배경이 되었다. 또한 개태사는 단순한 사찰로서의 의미만이 아니라 후백제를 멸망시킨 자리에 절을 창건함으로써 태조 자신의 위업을 선양하려는 의미도 포함되어 있는 것이다.

■ 연혁

절은 국왕의 명에 의하여 창건되어 화엄법회가 개설되는 등 더할나위 없는 번성을 누렸다. 그러나 고려 역사의 중심지 개성과는 지리적으로 상

석탑공양보살상
원래 개태사지에 있던 것으로
절에서 동쪽으로 800m 가량 떨어져 있는
용화사에 모셔져 있다.

당히 떨어져 있었기 때문에 이후 국가의 지속적인 관심의 대상은 아니었던 것 같다. 창건 이후 역사문헌에 오랫동안 절의 사정이 보이지 않기 때문이다. 그러다 고려말인 1362년(공민왕 11)부터 다시 『고려사』에 등장하였다. 즉 개태사의 태조진전(太祖眞殿)에 관리를 보내 강화도로 천도하는 여부를 점치거나, 태조진전에 옷이나 옥대(玉帶) 등을 헌납한다는 내용이다.

고려말은 절의 역사에 있어서 쇠퇴기에 해당된다. 공민왕 이후로 왜구의 침략이 더욱 극심해지면서 1376년(우왕 2)에서 1381년(우왕 14) 사이에 왜구의 침탈은 개태사에까지 직접 영향을 미쳤다. 왜구를 막기 위해 양광도원수(楊廣道元帥) 박인계(朴仁桂)가 파견되었지만 개태사 전투에서 최후를 맞는 등 치열한 전란의 와중에서 가람도 크게 파괴되었을 것이다. 그러나 법등은 계속 이어졌다.

조선초에 들어서 1432년(세조 14)에는 절의 승려가 큰 수정 2개를 세조에게 헌상하였고, 세조의 불교진흥책으로 일시 중흥의 기틀을 보였다. 1438년(세조 20) 5월에는 연산현청을 개태사로 옮기자는 논의가 있었다. 그러나 개태사는 현청을 세우기에는 부적당하다는 의견으로 무산되고 말았다. 이로 보아 절은 이미 사찰로서의 중요성은 이미 상실했던 것 같다. 이와 같이 개태사는 고려초에 창건되어 조선초에 이르기까지 5백년 동안 법등을 유지했었다.

절이 지금과 같은 모습을 갖추게 된 것은 근래 들어서의 일이다. 1934년에 김광영(金光榮)이라는 비구니가 터만 남아있던 개태사에 전각을 세우고 개태도광사(開泰道光寺)로 이름을 바꾸어 비로소 법등을 다시 잇게 되었다. 김광영은 43세 때 관음보살이 꿈에 나타나 삼존불이 묻혀 있던 곳을 알려주었다고 한다. 그 뒤 불상을 발굴해 지금의 위치에 봉안하고 절을 중건하였다. 병자들을 안수(按手)로 치료하는데 효험이 커 많은 추종자들이 생기자 광복 후 이들을 규합하여 용화회(龍華會)를 조직하였다. 용화회는 유·불·선 삼교합일의 대법(大法)으로 미륵불이 도래하는 용화세계를 맞이한다는 기치를 내걸었다. 1946년에는 미륵불을 봉안한 용화전을 짓고 삼일지상정천궁(三一地上正天宮)이라 이름붙였다. 1947년에는 창운각(創運閣)을 짓고 단군상을 봉안하였고, 또 충의전(忠義殿)이라 하여 관운장을 모시는 사당을 짓기도 하였다.

지금 절에는 국조 단군을 봉안하고 정기적으로 제를 올리는 등 불교사찰로서만이 아니라 민족종교 도량으로서의 기능도 함께 수행하고 있다.

■성보문화재

고려 태조의 창건 당시 개태사는 수많은 전각이 처마를 맞댄 대찰이었을 것이다. 그러나 아쉽게도 우리가 알 수 있는 전각이름은 '태조진전' 하나뿐이다. 그것도 태조의 진영을 봉안하였다는 점에서 창건 당시의 전각이 아니라 태조의 사후 고려말까지 존속했던 전각일 뿐이다. 역사의 허

망함을 다시 한번 느끼게 한다.

현재 가람은 용화대보궁과 정법궁(正法宮)·우주정(宇宙亭)·삼성각·우주당·일주문·삼존석불보호각, 그리고 오층석탑 등으로 구성되어 있다. 지금의 모습은 1934년에 원래의 절에서 남쪽으로 떨어진 지점에 조성한 것이다.

● 정법궁

앞면 3칸, 옆면 2칸의 팔작지붕 건물로 창운각(創運閣)이라고도 부른다. 안에는 석가여래좌상을 본존으로 모시고, 그 옆에는 단군의 영정을 봉안하였다.

정법궁　창운각이라고도 부른다. 석가여래좌상과 단군영정을 모셨다.

● 용화대보궁

앞면 5칸, 옆면 3칸의 팔작지붕건물로 석조삼존불을 모셨다. 이밖에 최근에 조성한 신중탱화와 동종이 있다. 삼성각은 팔각지붕건물로 안에는 석불좌상을 본존으로 그 좌우에는 칠성탱화와 산신탱화를 봉안하였다. 우주정은 개태사에서 출토된 철확을 보관하는 보호각으로 사방 1칸이다.

이와 같이 현존의 개태사는 전각명칭 등이 전통적인 불교사찰의 관례와는 다르다. 또한 정법궁에는 석가여래와 함께 단군영정을 봉안하는 등 유례가 없는 독특한 특징을 지니고 있다. 1934년에 새롭게 전각을 조성한 일이 김광영이라는 분의 개인적 차원에서 이루어졌고, 지금까지 개인사찰로서 임의롭게 유지되어 왔던 때문이다. 현재 절은 조계종에 등록하기 위한 절차가 진행 중이라고 한다. 머지않아 전각과 절의 성격에 큰 변화가 있을 것이라 보인다.

용화대보궁 석조삼존불과 함께 최근에 조성한 신중탱화와 동종이 있다.

■ 개태사터

　원래의 개태사는 조선 초기에 폐허로 변해 지금까지 빈 터만 남아있다. 개태사를 처음 방문하는 이들은 무척 놀랄 것 같다. 천년 가까운 역사를 지닌 절의 모습이 지금은 빈터만 남아 옛자취만이 깃들어 있기 때문이다. 지금의 가람은 원래의 절터에서 남쪽으로 300m 쯤 떨어져 있다.

　1986년 충남대학교에서 개태사터에 대한 발굴을 실시하였다. 그 결과 절에는 삼존석불전을 비롯하여 6곳 이상의 건물지를 확인하였다. 삼존석불전은 현재남아 있는 삼존석불을 봉안했던 전각으로 앞면 5칸, 옆면 3칸의 맞배지붕 건물로 추정되었다. 전각안에는 8개의 안둘레기둥이 가설되었고, 삼존불은 건물 중앙에서 약간 뒤쪽으로 치우쳐 봉안되어 있었다.

　다른 5개의 건물지는 현재까지도 마을이 들어서 있어 유적이 많이 훼손된 채로 발견되었다. 이들 건물지는 대체로 산록의 하단부에 석축을 높이 쌓고 평탄하게 대지를 조성한 후에 건물을 올린 산지가람의 모습이었다.

개태사터　지금의 절에서 약 300m 가량 떨어진 곳에 빈터로 남아 있다.

삼존석불입상 고려초기 불상으로 화강암으로 조성되었다. 보물 제219호.

이 지역에서 석탑과 금고(金鼓)·석조(石槽) 등 중요한 유물이 다수 발견되어 이 곳이 창건 무렵에 중요한 역할을 담당했던 곳이었음 알 수 있다. 사역 전체에서 출토된 중요유물은 삼존석불입상과 오층석탑, 석조 2기, 그리고 금고와 철확 등이 있다.

● 삼존석불입상

 이 삼존석불은 화강암으로 된 고려초기의 불상으로 보물 제219호로 지정되었다. 1934년 절을 중건할 무렵에는 우협시보살만이 온전하고 본존불과 좌협시보살은 크게 훼손된 채 넘어져 있었다. 중창하면서 넘어진 불상을 일으키고 좌협시보살의 불두를 새로 조성하였으나 최근에 원래의 두상을 찾아 완전한 복원이 이루어진 상태이다.
 먼저 본존불은 높이 4.51m로 사각형의 연꽃대좌위에 서 있다. 나발의 머리에 육계가 큼직하다. 얼굴은 둥근 모양으로 살짝 뜬 눈에 눈꼬리는 귀까지 이어질만큼 길다. 이마에는 백호가 뚜렷하며 귀는 길게 어깨까지 내려왔다. 코는 상호에 비해 작은 편이며 입가에는 천진한 미소가 담겨있다. 목에는 삼도가 표현되었다.

신체는 거의 원통형에 가깝고, 손과 발을 유난히 크게 만들었다. 오른손을 어깨까지 들고 왼손은 가슴부분에서 무언가를 잡은 듯한 모습이다. 손가락은 대부분 파손된 것을 복원하였다. 법의는 우견편단으로 두텁고 단순하게 처리하였다. 대좌는 뒷면을 제외한 삼면에 8엽의 연화문을 복련으로 새겼다.

좌협시보살은 높이 3.84m로 본존불보다 조금 작지만 대체로 비슷한 양식을 지녔다. 하지만 보살상이라는 특징을 그대로 반영하여 본존과는 달이 화려한 영락장식과 옷주름의 섬세한 표현 등이 거대한 석불이라고는 믿어지지 않을 만큼 빼어난 보살상이다. 보살상으로서는 드물게 수인은 시무외여원인이다. 대좌는 8각형으로 하면에 2엽씩 모두 16엽의 연화문을 복련으로 표현하였다.

우협시보살은 높이 3.72m로 좌협시보살과 비슷한 모습이다. 다만 의습의 세부적인 묘사만이 조금 다르다. 또한 좌협시보살이 오른손으로 여원인을 왼손으로 시무외인을 취하고 있는데 반해 우협시보살은 그 반대로 오른손이 시무외인이고, 왼손이 여원인이다. 본존불을 좌우에 두고 대칭의 형상을 염두에 둔 양식이다. 이마의 백호는 개태사 재건 때에 새로한 것이다.

삼존석불입상은 전체적으로 거대한 규모이면서도 상호가 온화하고 옷문양 등의 조각수법이 우수하다. 양식적인 면에서 신라말 고려초의 일반적인 흐름과 맥을 같이하는 것을 볼 때 절이 창건되던 10세기 중엽에 함께 조성된 것이라 생각된다. 고려 태조는 후삼국의 혼란을 진압하고 새로운 왕조를 건설하면서 그 위세를 떨치고자 개태사를 창건하였다. 이러한 사상적 배경은 마침내 거대한 삼존석불입상을 조성하기에 이르렀던 것이다.

오층석탑
전형적인 고려시대 석탑이지만
1층 탑신 아래는 결실되었다.

● 오층석탑

이 탑은 현재 개태사 경내 창운각 옆에 있다. 원래 자리는 이 곳이 아니라 절터에 있던 것을 옮겨왔다. 전형적인 고려시대의 오층석탑이지만 1층 탑신 아래와 5층 옥개석 위의 상륜부는 결실되었다. 지금 있는 모습은 근래에 복원한 모습이다. 탑신과 옥개석은 별개의 석재로 탑신에는 각 면마다 2개씩의 우주를 나타냈다. 옥개석은 공통적으로 낙수면의 경사가 심하고, 처마끝에서 약간 치켜 올라갔다.

옥개받침은 1층에서 3층까지는 4단, 4층과 5층은 3단씩으로 변화를 주었다. 5층의 옥개석과 4층 탑신에는 구멍이 뚫려 있어 상륜부의 시설물이 가설되었음을 알 수 있다. 전체적으로 옥개석의 체감이 적절한 균형을 이루고 있는 등 작은 규모이지만 우수한 고려 석탑이다.

● 석조

　개태사 정법궁 앞에는 2기의 석조(石槽)가 있다. 석조는 큰 돌을 넓게 파서 물을 받아 사용하는 물통이다. 각각 모양과 크기가 다른데 하나는 장방형으로 가로 300cm, 세로 130cm, 그리고 두께가 20cm 정도이다. 석조의 4면 가운데 북쪽면에 2개 서쪽면에만 1개의 안상을 거칠게 새겼다. 또 하나의 석조는 방형으로 가로 150cm, 세로 110cm, 두께 18cm 정도이다. 윗부분만 노출된 채로 땅속에 묻혀있다. 이 2기의 석조는 원래 제자리가 아니라 원 절터의 어딘가에서 옮겨 온 것이다. 대체로 장방형의 형태에 안상을 표현한 것으로 보아 통일신라의 양식을 계승하는 것이라 보인다.

● 금고 · 철확

　개태사에서 출토된 몇가지 유물 가운데 금속유물로 주목되는 것이 금

석조　원 절터에서 옮겨온 것으로 정법궁 앞에 2기가 있다.

고와 철확이다.

　금고(金鼓)는 금속으로 만든 북으로 법당내에 걸어두고 법회나 의식을 집행할 때 사용한다. 다른 이름으로 금구(金口 또는 禁口), 반자(飯子 또는 盤子)라고도 부른다. 개태사의 금고는 석조가 있었던 건물지에서 민가를 짓던 중 우연히 발견되어 지금은 부여박물관에 소장되어 있다. 직경이 102㎝로 그 동안 알려진 고려시대 금고 중에서 가장 크다. 앞면은 모두 6개의 원형 띠로 구분하여 다양하고 화려한 문양들을 가득 나타냈다. 중앙의 당좌(撞座)는 직접 북채가 닿는 부분으로 연꽃의 자방(子房)에 18개의 연과(蓮顆)가 있다. 당좌의 바깥에는 2줄의 가는 선을 구획하여 사선의 문양띠를 촘촘하게 새겼다. 그 다음은 8개의 연화문을 규칙적으로 배열하고 3개의 굵은 선으로 구분하였다. 이어서 화려한 인동당초문으로 장식하였고, 끝으로 큼직하게 연꽃 16개를 돌린 다음 각각의 꽃 안에 개구리 모양의 동물을 양각하였다. 이 금고는 크기와 섬세한 조각 등에서 번성했던 개태사의 고려시대 사정을 짐작하게 하는 중요한 유물이다.

철확　가뭄이 심한 곳에 이 솥을 가져가면 비가 내린다는 전설이 있다.

다음으로 철확(鐵鑊)은 절에서 장(醬)을 담글 때 사용했던 것으로 일찍이 1760년(영조 36)에 편찬된 『여지도서(輿地圖書)』에도 언급되어 있다. 즉, '이 솥은 고려 때 절에서 사용하던 것으로 가뭄이 심한 곳으로 가져가면 비가 내린다는 전설이 깃들어 있다. 이로 인해 연산읍 부근까지 옮겨졌다.'고 하였다. 그 후 1909년 무렵에는 철확이 연산읍의 서쪽 냇가에 묻혀 있던 것을 일본인들이 발굴하여 경성박람회에 출품하기도 하였다. 다시 지금의 연산공원으로 옮겨졌다가 지금은 개태사의 경내에 소중하게 보관되고 있다. 고려 때 조성한 이래 여러 차례 곡절을 겪으면서 지금까지 온전히 남아있다는 사실이 어쩌면 철확이 지닌 어떤 불가침의 힘이 아닐까하는 생각이 든다.

철확은 직경이 281㎝, 높이가 97㎝에 이르는 대형이다. 또한 둘레가 무려 880㎝로 장을 담그는 데 사용했다 하니 그 엄청난 양을 필요로 했을 당시 개태사의 번성을 떠올리게 한다.

● 범서총지집

이 경판은 절에 절하는 것이 아니라 연세대 민영규(閔泳珪) 명예교수의 소장본이다. 고려시대에는 대장경을 비롯한 많은 경판이 판각되었다. 국찰로 창건된 개태사에서도 고려 중엽까지 번성을 누리면서 적지않은 경판이 조성되었다. 전성기의 개태사에는 천 여명의 대중이 주석하였다고 하니 많은 인력을 필요로 하는 경판조성사업의 인적자원이 확보되어 있었다. 또한 당대의 명승 의천(義天)과 균여(均如) 등이 간경(刊經)과 강경(講經)을 위해 이곳에 왕래하였다.

한편 대장경의 조성에 큰 역할을 맡았던 수기(守其)와 해인사의 간경을 주도했던 천기(天其) 등의 여러 고승들이 이 곳에 주석하였다는 사실은 개태사의 활발했던 경판조성을 짐작케 한다. 아쉽게도 현존하는 개태사의 경판은 한 점뿐이다. 이 범서총지집(梵書總持集)은 1218년(고종 5) 7월에 개태사에서 인혁(仁赫)대사가 주관하였다. 또한 권말에 범자대장(梵字大藏) 1부를 조판하여 금산사(金山寺)에 봉안하였다는 기록이 있어 개태사 판각의 대장경이 있었음을 알려준다.

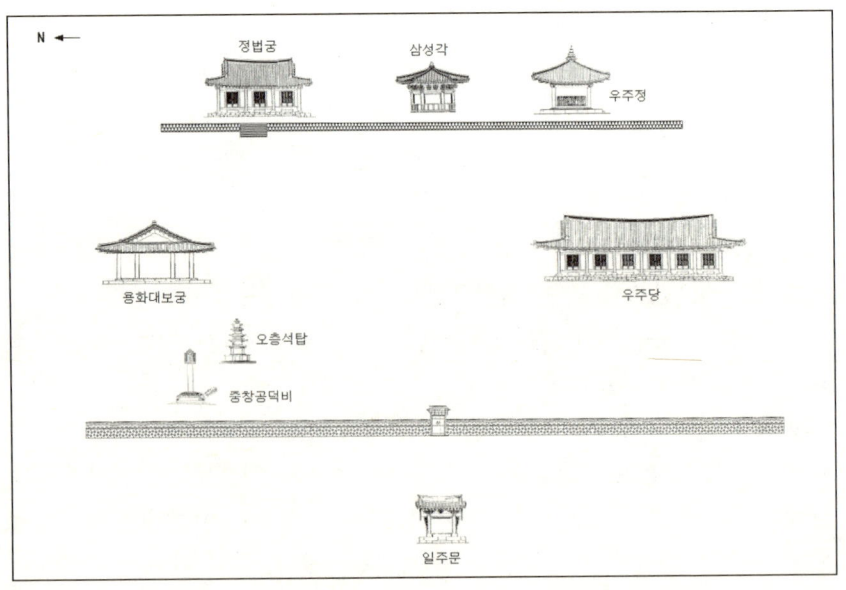

관촉사

■ 위치 및 창건

관촉사(灌燭寺)는 논산시 논산읍 관촉리 254번지에 자리잡은 대한불교 조계종 사찰이다. 부처님의 지혜를 따르는 사람들이라면 대개는 이 곳 관촉사를 찾아 거대한 미륵보살 앞에서 깊은 속내를 발원했던 경험이 있을

관촉사 은진미륵이라 불리는 석조미륵보살은 절을 대표하는 상징이다.

것이다. 굳이 신앙을 갖지 않았더라도 여행을 즐겨하는 이라면 관촉사는 깊은 인상으로 남아 있는 사찰일 것이다.

우리 나라에서 가장 큰 석조미륵보살입상, 흔히 '은진미륵'이라 부르는 이 불상은 관촉사를 대표하는 상징이다. 야트막한 반야산(般若山) 기슭에 자리잡은 절은 논산읍에서 불과 1.5km의 거리이다.

절이 언제 창건되었는지는 정확히 알지 못한다. 현재 절에 관한 가장 오래된 기록은 고려말 이색(李穡, 1328~1396)이 남긴 시이고, 다음은 조선 중엽 『신증동국여지승람』의 「은진(恩津)」〈불우(佛宇)〉조이다. 이후 1743년(영조 19) 절에 「관촉사사적비명」이 건립되면서 구체적인 절의 연혁이 정리되었다. 그런데 이러한 몇가지 기록은 한결같이 미륵보살입상에 관한 이야기로 일관할 뿐, 절의 창건에 관해서는 전혀 언급이 없다. 따라서 절의 창건시기를 분명히 알지 못한다. 다만 미륵보살의 조성이 969년(광종 20)에 시작되므로 이 무렵에 이미 절이 존재하고 있었음을 알 수 있다.

당시 절은 그리 큰 규모는 아니었을 것이다. 왜냐하면 이 곳에서 멀지 않은 곳에 있는 개태사가 936년(태조 19)에 창건되기 시작하였기 때문이

석조미륵상주변 문수보살과 보현보살의 영험에 미륵상이 조성되었다고 한다.

다. 당시 미미한 존재에 불과했던 무명의 사찰을 국가적 차원에서 대대적으로 신축하여 개태사를 탄생시켰던 것이었다. 국가에서는 태조의 명을 받아 후백제를 멸망시킨 위업을 기념하기 위한 사찰을 짓기 위해 사전에 입지를 물색하였을 것이다. 이런 과정에서 근거리에 있었던 관촉사도 후보로 선정되었을 것이나 결국은 지금의 개태사로 결정되었다. 이러한 추정은 당시 관촉사보다는 개태사가 국가적 사찰을 경영하기에 충분한 조건을 갖추고 있었다는 사실을 알게 한다. 즉 개태사가 창건된 936년 이후 관촉사에 미륵보살이 조성되기 시작했던 968년(광종 19) 사이의 관촉사는 지방의 작은 사찰에 불과했던 것이다. 또한 미륵보살상이 조성되기 전에는 절의 이름은 관촉사가 아니었다. 관촉사라는 이름은 불상이 완성된 후 이를 참배한 중국의 승려 지안(智眼)이, "가주(嘉州)에도 큰 불상이 있어 동향하고 있으니 그 광명이 동시에 상응한다고 하여 이름을 관촉(灌燭)이라 하였다."라고 한데서 유래한다.

　이상에서 고려초에 존재한 무명의 사찰이 새롭게 발전하여 역사상에 등장한 것은 절에 미륵보살상이 조성되면서부터이다. 「관촉사사적비명」에 미륵보살상이 조성되는 과정이 자세하게 전한다.

천왕문　1983년 일주문과 함께 천왕문이 신축되었다.

광종 19년에 사제촌(沙梯村)에 사는 한 여인이 고사리를 캐다가 반약산(盤藥山) 서불 골짜기에서 홀연히 동자의 목소리를 들었다. 이윽고 나아가 보니 커다란 바위가 땅속에서 솟아나는 것이었다. 괴이히 여겨 돌아와 사위에게 본대로 말을 하니 이 사람이 관아에 고하고, 관아는 다시 조정에 보고하였다. 마침내 백관이 모여 회의하기를 이는 필시 불상을 조성하라는 조짐이라 하였다. 상의원(尙醫院)으로 하여금 각지에 불상을 조성하는 장인을 구하도록 하였다. 승 혜명(慧明)이 추천을 받아 백 여명의 장인과 함께 불상의 조성을 시작하여 970년(광종 21)부터 1006년(목종 9)에 이르는 37년간의 대불사가 완성되었다. 존상을 완성하여 도량으로 봉안하는데 천 여명이 힘을 합해 운반하였다.... 혜명스님이 비록 불상을 완성하였으니 이를 바로 세우지 못해 근심하고 있었다. 마침 사제에게는 아들이 하나 있었는데 이 아이가 흙을 가지고 불상을 만드는 놀이를 하고 있었다. 평지에 먼저 본체를 세우기 위해 모래를 쌓고, 그 가운데 세우는 것이었다. 이를 본 스님은 크게 깨달고 돌아와 마침내 본대로 불상을 세웠다. 대저 동자는 문수·보현의 화신으로서 가르침을 준 것이다.

이와 같이 미륵보살상이 조성된 것은 문수보살과 보현보살의 영험에 의한 것이라고 적고 있다. 불상을 조성한 혜명스님에 대해서는 알려진 바가 없으나 국가적 차원에서 선발하고 또 지원하였다는 점에서 당대의 고승이었음이 분명하다. 한편 불상의 조성에 37년이라는 장구한 세월이 소요되었다는 점에서 어떤 우여곡절이 있었던 것이라 생각하지만 짐작일 따름이다.

불상의 조성이후 절의 역사는 한동안 알려지지 않다가 1386년(우왕 12) 정문과 법당을 처음으로 건립하였다고 한다. 조선시대 들어 1581년(선조 14)에는 거사 백지(白只)가 중수하였고, 1674년(현종 15)에는 지능(智能)스님이 개수하였다. 또한 1735년(영조 15)에는 성능(性能) 스님이 다시 중수하였는데 스님은 그 후 얼마 뒤인 1739년(영조 15)에는 논산의 쌍계사(雙溪寺)를 중건했던 분이기도 하다. 1740년(영조 16)에는 석축을 개수하였고 이러한 일련의 역사를 정리하여 1743년(영조 19)에 관촉사사적비를 세웠다. 1800년(정조 24)에는 인근의 노인들이 화주하여 절에서 사용하는 탁자 등의 법기(法器)를 시주하고 절 주변에 돌담을 쌓았다.

근대 이후의 절의 역사는 제대로 전하지 않는다. 최근 들어 1965년에 충령각을 새로 지었고, 1974년에는 삼성각과 범종루를 조성하였다. 1975년에 종루의 범종을 봉안하였고, 1983년에는 일주문과 천왕문을 신축하였다. 1988년에는 절입구에 수목을 기증했던 이용구부부의 자손들이 시주하여 관촉사사적비를 건립하였다. 현재 절에서는 대웅보전의 불사가 한창 진행중이고 머지않아 미륵전과 종무소를 고쳐 지을 계획이다.

■ 성보문화재

관촉사의 가람은 미륵보살을 중심으로 좌우에 전각이 들어서 있다. 미륵전과 대웅보전·명부전·삼성각·천왕문·종루·일주문, 그리고 요사와

미륵전 건물안에 들어서면 불단위의 유리를 통해 미륵상을 바라볼 수 있다.

종무소가 여유있게 자리잡았다.

　창건 당시나 과거의 가람은 전혀 알려진 바가 없다. 절의 역사에 있어서 미륵보살상이 차지하는 비중이 워낙 절대적이다 보니 여타의 전각이나 성보에 대한 기록을 남기는데는 소홀했던 것 같다. 지금의 가람은 한 시기에 이루어진 것이 아니라 오랜 역사속에서 하나하나 갖춰진 모습이다. 관촉사의 성보문화재는 전각보다는 야외에 조성된 여러 석물들이 주목된다. 반야산의 동남쪽을 향하고 있는 석조미륵보살입상, 그 정면의 석등과 석탑, 그리고 배례석 등이 고려시대의 번성했던 역사를 그대로 간직하고 있다.

●미륵전

　앞면 4칸, 옆면 2칸의 팔작지붕 건물로 안에는 불상을 봉안하지 않았다. 즉 미륵전 안에 들어서면 정면의 불단위로 마련된 유리를 통해 밖의 미륵보살입상이 보인다. 즉 불상을 봉안하지 않고도 미륵전은 거대한 석조미륵불을 주존으로 모신 전각이 되는 셈이다. 우리 나라에서 이처럼 특별한 전각은 몇 군데 더 찾아볼 수 있다. 강원도 양양의 낙산사와 경상북도 문경의 윤필암이 그러하다. 이런 경우는 불상을 전각안에 모시지 못할만큼 큰 규모일 때 주로 활용한다. 한편 미륵전에는 근래에 조성된 신중탱화와 지장탱화를 봉안하였다.

●명부전

　미륵전 남쪽에 있는 앞면 3칸, 옆면 1칸의 맞배지붕 건물이다. 안에는 명부세계의 주인공인 지장보살상을 본존으로 시왕상과 지장보살도, 그리고 서산대사와 사명대사의 진영을 봉안하였다.

대웅보전 팔작 중층의 건물로 1999년 10월 현재까지 불사가 진행중에 있다.

● 삼성각

미륵보살입상의 남쪽에 자리잡은 앞면 3칸, 옆면 1칸의 맞배지붕 건물이다. 안에는 독성과 산신, 그리고 칠성을 탱화로 봉안하였는데 칠성탱화만이 1962년에 조성되었다는 화기를 남기고 있다.

● 대웅보전

현재 조성불사가 진행 중이다. 2층의 건물로 1층은 앞면 5칸, 옆면은 4칸, 그리고 2층은 각각 3칸, 2칸으로 1칸씩을 줄여 세웠다. 건물은 완성되었으나 내부의 상설과 장식은 아직 갖춰지지 않았다.

석문 방형의 양쪽기둥에는 해탈문과 관촉사라는 글씨가 새겨져 있다.

● 해탈문

일주문을 지나 가파른 계단을 올라서면 만나는 석문(石門)이다. 자연암반 위에 폭 47cm·43cm의 화강석을 방형으로 깎아 두 기둥을 세웠다. 양쪽 기둥에는 각각 「해탈문」·「관촉사」라는 글씨를 새겼다. 그 뒤에 172cm 정도의 장대석을 연결하여 터널을 만들었다. 이 장대석 위에 다시 5개의 장대석을 걸쳐 지붕을 만들었고 양 옆에도 석벽을 쌓았다. 이러한 석문은 사찰 건축으로는 유일한 경우이다.

정확한 조성시기는 전하지 않으나 고려후기에 왜구의 침탈을 막기 위해 쌓은 것이라 생각된다. 즉 고려 우왕(1374~1388) 때 이 곳에서 멀지않은 개태사에 왜구가 침입하여 절이 크게 소실된 적이 있었다. 이러한 왜구의 침탈을 막기 위해 절에 방어기능을 지닌 석문을 조성하였던 것이다.

석조미륵보살입상
고려 초의 불상으로
보통 은진미륵이라는 이름으로 불린다.
보물 제218호.

● 석조미륵보살입상

관촉사의 상징이라할 만큼 매우 중요한 불상으로 전체높이가 18m에 달하는 거대한 고려 초의 불상이다. 보통 '은진미륵'이라는 이름으로 부르고 보물 제218호로 지정되었다.

조성 시기는 「관촉사사적비명」에 따르면 970년(광종 21)에 시작하여 1006년(목종 9)에 이르기까지 37년이 걸렸다고 한다. 그러나 이마의 백호를 수리하는 과정에서 발견된 묵기(墨記)에는 968년(광종 19)이라는 기록이 있다. 「관촉사사적비명」이 조성당시와 거리가 먼 조선후기의 기록임을 감안하고, 묵기가 불상의 조성과 함께 봉안되었을 것이므로 불상의 조성 시기는 968년 설이 보다 믿을만하다.

절을 찾기 위해 일주문과 사천왕문을 지나 해탈문을 들어서면 눈앞에 거대한 이 미륵보살이 한 눈에 들어온다. 처음 불상을 대하는 사람은 아마도 그 당당한 위용에 놀라움을 금치 못할 것이다.

전체적으로 불상에서 풍기는 인상은 불상이라기 보다는 친근한 이웃사람에게서 느낄 수 있는 정겨움이다. 얼굴의 표현이 이마가 좁고 턱이 넓으며 코와 귀, 입을 다소 크게 나타냈기 때문이다. 눈은 양옆으로 길게 새기고, 귀 역시 어깨에까지 닿을 만큼 길다. 미간사이의 백호에는 근래에 가공한 수정을 넣었다. 머리에는 간략하게 보발을 나타냈고, 그 위에 방형의 2중 보관을 올렸다. 아래 보관에는 8엽의 연꽃으로 장식하였고, 네 귀퉁이에는 청동방울을 매달았다.

목은 무척 굵다. 거대한 불두를 지탱하기 위한 배려이다. 삼도의 표현이 뚜렷하고, 어깨에는 통견의 법의를 걸쳤다. 수인은 오른손을 가슴근처까지 올려 금속으로 만든 연꽃가지를 들었고, 왼손은 가슴앞에서 엄지와 중지를 맞댄 아미타여래의 중품하생인이다. 신체는 별다른 굴곡없이 직선적으로 표현하였고, 법의가 길게 내려와 U자 모양의 주름을 이룬다.

불상은 자연암반을 대좌삼아 딛고 서 있다. 투박한 솜씨로 암반위에 불족을 조각하였다. 불상에 사용된 화강암 석재는 크게 네 부분으로 나뉜다. 즉 암반대좌, 다리에서 허리까지, 그 위에서 불두까지, 그리고 2매의 보관으로 구분된다. 불상 뒷면에는 별다른 조각이 없다. 조성 당시에는 뒤까지 입체적으로 조각하려 했는지 정으로 쪼은 자국만 남아있다.

미륵보살입상이 완성된 후 많은 영험담이 있었다. 「관촉사사적비명」에 몇가지가 언급되어 있다.

불상이 세워지자 하늘에서는 비를 내려 불상의 몸을 씻어 주었고, 서기가 21일 동안 머물렀다. 미간의 옥호에서 발한 빛이 사방을 비추었는데 중국의 승려 지안(智眼)이 그 빛을 쫓아와 예배하였으며, 그 광명의 빛이 촛불의 빛과 같다고 하여 절이름을 관촉사라고 하였다.

중국에 난이 일어 적병이 압록강에 이르렀을 때, 이 불상이 삿갓을 쓴 스님으로 변하여 옷을 걷고 강을 건너니 모두 그 강물이 얕은 줄 알고 물

속으로 뛰어들어 과반수가 빠져 죽었다. 중국의 장수가 칼로 그 삿갓을 내리쳤고, 후에 이 흔적은 불상에 나타났다. 현재 한쪽 기둥이 깨진 채 남아있는 것은 바로 이 때의 상처라고 한다.

국가가 태평하면 불상의 몸이 빛나고 서기가 허공에 서리며, 난이 있게 되면 온 몸에서 땀이 흐르고 손에 쥔 꽃이 색을 잃었다는 등의 전설도 전한다.

이러한 불상의 존명에 대해서는 미륵상이 아니라 관음상이라는 견해도 있다. 즉 한국불교사의 정립에 커다란 업적을 남겼던 이능화선생의 지적이다. "세간에서 불상을 미륵이라 하지만 이는 잘못이고, 명주사사적(明珠寺事蹟)에 고려의 혜명(慧明)과 대주(大珠) 두 대사가 관촉사의 석관음상을 조성하였다고 적혀있다"고 하였다. (『조선불교통사』하, 379면) 그러나 올바른 주장이 아니다. 불상의 존재를 처음 언급한 이색의 시에서는 분명히 '대석상미륵존(大石像彌勒尊)'이라 지칭하였고, 이후『신증동국여지승람』에서도 '석미륵'이라 표현하였다.

사실 불상의 존명은 매우 중요해서 그 이름 여하에 따라 사상과, 신앙 등 전체적인 배경이 달라질 수 있다. 경주 석굴암의 본존불이 석가여래인가 아미타여래인가에 대한 지속적인 논란도 이러한 중요성 때문이다. 그러나 관촉사의 경우는 논란의 여지없이 미륵임이 확실하다. 문헌에 의해서도 그렇고, 고려시대이후 미륵신앙이 서민의 대중적 신앙으로 유지되면서 서민적 삶을 그대로 닮은 투박하고 인간적인 돌미륵이 곳곳에 조성되었다. 그래서 미륵불하면 세련된 장식이나 고귀함보다는 거친 듯하면서도 친근한 모습이 연상되는 것이다. 이러한 점에서 관촉사의 불상은 가장 미륵불답다. 많은 대중들에게 차별없는 지혜와 자비를 주기 위해 소박하지만 커다란 모습으로 늘 거기에 서 있는 것이다.

삼층석탑
고려 초기 석탑.
단순하고 형식화된 모습이다.

● 석탑과 배례석

　미륵보살상 정면에는 높이 3.43m의 고려시대 석탑이 있다. 원래 제자리가 아니고 다른 곳에 흩어져 있던 부재를 다시 조립해 놓았다. 이 과정에서 3층의 탑신과 옥개석은 남아 있지 않다. 즉 지금은 4층의 모양으로 남아 있으나 원래는 5층탑이었다.
　기단은 2단으로 구성되었는데 1층 기단은 지대석과 함께 땅속에 묻혀있다. 1층 기단의 면석에는 안상이 있고, 2층 기단에는 동자주(童子柱)가 3개 조각되었다. 기단과 탑신의 사이에는 별석 1매를 두어 고려 석탑의 양식을 그대로 반영하였다. 옥개석은 다소 둔중한 느낌을 주는데 이는 옥개받침을 얇고 깊숙이 표현하였기 때문이다. 상륜은 보주만을 간략히 나타냈다. 전체적으로 탑이 신앙의 대상에서 벗어나기 시작한 고려초기의 작품이라 단순하고 형식화된 모습이다.

  석탑의 바로 옆에는 충청남도유형문화재 제53호로 지정된 배례석이 있다. 미륵보살이 조성된 고려시대에는 석등에 불을 밝히고, 이 곳에서 보살상을 참배하였다. 그러나 지금은 배례석과 석등사이에 석탑이 가로 막고 있다. 배례석은 장방형으로 길이가 2.04m, 폭이 1.03m, 그리고 높이는 0.4m이다. 하나의 석재이지만 땅에 닿는 부분에 2단의 괴임을 새기고, 그 위의 면석에는 앞면에 3개, 옆면에 2개의 안상을 나타냈다.

  배례석의 윗면에는 8엽의 연꽃을 섬세하게 양각하였다. 연꽃의 중앙에 원을 돌리고 주위에 자방을 연이어 음각하였다. 꽃잎은 뾰족하고 그 사이로는 다시 이중의 꽃잎을 다시 양각하였다. 이 배례석은 물론 고려시대에 조성된 것이지만 조각수법이 미륵보살입상이나 석등과는 상당히 다르게 부드럽고 정교하다. 아마도 보살상이나 석등을 조성했던 사람과는 다른 사람이거나 또는 조성시기가 달랐던 것이라 생각된다.

배례석   미륵보살상을 참배하는 장소로 충청남도유형문화재 제53호로 지정되어 있다.

석등
거대한 규모로 미륵보살상과
조화를 이루고 있다.
보물 제232호.

● 석등

 석등은 높이가 5.45m에 달하는 거대한 규모로 미륵보살입상과 조화를 이루는 듯 웅장한 모습이다. 하대석과 상대석, 그리고 화사석을 모두 갖춘 고려초기 석등의 걸작품으로서 보물 제232호로 지정되었다.
 하대석은 사각형인데 2m의 각 면에 안상을 3개씩 나타냈다. 그 위에 8엽을 지닌 복련의 연화대를 새겼다.
 간석(竿石)은 3개의 돌로 이루어졌는데 북과 같은 형태이다. 상·하의 돌에는 반원형 띠가 두 개씩 있고, 중석에는 3개의 띠를 돌렸다. 상대석은 2단의 받침을 얹고 그 위에 8엽의 앙련을 크고 굵게 새겼다. 화사석(火舍石)은 2층으로 1층은 앙련위에 1매의 사각형 별석을 놓고 그 위에 4개의 기둥을 세웠다. 그런데 이 기둥이 석등의 전체 규모에 비해 너무 가늘어

사적비
미륵보살입상 조성경위와
절의 연혁 등을 적은 비이다.

화창(火窓)이 더욱 넓어 보인다. 화사석이라기 보다는 그저 지붕을 받치는 기둥공간이라고 부르는 게 나을 정도이다. 1층 화사석의 옥개석에는 네 귀퉁이에 큼직한 귀꽃을 새겼다. 2층 화사석은 현저히 체감시켜 2면만 개방시켰고 옥개석은 1층과 동일하나 한쪽의 귀꽃은 결실되었다. 석등의 맨 위에는 단순하고 큼직한 보주를 올렸다.

● 사적비와 시주비

미륵보살입상의 좌우에는 시주비와 관촉사사적비가 있다. 먼저 사적비는 1743년(영조 19)에 각혜(覺慧) 스님과 속인으로 구성된 불량계원(佛粮契員) 다수가 참여하여 조성한 것으로 이를 통해 미륵보살입상의 자세한 조성경위와 절의 연혁을 알 수 있었다. 이 비는 귀부와 비신, 옥개석을 모두 갖추었지만 그 양식은 무척 단순하다. 따라서 유물적인 가치보다는 비문을 통해 귀중한 절의 역사를 알게 해 준 문헌적 의미가 더 크다.

다음으로 시주비는 비명과 시주자 전태현(全泰賢)이라는 이름만을 새기고 조성시기를 밝히지 않았다. 또 비명에 '금강회상도리회상옹호회상(金剛會上忉利會上擁護會上)'이라고만 적혀 있어 비의 정확한 명칭을 알 수가 없다. 다만 비명과 한 사람의 시주자 이름만을 적었으므로 시주자의 공덕을 남기기 위해 조성한 공덕비라고 생각된다. 비좌와 비신, 그리고 옥개석이 잘 남아있어 그 양식으로 볼 때 조성시기는 조선 후기로 추정된다.

이밖에도 미륵보살입상의 불단옆에는 파손된 석재 1기가 있다. 양 면에 안상이 새겨져 있어 불단에 사용되었던 석재로 보인다.

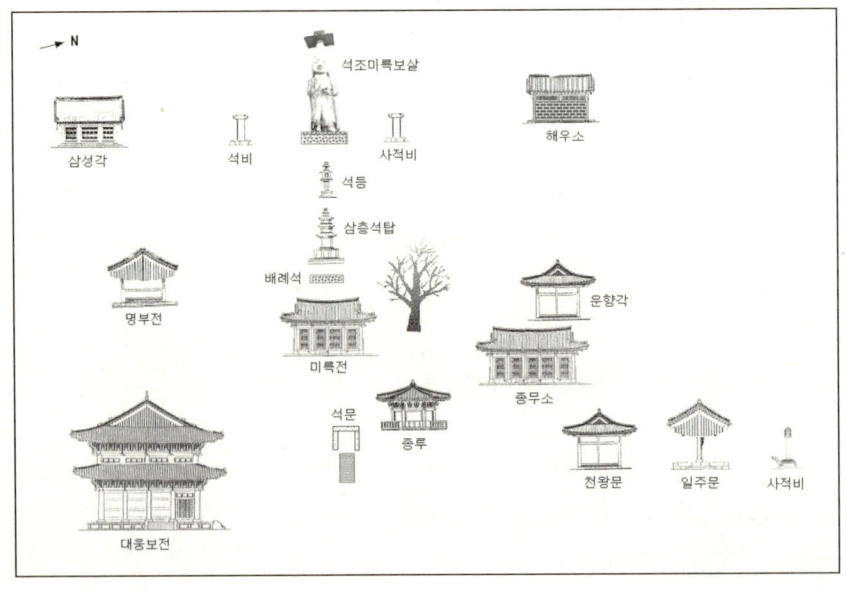

송불암

■ 위치 및 창건

송불암(松佛庵)은 논산시 연산면 화암리 함박봉에 자리잡고 있다. 연산면 소재지에서 동쪽으로 1㎞ 정도 떨어진 곳으로 자그마한 사찰이다.
절이 언제 창건되었는지는 불분명하다. 지금의 송불암은 인법당과 요사

송불암 인법당과 요사만으로 구성된 단촐한 도량으로 화암리 함박봉에 자리한다.

석불상 제문석불이라 불리는데 사각의 보관을 쓰고 연화대좌 위에 올라 서 있다.

만으로 구성된 단출한 도량이지만 이 곳은 과거에 절이 들어서 있던 곳이었다. 석불과 석탑의 부재가 인법당 부근에 남아 있어 알 수 있다.

석불은 제문석불이라 부르는데 우리 나라의 산야에서 자주 발견되는 미륵불과 같이 투박한 민불(民佛)의 모습을 지녔다. 전체높이가 4.5m에 달하는 대형으로 머리에는 4각의 보관이 있다. 상호는 대체로 원형이며 이마에는 백호 자리가 남아 있다. 눈이 과도하게 표현되었지만 코와 입의 조각은 사실적인 편이다. 목은 신체에 비해 다소 굵고 삼도를 나타냈다. 의습은 우견편단으로 투박하면서도 부드러운 질감을 느끼게 한다. 수인은 정형화된 양식이 아니라 오른손을 아래로 향해 자연스럽게 늘어뜨리고, 왼손은 오른쪽 가슴에 댄 변형된 형식이다.

한편 불상이 올라선 원형의 연화대좌에는 불족(佛足)만을 따로 조각한 모습이 이채롭다. 이 석불의 주위에는 지금도 건물의 기둥이 올라갔던 초석들이 남아있어 석불을 봉안한 전각이 있었음을 알게 한다. 지금은 전각 대신에 노송이 자연스럽게 불상을 에워싸고 있다. 이 미륵불은 송불암의 상징과도 같아 절이름을 미륵정사라고 부르기도 한다.

  석불의 오른쪽 앞에는 2층의 석탑이 있다. 온전한 탑이 아니라 주위에 흩어져 있던 부재를 수습하여 조합해 놓은 것이다. 즉 2개의 탑신과 2개의 옥개석이다. 초층의 탑신에는 아무런 조각이 없지만 2층에는 우주가 있다. 옥개석은 둘 다 3단의 옥개받침을 지녔으나 처마의 경사도가 달라 탑신과 마찬가지로 별개의 석탑에 사용되었던 것으로 보인다.

  송불암의 법당은 근래에 지은 현대식 건물이다. 안에는 지장보살을 본존으로 봉안하고 1966년에 조성한 후불탱화를 비롯해서 신중과 칠성, 산신을 각각 탱화로 모셨다.

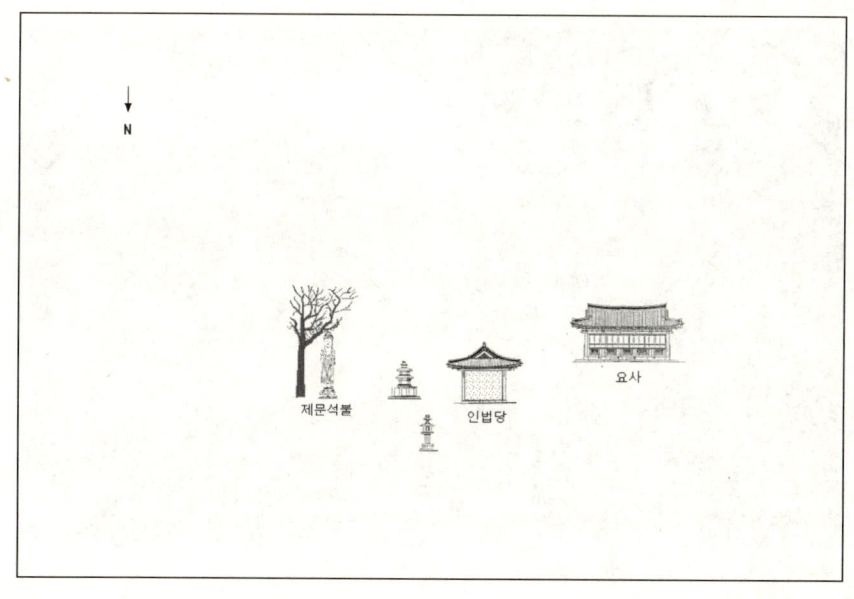

쌍계사

■ 위치 및 창건

쌍계사(雙溪寺)는 논산시 가야곡면 중산리 21번지 작봉산(鵲峯山)에 자리잡은 대한불교조계종 제6교구 본사 마곡사의 말사이다.

작봉산은 과거에 불명산(佛明山)이라 불렸는데 계곡이 깊고 수림이 울

쌍계사 절은 고려시대 이행재의 발원으로 창건되었다.

창한 산기슭에 북향으로 가람이 들어서 있다.

절은 고려시대에 이행재(李杏材)의 발원으로 창건되었다. 고려말 대학자였던 목은 이색(李穡, 1328~1396)이 지은 기문이 남아 있어 오랜 유래와 사격을 알 수 있다. 조선시대 들어 법등이 계속되면서 억불의 어려운 시절에도 절은 크게 번성하였던 것 같다. 즉 1569년(선조 2) 쌍계사에 소장하기 위해 제작되었던 『월인석보(月印釋譜)』 판본(보물 제582호)이 현재 계룡산 갑사(甲寺)에 보관되어 있다. 또한 쌍계사 자체에서도 많은 경전이 판각, 인출되었다. 1565년(명조 20)의 『고봉화상선요(高峯和尙禪要)』를 시작으로 1614년(광해군 6)의 『치문경훈(緇門警訓)』에 이르기까지 다양한 종류의 경판이 쌍계사에서 제작, 소장되었던 것이다.

◆쌍계사의 경판

명칭	조성연대	소장·전거
高峯和尙禪要	1565	갑사
大慧普覺禪師書	1566	연세대 박물관
佛說大報父母恩重經	1567	
蒙山和尙大道普說	1568	서울대 도서관
月印釋譜 권21 月印千江之曲	1569	갑사
佛說金剛頂瑜伽最勝秘密成佛隨求	1569	서울대 도서관
佛說四十二藏經	1571	규정각 도서총록
禪宗永嘉集	1572	서울대 도서관
水陸無遮平等齋儀撮要	1574	해인사간루판목록
妙法蓮華經	1581	
緇門警訓	1614	

조선 중기에 이처럼 한 사찰에서 많은 경판이 집중적으로 판각되었다는 것은 역사적으로 매우 중요한 일이었다. 숭유억불의 정책이 조선초부터 시행되면서 불교계는 깊은 시름과 퇴락의 길에 빠졌다. 국가와 지방관

중건비
대화재로 소실되었던 가람을 중건했다는
내용과 그 시주명단을 적고있다.

아의 수탈에 견디지 못해 승려는 절을 떠나고, 심지어는 스님이 없는 사찰도 생겨났던 것이다. 이제 천 년의 역사를 지닌 불교는 더 이상 설 자리가 없었다. 그러나 다행히 조선중기에 문정왕후가 섭정하면서 불교는 부흥의 기운을 맞이하게 되었고, 불교계는 새로운 각오와 자세로 시대적 역할에 부응하게 되었다. 비록 문정왕후와 보우대사에 의한 부흥의 흐름은 오래 지속되지 못하였으나 불교계는 새로운 가능성을 모색하게 된 중요한 계기가 되었다. 이러한 시대적 배경 아래서 쌍계사에서는 많은 경판이 제작되었던 것이다.

조선 후기에 들어서 절은 화재로 대부분의 전각이 소실되는 비운을 겪었다. 이에 성능(性能)과 극찰(克察) 스님 등이 지체하지 않고 힘을 기울여 각지에서 시주를 구해 절을 중창하였다. 이러한 사실을 적은 쌍계사중건비가 1739년(영조 15)에 건립되어 지금도 남아 있다. 조선 후기 이후 절의 역사는 공백으로 남아있다. 별다른 사적기나 비문 등이 없는 것으로 보아 사세가 크게 변하지 않고 꾸준히 이어졌던 것 같다.

근래들어 1923년에 대웅전의 삼세불화를 조성하였고, 1966년에는 법고를 조성하여 봉황루에 봉안하였다. 1976년 칠성각에 산신탱화를 모셨고, 1983년에는 명부전에 지장보살상을 봉안하였다.

■성보문화재

쌍계사의 가람은 대웅전과 명부전·나한전·산신각 겸 칠성각·요사, 봉황루, 그리고 2채의 요사로 구성되어 있다. 요사를 제외한 모든 전각이 조선후기의 양식을 간직한 아름다운 모습이다. 또한 절 입구의 부도전에는 쌍계사중창사적비와 9기의 부도가 고가람의 정경을 말해준다. 이밖에 대웅전의 뒤쪽에는 관음보살좌상과 관음보살비문도 있다.

대웅전 조선 후기의 단아한 건축양식을 잘 지니고 있다. 보물 제408호.

● 대웅전

　대웅전은 쌍계사의 중심 전각으로 앞면 5칸, 옆면 3칸의 팔작지붕 건물이다. 조선 후기의 단아한 건축양식을 잘 지니고 있어 보물 제408호로 지정되었다.
　산지가람의 특성을 잘 살려 평지에다 1m 정도 높게 단을 마련하여 건물을 세웠다. 잘 다듬은 석조기단위에 덤벙 주초석을 얹고 직경이 100㎝나 되는 원형의 기둥을 세웠다. 동일한 간격의 기둥사이에는 모두 쌍여닫이문을 달았고, 문살의 연화문, 목단문 등 다양한 꽃살문이 섬세하게 어우러졌다. 기둥의 위에는 창방과 평방을 돌리고 기둥위와 기둥사이에 공포를 올린 다포식이다. 공포는 밖이 5출목이고, 안은 4출목으로 우리 나라의 사원건축으로는 드물게 출목수가 많다. 지붕은 겹처마로서 끝부분으로 갈수록 위로 치켜 올라가 가볍고 날렵한 느낌을 준다.
　전각안에는 우물마루를 깔고 뒤쪽에 네 개의 고주(高柱)를 세웠다. 중앙에는 삼세불을 봉안한 불단이 놓였고, 기둥사이에는 후불벽을 마련하였

대웅전 내부　석가여래를 본존으로 아미타여래와 약사여래 삼세불을 봉안하였다.

다. 전체적으로 큰 규모이면서도 장중함과 섬세한 조각이 잘 조화된 조선 후기의 아름다운 전각이다.

전각 안에는 석가여래를 본존으로 아미타여래와 약사여래 삼세불을 좌상으로 봉안하였다. 각각의 불상뒤에는 독립된 후불탱화가 불법의 세계를 잘 보여준다. 본존인 석가여래는 높이 180㎝, 무릎 폭 130㎝로 비교적 큰 규모이다. 원만한 상호에 머리는 나발의 형태이다. 육계는 단순하게 나타냈고, 계주가 2개 있어 정상계주는 상투모양이고, 앞면의 것은 반달모양이다. 백호는 다소 작아보이고, 목에는 삼도를 나타냈다. 법의는 통견이며 수인은 마귀를 물리치는 항마촉지인이다.

석가여래의 오른쪽 아미타여래좌상도 동일한 양식이다. 다만 수인이 다르다. 즉 오른손 엄지와 중지를 맞댄 채 밖으로 향하고, 왼손은 무릎위에서 역시 엄지와 중지를 맞대는 아미타여래의 9품인 중 중품하생인을 취하고 있다. 석가여래의 왼쪽 약사여래좌상도 동일한 시기에 삼세불로 함께 조성되었으므로 같은 양식을 지녔다. 그러나 수인만 차이가 있어 오른손을 무릎위에 얹고, 왼손은 가슴부근에서 손바닥을 위로 향하였다. 두 손

대웅전외부용두　건물의 귀처마에는 여의주를 물고 있는 용머리를 조각하였다.

다 엄지와 중지를 맞댄 모습이다.

삼세불의 뒤에는 각각 독립된 불화가 세 점 걸려 있다. 먼저 중앙의 석가여래후불탱화는 영산회상도로서 그림 중앙 상단에 커다랗게 석가여래를 배치하였다. 그 주위로는 키모양의 광배가 여래를 감싸고 있으며, 무릎 좌우에는 아난과 가섭존자가 시립하였다. 그 옆으로는 8대보살이 두 줄로 늘어섰고, 화면의 윗부분에는 십대제자가 열심히 설법에 귀기울이는 모습이다. 그런데 본존 어깨 좌우의 두 제자는 특이하게도 뒤로 돌아선 자세이다. 화면 제일 아래에 1923년 11월에 조성되었다는 화기가 있다.

아미타여래 뒤의 극락회상도 역시 1923년에 삼세불화로서 함께 조성한 것이다. 전체적으로 색감과 양식이 동일하다. 키형의 광배와 정상계주에서 위로 뻗어나간 세 갈래의 하얀 빛 등은 영산회상도와 극락회상도, 그리고 약사여래도에 모두 공통된다. 약사여래도의 구도는 특히 극락회상도와 동일하여 본존 좌우의 6대보살과 윗부분의 십대제자, 그리고 화면의 네 모서리에 표현한 사천왕까지 별 차이가 없다.

이밖에 대웅전 안에는 지장보살상과 신중탱화, 그리고 동종 등이 있는데 모두 최근작이다.

대웅전닫집　닫집의 내부에는 용과 연꽃 등이 조각되었다.

● 명부전과 나한전

　대웅전의 오른쪽 앞에는 명부전이 있다. 앞면 3칸, 옆면 1칸의 맞배지붕 전각이다. 자연석의 기단 위에 주초석을 놓고 기둥을 올렸다. 앞면의 두 칸에 쌍여닫이 띠살문을 달았고, 안에는 우물마루를 깔았다. 내부에는 1983년에 조성한 지장보살상과 시왕상, 지장탱화 등을 봉안하였다.
　나한전은 대웅전 오른쪽에 동향으로 들어섰다. 앞면 3칸, 옆면 1칸의 팔작지붕 건물이다. 명부전과 마찬가지로 자연석의 기단위에 덤벙 주초석을 놓았다. 건물의 가운데 칸에만 쌍여닫이 띠살문을 달았고 안에는 역시 우물마루를 깔았다. 내부에는 석가여래를 본존으로 16나한상과 후불탱화를 봉안하였다. 모두 최근에 조성한 성보들이다.

● 칠성각과 봉황루

　칠성각은 대웅전 오른쪽의 뒤쪽에 자리잡은 앞면 3칸, 옆면 2칸의 팔작

봉황루　대웅전 정면에 자리한 누각 건물로 안에는 법고를 봉안하였다.

부도군 절로 오르는 길목에 중건비와 함께 9기의 부도가 나란히 서 있다.

지붕 건물이다. 안에는 1976년에 조성한 산신탱화와 칠성탱화, 독성탱화를 봉안하였다.

봉황루는 절에 들어서 처음 만나는 전각으로 대웅전 정면에 자리잡고 있다. 누각건물이라고 하지만 실제는 2층이 아니고 마루를 지표면에서 80cm 정도 높게 시설하여 마치 누각처럼 보인다. 외부의 앞면에 간결한 난간을 둘렀다. 정면에 쌍계사라는 편액을 걸었고, 안에는 1966년에 조성한 법고를 두었다.

● 쌍계사중건비와 부도

절에 오르는 길목의 저수지 맞은 편에는 1739년(영조 15)에 세운 쌍계사중건비와 9기의 부도가 있다. 먼저 이 중건비는 대좌와 비신, 옥개석을 갖춘 완전한 모습으로 대좌는 너비가 110cm, 폭이 80cm이다. 자연석을 방형으로 단순하게 다듬어 중앙에 비신을 세울 수 있도록 홈을 새겼다. 비신은 높이 156cm, 너비 78cm로 앞뒤의 양 면에 명문을 새겼다.

비문의 내용은 화재로 소실되었던 가람을 중건하고 그 시말과 시주 명단을 적은 것이다. 쌍계사의 역사는 많은 부분이 공백으로 남아있다. 다행히 이 중건비가 남아있어 역사의 상당부분을 알 수 있게 되었다.
　부도는 모두 9기로서 조선중기 이후 쌍계사에 주석하던 고승들의 묘탑이다. 그러나 9기 가운데 왼쪽에서 3번째의 부도만이 심구당비찬대사(尋口堂悲粲大師)가 주인이라는 사실을 알 뿐이다. 바람처럼 때로는 구름처럼 불법을 찾아 수행처를 찾아 유력하던 고승들이었던지 이름조차 남기지 않았다. 부도는 가람 주변의 적당한 곳에 조성되었던 것을 지금의 자리에 모아 놓았다. 양식은 대부분 석종형이고, 높이는 115~178㎝까지 다양하다.

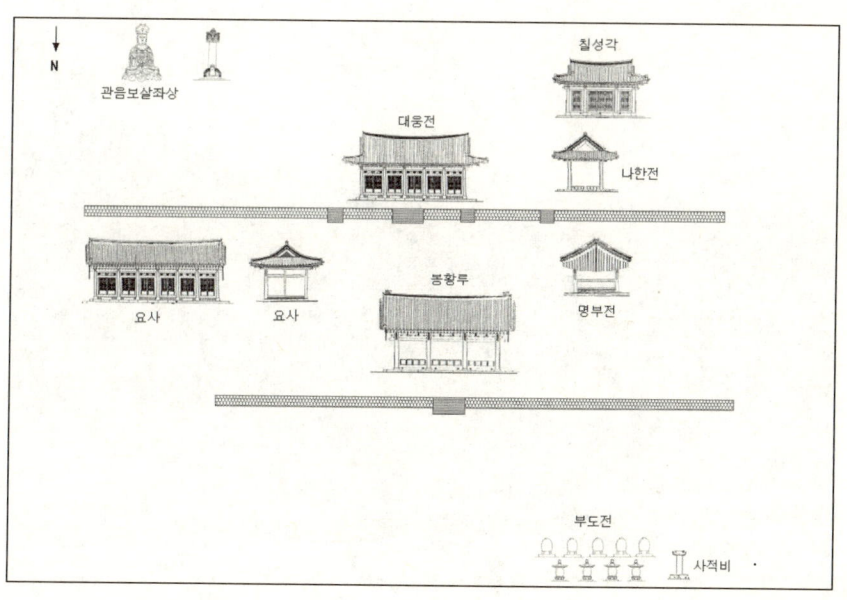

용암사

■ 위치 및 창건

 용암사(聳岩寺)는 논산시 강경읍 채산리 331-4번지 채운산(彩雲山)에 자리잡은 대한불교조계종 사찰이다.
 절에는 자세한 연혁은 전하지 않으나 구전으로만 백제 때 창건되었다

용암사 채운산에 자리한 절에는 대웅전 칠성각 그리고 범종각 등이 있다.

고 한다. 즉 백제 말엽인 660년(의자왕 20) 무렵에 채운(彩雲)지방에 낙안사(洛安寺)라는 절이 있었는데, 이 곳이 용암사의 전신이라고 한다. 이후 낙안사는 고려말에 옥녀봉(玉女峰)으로 옮겨 중창되면서 절 이름을 지금의 용암사로 바꿨다. 그러다가 5년 후에 부처님의 계시로 지금의 위치로 다시 절을 옮겼다는 것이다.

이러한 절의 창건과 연혁은 신빙성이 없다. 백제를 거쳐 고려시대에 존재하였다고 하면 최소한의 고고학적 유구나 흔적이 있어야 하나 전혀 이를 뒷받침할만한 물적 자료가 남아 있지 않다. 더구나 지금의 가람과 성보들은 최근에 조성된 것이어서 절이 역사적 연원이 오래되었다는 것은 사실이 아닐 것 같다. 따라서 절의 창건은 근대 이후라고 보면 무리가 없을 것이다. 현재 대웅전 안에 봉안된 아미타후불탱화가 1936년에 조성된 것이므로 아마도 절의 시작도 이 무렵이 아닐까 추정해본다. 1984년에는 산신탱화와 독성탱화를 봉안하였고, 1992년에는 대웅전에 영산회상도와 지장탱화를 봉안하였다.

대웅전아미타후불탱화 1990년에 중건한 대웅전 내부에 봉안되어 있다.

절은 현재 대웅전과 칠성각·범종각·요사로 구성된 단출한 모습이다. 대웅전은 앞면과 옆면 각 3칸씩 규모의 팔작지붕 건물이다. 안에는 석가삼존불을 주존으로 아미타불상과 지장보살상을 함께 모셨다. 각각의 불상 뒤로는 후불탱화가 있는데 영산회상도와 지장탱화는 1992년, 아미타불의 후불탱화는 1936년에 조성하였다. 또한 신중탱화가 2점 있고 또 다른 지장탱화도 1점 있다. 대웅전의 벽에는 1990년에 대웅전을 중건하고 그 시말과 참여자를 적은 「불전중건상량문」이 걸려 있다.

칠성각은 아담한 사방 1칸의 맞배지붕 건물이다. 안에는 1984년에 조성한 산신탱화와 독성탱화, 그리고 칠성탱화를 함께 모셨다. 범종각 역시 사방 1칸의 맞배지붕 건물로 최근에 조성한 범종이 걸려있다. 범종각 밑에는 감로수가 흘러 절을 찾는 참배객의 갈증을 씻어준다. 요사는 현대식 건물로 정양원(靜養院)이라고 부른다.

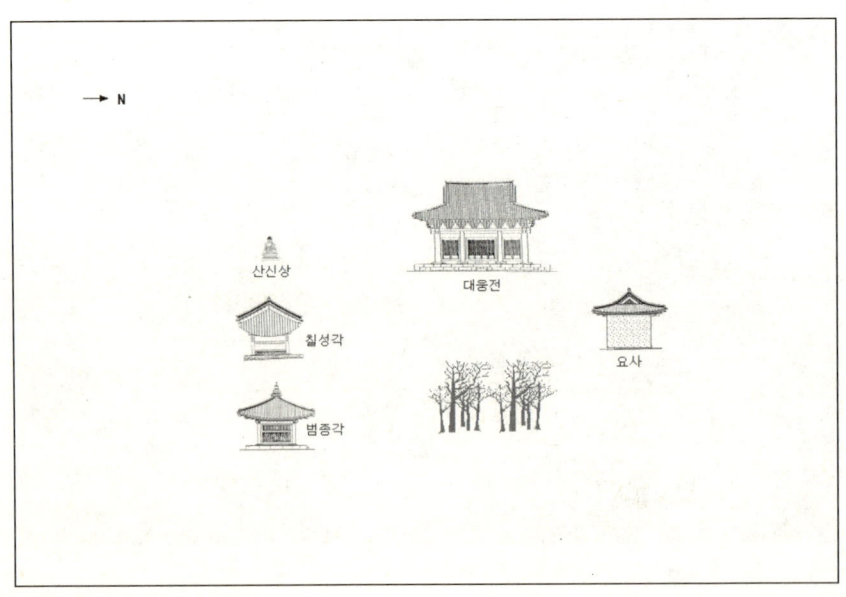

금강암

■ 위치 및 창건

금강암(金剛庵)은 보령시 미산면 용수리 산54번지 양각산(羊角山)에 자리한 대한불교조계종 제6교구 본사 마곡사의 말사이다. 절은 양각산 정상 가까이에 위치해 있다.

금강암 절은 조선시대 영암스님에 의해 창건되었으며 양각산 정상가까이에 자리한다.

석불좌상
고려시대 조성.
근엄한 상호에 이마에는 백호가 있고
두손은 연봉을 잡고 있다.

　절의 창건은 조선시대로서 1412년(태종 12) 영암(玲巖) 스님에 의해서 이루어졌다. 영암 스님은 조선을 건국한 태조의 왕사(王師)인 무학 자초(無學自超)의 제자로 알려져 있다.

■ **연혁**

　창건 당시 이곳은 한성판윤(漢城判尹), 곧 지금의 서울시장 격인 권홍(權弘, 1360~1446)과 그의 부인 옹주(翁主) 이씨의 원찰이었다.
　그러나 그 밖의 연혁은 자세하지 않다. 다만 창건되고 얼마 지나지 않은 때인 1481년(성종 12)에 편찬된 『동국여지승람』에는 이 절을 옥계사(玉溪寺)라고 하고 있고, 조선 후기인 1799년(정조 23)에 편찬된 『범우고

(梵宇攷)』에는 금강암(金剛庵)이라는 이름으로 나온다. 이로 보아서는 창건 이래 지금까지 거의 법등이 끊이지 않고 이어왔음을 추정해 볼 수 있다.

한편 금강암은 조선 후기의 문신이자 암행어사로 유명한 박문수(朴文秀)의 할아버지인 박선(朴銑, 1636~1696)이 다녔던 곳이라고 전한다.

■ 성보문화재

현재 전각으로는 극락전과 요사가 있고, 그 밖의 유물로는 석불좌상과 「영암비구창금강암비편(玲岩比丘創金剛庵碑編)」이 있다. 비편은 반파되어 완전한 내용은 알 수 없지만, 금강암의 창건 및 연혁과 관련되어 중요한 사료가 되고 있다.

● 극락전

팔작지붕에 앞면 3칸, 옆면 2칸 규모로서, 내부에는 아미타삼존불을 비롯해서 후불탱화 · 아미타탱화 · 지장탱화 · 신중탱화 · 산신탱화가 봉안되어 있고, 그 밖에 동종이 있다.

● 석불좌상

요사 맞은편 노천에 봉안된 석불좌상은 미륵상으로 부르는데, 고려시대의 작품으로 전한다. 양식을 보면, 머리에 팔각 옥개형(屋蓋形) 보관을 썼으며, 그 위에 둥근 돌이 올려져 있는데 이것은 후대에 놓은 것인 듯하다. 상호(相好)는 근엄한 느낌이며, 이마에 백호(白毫)가 있고, 두 귀는 길어서 양쪽 어깨에 닿는다.

두 손은 무릎 위에 모아서 연봉을 잡고 있고, 불의(佛衣)는 두 어깨를 덮는 통견(通肩)으로서 옷주름이 두 팔을 거쳐 다리를 덮고 있다.

대좌는 상대석이 복판(複瓣)의 겹잎을 한 타원형 연꽃무늬가 음각으로 새겨졌고, 중대석과 하대석은 한 돌로 만들었다. 지대석 이하는 콘크리트로 덮여 있어 확인하기 어렵다. 크기는 현재 높이 167㎝, 앉은 높이 127㎝이다.

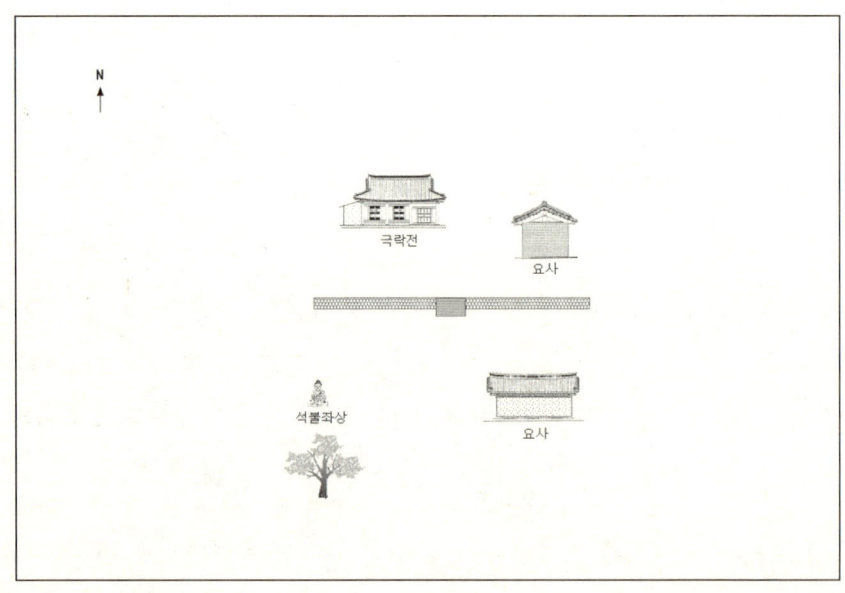

백운사

■ 위치 및 창건

　백운사(白雲寺)는 보령시 성주면 성주리 35-2번지 성주산(聖住山)에 자리한 대한불교조계종 제6교구 본사 마곡사의 말사이다.
　절로 가는 길은, 성주면 소재지에서 성주사지 방면으로 약 2km쯤 가서,

백운사　통일신라 때 무염 스님이 숭암사라는 이름으로 창건했다고 전한다.

정련당 부도

왼쪽으로 나있는 계곡을 따라 다시 1.5km쯤 산길을 따라가면 산의 중상단부가 나오는데, 이곳 동쪽 구릉에 절이 있다.

절은 통일신라 9세기 때 무주 무염(無住無染, 801~888) 스님이 숭암사(崇巖寺)라는 이름으로 창건했다고 전한다. 그러나 그 뒤의 연혁은 전하는 것이 없고, 조선시대 임진왜란 때 성주사와 함께 소실되었다가 중건되었다고 한다. 그리고 언제인가 중건되면서 높은 곳에 위치하여 흰구름 속의 절과 같다 하여 백운사라는 이름이 붙여졌다고 한다.

최근에는 1998년 5월부터 현정(賢淨) 주지스님이 주석하고 있는데, 1999년 11월 현재 극락전을 해체 복원하면서 보수 중에 있다.

■성보문화재

현재 절은 극락전과 요사만 들어서 있는 단출한 규모를 하고 있다.

극락전은 맞배지붕에 앞면 3칸, 옆면 2칸 규모로서, 안에는 관음보살상이 봉안되어 있다. 본래 극락전 내부에 모셔졌던 불상을 비롯해서 탱화와 동종 등은 극락전 보수 기간 동안 현재 본사인 마곡사에 이운되어 있다.

한편 절 입구에서 조금 내려간 곳에 '정련당(淨蓮堂)'이라 새겨진 부도 1기가 있다.

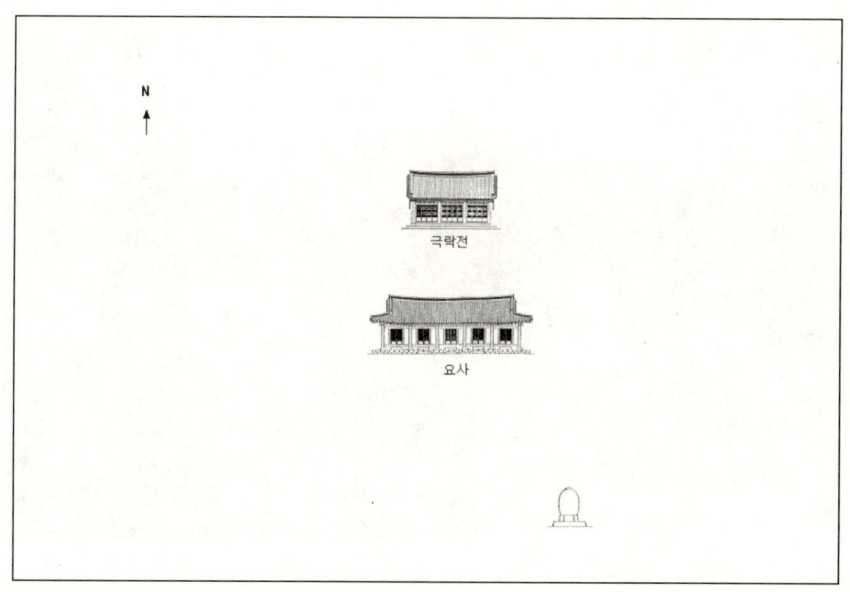

선림사

■ 위치 및 창건

선림사(禪林寺)는 보령시 오산면 소성리 산5번지에 자리한 대한불교조계종 제6교구 본사 마곡사의 말사이다.

절은 오천면 소성리 큰산 냇골 동쪽, 이른바 '싱기댕이'라고 부르는 곳에

선림사 주위에는 울창한 숲이 있고 멀리 바다가 조망되는 곳에 자리하고 있다.

원통전 관음보살상

위치하는데, 주위가 울창한 숲으로 둘러싸여 있고 서해안이 가까이 있어 멀리 바다가 조망되는 곳이다. 절의 돌틈에서 나오는 약수는 머리가 맑아지는 감로수라고 알려져 있으며 관음조가 유난히 많고 갖가지 새들의 보금자리이기도 하여 과연 성지다운 도량의 모습을 지니고 있다고 할만하다.

선림사는 통일신라시대인 585년(신라 진평왕 7) 담화(曇和) 선사가 창건했다고 전한다. 그 뒤의 연혁은 확실하지 않고, 조선시대 후기 1860년(철종 11) 박행원(朴行遠) 등에 의해 중창되었다.

최근에는 1984년 법용스님이 부임하신 이후 1987년 목조와가의 법당을 중수하였으며 1860년에 중수하였던 삼성각을 1989년 다시 중수하였다. 1991년에는 일주문을 새로 짓고 이듬해에는 요사를 새로 지었다. 오솔길이었던 절의 진입도로도 1987년과 1997년 두 차례에 걸쳐 포장되어 절을 찾기가 훨씬 수월해졌다.

■ 성보문화재

　선림사 가람 구성은 법당인 원통전을 비롯해서 삼성각·적묵당·일주문·요사 등으로 이루어져 있다.
　원통전은 팔작지붕에 앞면 5칸, 옆면 3칸 규모로서, 안에는 석가삼존불상 및 후불탱화·신중탱화가 봉안되어 있고, 그 밖에 동종이 있다.
　삼성각은 조선시대의 건물로서 팔작지붕에 앞면과 옆면 각 1칸씩의 규모를 하고 있는데, 1860년에 중수된 것이다. 안에는 산신상·독성상, 칠성탱화·산신탱화·독성탱화가 봉안되어 있고, 동종이 1구 있다.

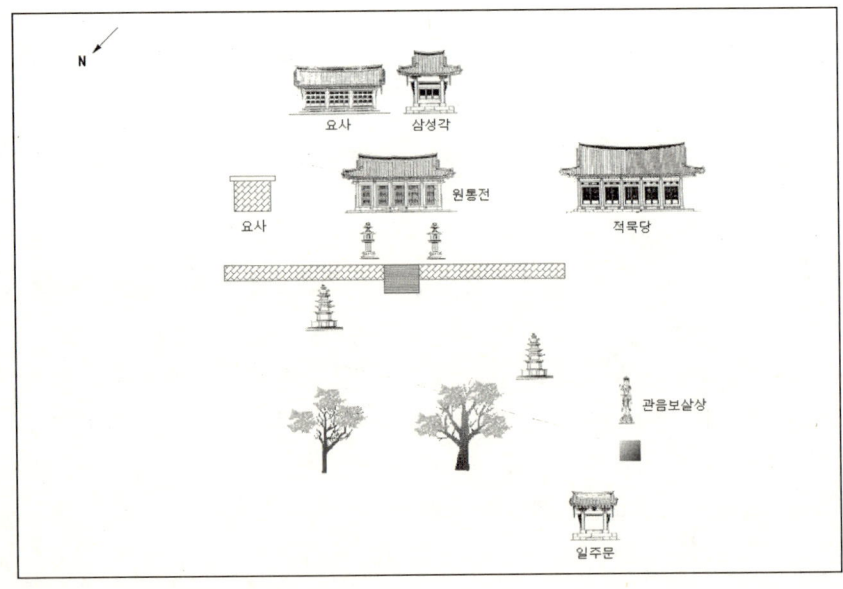

윤창암

■ 위치 및 창건

윤창암(潤昌庵)은 보령시 남포면 창동리 산7번지에 자리하고 있는 한국 불교태고종 사찰이다. 현재 사찰 전체에 대한 중창 불사가 진행 중이어서 경내에는 건축물이 전혀 남아 있지 않다.

윤창암의 역사나 현황에 대한 조사는 부득이하게 다음 기회로 미룰 수 밖에 없었음을 밝혀 둔다.

중대암

■ 위치 및 창건

중대암(中臺庵)은 보령시 미산면 용수리 81-1번지 아미산(蛾眉山)에 자리한 대한불교조계종 제6교구 본사 마곡사의 말사이다.
절의 창건은 통일신라시대인 719년(헌강왕 4)에 창건되었다고 전하는

중대암 최근 들어 구건물을 모두 해체하여 가람을 일신하였다.

관음보살상과 후불탱화
후불탱화는 광무년간에 조성되었다.

데, 그에 관한 확실한 문헌 자료는 남아 있지 않다.

그 뒤 고려시대에 들어서 숙종 2년에 중수되었다. 조선시대에서는 1592년의 임진왜란으로 전 당우가 소실되었다가, 1600년대에 중건되었다.

최근에는 전각 신축 및 진입로 공사 등 장기 간에 걸쳐 도량 정비 불사를 하고 있다.

■ 성보문화재

현재 중대암에는 법당과 산신각·요사 등의 건물이 있다.

법당은 팔작지붕과 맞배지붕에 혼용된 ㄱ자 건물로서, 앞면 6칸, 옆면 5칸의 규모를 하고 있다.

안에는 불상 없이 후불탱화와 신중탱화가 있는데, 신중탱화는 그림 아래에 있는 화기에 의해 1901년(광무 5)에 조성하였음을 알 수 있다. 그림의 크기는 가로 64cm, 세로 105cm이다. 또한 후불탱화 역시 신중탱화와 비슷한 시기에 봉안되었을 것으로 추정한다.

산신각은 가건물인데, 안에는 보현보살탱화·칠성탱화·신중탱화·독성탱화·산신탱화 등 불화가 많이 있다. 보현보살탱화는 1959년 무렵, 칠성탱화는 1935년에 조성한 것이다. 또한 1959년 무렵 조성한 동종이 하나 있다.

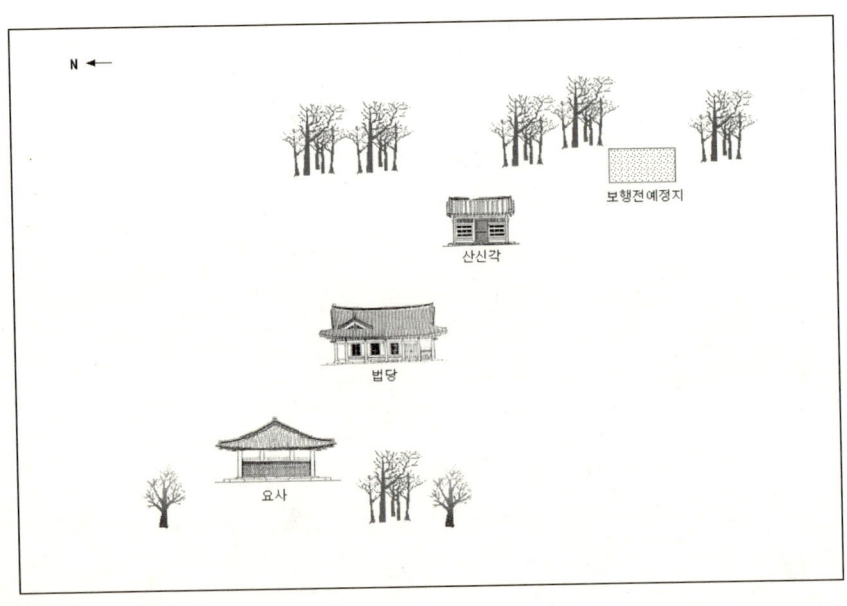

성주사지

■ 위치와 창건

성주사지(聖住寺址)는 보령군 미산면 성주리 성주산에 위치한 절터로서, 선문구산(禪門九山) 중 성주산파의 중심사찰인 성주사가 있던 곳이다. 성주사는 본래 백제 사람들이 세운 가람이었다. 그들은 이 지역을 북악

성주사지　백제시대 오합사라는 이름으로 창건되었던 절은 문성대왕 낭혜화상에 의해 크게 중창되었다.

(北岳)이라 했으며, 일찍이 왕명으로 성주산에 큰 가람을 세웠던 것이다. 절터에서 수습되어 국립부여박물관으로 옮겨진 김입지(金立之)의 성주사 비문(聖住寺碑文) 첫머리에 이 사찰이 599년 백제의 헌왕태자에 의해서 창건되었다는 사실을 기록하고 있다.

헌왕태자는 백제의 제28대 왕인 법왕(法王)을 가리킨다. 법왕은 『삼국사기』에 보면 이름이 선(宣)이었으며 또는 효순(孝順)이라고 불렀는데, 불심이 어느 왕보다 깊었다고 한다. 법왕은 이 절을 창건하여서는 이름을 오합사(烏合寺)라고 하였다. 이러한 내용은 「성주사사적(聖住寺事蹟)」에 기록되어 있다. 그 내용을 보면 혜왕(惠王)의 아들 법왕이 오합사를 창건하였는데, 전쟁에서 죽은 원혼의 명복을 빌기 위한 것이었다.

옛 문헌에 오합사는 그리 많이 나오지 않고, 『삼국사기』・『삼국유사』에 소략하게 기재되어 있다. 『삼국사기』 권28 「의자왕(義慈王)」조에, '오합사에서 붉은 말이 울면서 수일 동안 절을 돌다가 죽었다(騂馬入北岳烏合寺鳴 佛宇數日死)'는 기사와, 『삼국유사』 권1 「태종춘추공(太宗春秋公)」조에 '오합사, 또는 오회사라고 하는 절에 붉은 큰말이 나타나 밤낮으로 여

연화대좌   조선 중엽까지 법등을 이었던 절은 임진왜란 때 전소된 뒤로 더 이상 중건되지 못했다.

섯 번이나 사찰을 돌았다(百濟烏合寺亦云烏會寺有大亦馬晝夜時遶寺行道)'는 내용이 전하고 있다.

■ 연혁

백제시대에 오합사라는 이름으로 창건된 성주사는 백제가 멸망한 후에도 법등이 이어졌고, 신라 하대 문성왕대(?~857)에 이르러 중국 당(唐)에서 돌아온 낭혜화상(朗慧和尙)을 맞아 크게 중창되었다. 낭혜화상의 법명은 무염(無染)인데, 성주산문의 개조(開祖)이다. 무염은 13세에 출가하여 수년 동안 법성선사(法性禪師)에게 가르침을 받고 부석사의 석징(釋澄)에게 『화엄경』을 배웠다. 그 후 당나라에 가서 수도하여 이름을 널리 알리다가 845년(문성왕 7)에 귀국하여 847년에 오합사에 머무르게 된다(「주요 인물」참고). 왕은 무염이 오합사에 이르러 자리를 잡자 왕명으로 성주선원(聖住禪院)이라 명하고 그 산의 이름을 숭엄산(崇嚴山)이라고 했다. 그

금당터 선문구산 중 하나인 성주산문의 개산조인 낭혜화상은 동방의 대보살로 불리기도 했다.

성주사지 245

리고 퇴락한 가람을 크게 중수, 국찰로서의 면모를 새로이 하게 되었다.

성주사는 신라가 멸망한 후에도 향내가 끊이지 않을 정도로 번창하였다. 고려 초에는 나라를 잃은 경순왕이 관노를 거느리고 이곳에서 살았다고 한다. 경순왕이 이곳에 살자 고려 태조인 왕건은 경순왕에게 시집보낸 공주가 있는 곳이라 하여 토지를 하사하는 등 비호하였다. 경순왕은 종신토록 이곳에 있었으며 그의 능과 사당이 산 정상에 있었다는 기록이 「성주사사적기」에 있다.

성주사는 고려 시대에도 여러 차례 중수되었고, 조선 중엽까지 존속되었다. 그것은 이 절터에서 나오는 다수의 고려·조선시대 기와 편으로 짐작할 수 있다. 그러나 임진왜란 때 전소된 뒤로는 중건되지 못하여 계속 지금까지 폐사지로 남게 되었다.

1974년 동국대학교 박물관에서 삼천불전지(三千佛殿址)를 발굴하여 대체적인 사찰의 규모를 밝혔고, 백제와 신라의 유물을 비롯한 유물들을 수습하여 사찰 역사의 일부를 밝혀내기도 하였다. 최근에는 충남대학교 박물관에서 여러 해에 걸쳐 전 사역(寺域)을 발굴하여 그 전모가 밝혀졌다. 현재 사적 제307호로 지정되어 잘 정비된 모습을 하고 있다.

■ 주요인물

● 낭혜화상 무염

낭혜무염(朗慧無染, 801~888)은 신라 선문구산 중 하나인 성주산문의 개산조이다.

성은 김씨이고 법호는 무량(無量), 또는 무주(無住)라고 한다. 태종무열왕의 8대손이며 어려서부터 글을 익혀 신동이라고 불렸다.

13세에 출가하여 법성(法性)의 제자가 되었다. 당나라에서 소승불교를

중문터
절은 중문과 오층석탑 그리고 금당과 강당이 일직선을 이룬 일탑일금당 형식의 가람이었다.

공부하고 온 법성은 무염에게 한문과 중국어를 가르치며 당나라 유학을 권고하였다. 당시 당나라에서는 화엄학이 크게 성행하였으므로 무염은 부석사의 석징(釋澄)을 찾아가서 『화엄경』을 공부한 뒤 배를 타고 당나라로 갔다. 그러나 도중에 풍랑을 만나 배가 흑산도에 기착하므로 당나라로 가지 못하였다.

그 뒤 821년(헌덕왕 13) 다시 정조사(正朝史)를 따라 당나라로 가서 화엄강석에 참여하였다. 그러나 당나라에서는 이미 화엄학보다 선종(禪宗)이 크게 일어나고 있었으므로 그도 불광사(佛光寺)의 여만(如滿) 스님을 찾아가서 선법을 물었는데, 여만은 그에 대해 칭찬을 아끼지 아니하였다. 이후 무염은 중국의 여러 곳을 다니면서 병고를 겪는 사람, 가난한 사람을 보살폈다. 20여 년 동안 이와 같은 보살행을 실천하자 그의 이름은 중국 전역에 퍼졌고, 사람들은 그를 '동방의 대보살'이라고 불렀다.

847년(문성왕 7)에 귀국하자 왕자 흔(昕)이 성주사에 머무르기를 간청하여 그는 이 절에 주석하며 선문구산의 하나인 성주산문의 본산으로 삼아 40여 년 동안 교화하였다. 문성왕·헌안왕·경문왕·헌강왕·정강왕·진성왕 등 여섯 왕이 모두 그를 존경하여 법을 물었고 수많은 사람들이 찾아와서 도를 구하였다.

스님의 성격은 공손하고 자애로웠으며 절의 큰 불사가 있을 때에는 앞장서서 일을 하였고 평소에도 궂은 일을 마다하지 않았다. 89세에 입적했으며, 시호는 대낭혜(大朗慧), 탑호는 백월보광(白月葆光)이라 하였다. 그의 업적을 기록한 탑비는 성주사에 세워졌는데, 최치원이 왕명을 받아 글을 짓고 최인연이 글을 썼다.

그의 제자는 2,000여 명에 이르렀으며, 그 가운데 원장(圓藏)·영원(靈源)·현영(玄影)·승량(僧亮)·여엄(麗嚴)·자인(慈忍) 등이 그의 선풍(禪風)을 선양하여 성주산문의 기반을 튼튼히 하였다.

■성보문화재

중문과 오층석탑, 금당과 강당이 남북으로 일직선을 이루며 중심 축에 한 줄로 놓이게 되는 전형적 일탑일금당(一塔一金堂) 형식의 가람배치를 가졌던 성주사에는, 현재 국보 제8호「성주사낭혜화상백월보광탑비」를 비롯하여 4기의 석탑과 석등, 당간지주 등이 있어서 옛날의 규모를 말해 준다. 이 가운데 탑비는 890년(진성왕 4)에 세워진 신라 최대의 것으로서 최치원(崔致遠)이 글을 짓고 최인연(崔仁渷)이 썼는데 고어 연구에 귀중한 자료가 되고 있다.

4기의 석탑은 신라 말에 건립된 것으로서, 보물 제19호 성주사지 오층석탑과 보물 제20호 성주사지 중앙삼층석탑, 보물 제47호 성주사지 서삼층석탑, 충청남도유형문화재 제26호 성주사지 동삼층석탑이 있다. 또한 석등은 충청남도유형문화재 제40호로 지정되어 있으며, 그 밖에 석수·석불입상 등이 있다.

● 성주사지 오층석탑

금당지로 추정되는 건물 터에 석등과 나란히 서 있는 오층석탑은 보물 제19호로 지정되어 있으며 전체 높이는 6.6m이다.

오층석탑
초층탑신과 기단갑석 사이에
별개의 고임대가
있는 것이 특징이다.

  신라시대의 전형석탑에 비하여 많은 변형을 보이고 있으나 절터에 함께 전해 오고 있는 다른 석물들을 볼 때 통일신라 말기의 석탑으로 추정된다. 2층기단 위에 5층의 탑신부와 상륜부를 조성한 일반형 석탑으로서, 초층탑신과 기단갑석 사이에 별개의 고임대가 있는 것이 이 탑의 특징이다. 고임대의 모양은 마치 밑은 소로(小累)와 같이 내곡된 굽을 취하고 상면에는 몰딩을 이룬 탑신 고임을 각출(刻出) 하였다. 2층 이상의 탑신은 우아한 체감률을 보이고, 옥개석은 비교적 좁은 편이며 추녀 밑은 거의 수평을 이루다가 우각(隅角)에서만 반곡(反曲)을 보이고 있다. 상륜부에는 노반이 놓여 있고 보륜과 보개가 없어졌다.
  이 탑은 9세기 후반에 조성된 특징을 지닌 작품으로서 전형석탑이 각부 변형을 보이면서 고려시대 석탑으로 이행되어 가는 과정을 보여주고 있다.

중앙삼층석탑
1층 탑신에는 문비와 연주문 등으로 장식하였다.
보물 제20호.

● 성주사지 중앙삼층석탑

　금당지 뒤쪽에 같은 양식의 3기의 석탑이 있다. 그 가운데 중앙의 삼층석탑은 높이 3.7m이고, 보물 제20호로 지정되어 있다.
　2층기단 위에 3층탑신을 세운 탑으로, 갑석과 1층탑신 사이에는 별석(別石)의 고임대를 갖추고 있다. 이러한 경향은 대구광역시 동화사(桐華寺)의 비로암(毘盧庵) 삼층석탑(보물 제247호), 개선사지(開仙寺址) 석등(보물 제111호) 등에서 보이고 있다. 고임대 밑에는 내곡된 굽을 이루고 윗면에는 2단의 탑신받침을 모각(模刻)하였다. 1층받침은 몰딩이고 2층받침은 각형을 이루고 있다. 1층탑신은 정방형의 부재(副材)로 네 귀에 우주를 각출하였고 앞뒷면의 중앙에는 문비(門扉)에 자물쇠와 문고리의 모양을 양각하는 한편, 상하 좌우에는 연주문(聯珠紋)으로 장식하였다. 1층 옥개석은 별석으로서 넓고 얇은데 밑에는 5단의 받침이 있고, 낙수면

서삼층석탑
비교적 완전한 형태를 지니고 있는
탑으로 높이는 4m이다.
보물 제47호.

은 완만한 곡선을 이루면서 양 전각에 이르러 약간의 반전을 보이고 있다. 옥개석은 1층 옥개석에 비하여 약간씩 체감되었다. 3층 옥개석 위에는 방형(方形)의 찰주공(擦柱孔)이 있으며, 그 위에 방형의 노반이 있다. 이 탑의 사리장치는 1층 탑신 윗면에 설치하였으며 사리공은 거칠게 파서 만들었다. 신라말기에 제작된 탑으로 추정된다.

● 성주사지 서삼층석탑

나란히 서 있는 3기의 석탑 중 서쪽에 있는 것으로, 보물 제47호로 지정되어 있다. 높이는 4m이고 2층기단 위에 3층탑신을 세운 탑으로서 비교적 완전한 형태를 지니고 있다.
다른 탑들과 같은 형식의 기단을 가지고 있으며, 역시 갑석과 탑신 사

동삼층석탑
충청남도유형문화재 제26호.

이에 고임대를 갖추고 있다. 고임대 밑은 내곡된 굽형(소로형)을 이루고 있으며 윗면에는 3단의 받침이 각출되었다. 상하단은 각형(角形)이고 중단은 몰딩 받침을 두었다.

　1층탑신은 정방형으로 전면과 뒷면에 문틀과 문비를 표현한 중앙에 자물쇠와 문고리 장식이 양각되었다. 옥개석은 너비에 비하여 낮으며 넓고 얇다. 밑에는 4단의 받침이 있고 낙수면은 완만하다가 양 전각에 이르면서 약간의 반전을 보여 경쾌한 느낌을 준다. 윗면에는 역시 2단의 각형 탑신 받침을 모각하였다.

　2층·3층의 탑신 또한 높이에 비하여 너비가 넓으며, 옥개석은 1층 옥개석과 같은 양식을 취하고 있다. 3층 옥개석 상면 중앙에는 원형(圓形)의 찰주공이 뚫려 있다. 탑의 정상부에는 방형의 노반이 남아 있는데 위에 1단의 부연(副緣)을 갖춘 낮은 대(臺)를 갖추고 있다. 이 탑의 사리장치는 1층탑신 중앙에 있었으나 일찍이 도굴 당하였다.

석등
조선시대에 조성된 것으로
팔각을 기본으로 하고 있다.
충청남도유형문화재 제33호.

● 성주사지 동삼층석탑

 금당지 뒤편에 서 있는 3기의 탑 중 동쪽에 위치하고 있는 2층기단의 삼층석탑이다. 서삼층석탑과 양식은 같지만 높이 4.1m로 크기가 조금 크다. 중앙과 서쪽의 탑은 각각 보물로 지정되었으나 이 동탑은 충청남도유형문화재 제26호로 지정되어 있다.
 1971년 해체수리 시 초층탑신의 윗면에서 방형 찰주공을 조사하였으나 사리장치는 발견되지 않았다.

● 성주사지 석등

 금당지 앞에 오층석탑과 나란히 서 있는 이 석등은 조선시대의 것으로,

석조여래입상
강당 동쪽에 위치하며
고려시대에 조성된 것으로 추정된다.

충청남도유형문화재 제33호로 지정되어 있다. 높이 2.2m의 작은 석등이며 팔각을 기본으로 하고 있다.

지대석은 주변의 판석을 모아 사용하였고 그 위에 지대하석과 연화하 대석을 하나의 돌로 만들고 각면에 2개씩의 안상과 복련을 새겼다. 3단의 고임 위에 서 있는 단면 팔각형의 간석(間石)에는 아무런 장식이 없다. 화사석(火舍石)은 정팔각형으로 사방에 네모난 문을 내었는데, 창의 주변에 문을 고정시켰던 흔적은 보이지 않는다.

일제강점기에 탑 앞에 무질서하게 흩어져 있던 것을 적당히 조립하였다 하는데, 1971년 석탑 4기를 해체수리할 때 현재 위치에 복원하였다.

전체적으로 조각이 조잡하고 간석이 가늘고 길어 균형이 맞지 않는 점, 창에 문의 고정 흔적이 없고, 등(燈)을 놓는 내부가 비실용적인 점 등으로 보아 석탑보다는 시대가 뒤떨어진 형식으로 보인다.

● 석조여래입상

절터 내 강당 동쪽에 위치해 있다. 여래상의 주위는 잡석으로 구획되어 있으며 여래상의 앞에는 민가에서 사용하던 연자방아를 놓아 제단을 만들어 놓았다.

여래상의 머리는 나발(螺髮)이 거의 마모된 형태이며 육계(肉髻) 또한 뚜렷하지 못하다. 상호(相好)는 타원형을 이루고 있으며 눈·코·입이 어색한 형태이다. 수인(手印)은 오른손을 밑으로 내려 여원인(與願印)을 표현한 듯하지만 마모가 심하며, 균열이 심하여 정확한 형태는 알 수 없다. 다리부분은 땅속에 묻혀 있다.

전체적 조각의 형태가 균형이 잘 맞지 않고 조각의 선이 굵게 나타나는 등의 특색으로 보아서 고려시대의 작품으로 짐작된다.

● 낭혜화상백월보광탑비

이 낭혜화상백월보광탑비(朗慧和尙白月葆光塔碑)는 성주산문의 개조 낭혜 무염의 탑비로, 국보 제8호로 지정되어 보호각 안에 있다.

전체높이 4.55m에 달하는 거대한 외형에 듬직하고 아름다운 조각수법을 구사하여 신라시대 석비를 대표할 만 하다.

거북의 얼굴부분은 좀 상했지만 비신을 그대로 갖추고 있고 거의 완전한 형태를 이루고 있다. 머리 위쪽에 뿔이 하나 솟고 눈이 불거졌으며 입은 약간 벌리고 있다. 등에는 이중의 육각무늬가 선명하다. 비좌(碑座)에는 안상이 새겨져 있는데 그 안에 꽃무늬와 구름무늬가 도드라지게 새겨져 있다. 비머리에는 연꽃받침 위에 구름과 용이 뒤엉켜 화려하게 조각되어 있으며 제액(題額)의 윗부분에도 아래의 거북머리와 같은 방향으로 용머리가 하나 솟아 있는 것이 특징이다. 이수(螭首) 앞면 중앙에 마련된 제액은 마멸되어 판독이 어렵다.

낭혜화상백월보광탑비
비문은 낭혜화상의 행적을 적은 것으로
글은 최치원이 짓고 최인연이 썼다.
국보 제8호.

비문에는 낭혜화상의 행적이 모두 5,000여 자에 달하는 장문으로 적혀 있는데, 지은이는 최치원이며 글씨는 그의 사촌동생인 최인연이 썼다. 비문에는 건립연대가 밝혀져 있지 않은데 낭혜화상이 입적한 2년 뒤에 부도를 세웠다는 비문의 기록으로 보아 이 때 비도 건립된 것으로 본다. 낭혜화상은 888년에 입적한 것으로 알려져 있으므로 비의 건립은 890년(진성왕 4)으로 추정된다.

고란사

■ 위치 및 창건

고란사(皐蘭寺)는 부여읍 쌍북리 부소산(扶蘇山) 북쪽 기슭에 백마강변에 자리하고 있는 대한불교조계종 제6교구 본사 마곡사의 말사이다. 고란사는 절 뒤쪽 암벽에 고란초(皐蘭草)가 기생하는데서 절 이름이 연유한다

고란사 백마강 주변에 자리한 절은 법당 뒤편의 고란수라는 약수와 고란초라는 식물로 잘 알려져 있다.

고 전해진다. 고란초는 양치류에 속하는 은화식물로서 이끼류의 일종이며, 제주도에서는 불로초라고 부르는 희귀식물이다.

절 뒤켠 바위 담벼락 밑에는 고란천(皐蘭泉), 혹은 고란수라는 약수가 나온다. 이 물은 백제시대에 궁녀가 물동이에 고란잎을 띄워서 궁궐 내로 운반하여 썼다는 전설이 어려있다. 그 만큼 고란초가 유명했다는 이야기인데, 아닌게 아니라 이곳은 백제 때는 대왕포(大王浦)라는 포구가 있어서 왕들과 신하들의 유희장소로 정자가 있었을 법한 곳이다.

이러한 명승지에 사찰이 건립된 것은 백제 멸망 이후일 것이며, 이 때문에 권세가들이 모여들어 이 고장의 목민관은 이들을 대접하기에 힘에 겨워 절이름이 한 때 '골란사'로 부르기도 하였다고 한다.

1959년 중건시 발견된 상량문에서는 1797년(정조 21)에 작성된 것인데, 이에 따르면 고란사가 백제의 고찰임을 밝히고 있지만 그러한 사실을 입증할 만한 자료는 찾아지지 않는다.

현재로서는 고려시대의 석불이 있었던 것으로 보아 고려시대에 이르러

법당내부 지금의 건물은 은산에 있던 승각사에서 옮겨온 것으로 아미타삼존불과 후불탱화 등이 봉안되었다.

고란사약수 절 뒤편 바위 아래 있으며 고란천 혹은 고란수라고 부른다.

창건된 것으로 추정된다. 1028년(현종 19)에 백제의 멸망과 삼천궁녀의 영혼을 위로하기 위하여 절을 창건하였을 것이다. 그 뒤 1629년(인조 7)과 1797년(정조 21)에 각각 중수되었다. 고란사의 조선 중엽의 모습은 당시의 문인 서경(西坰) 유근(柳根)의 시에서 엿 볼 수 있다. 1900년에는 부여군 은산면 각대리에 있던 숭각사(崇角寺)의 건물을 옮겨 중수하였으며 불상도 이곳으로 이운하여 봉안하였다.

■ 성보문화재

사역 전체가 충청남도문화재자료 제98호로 지정된 고란사는 동향을 정면으로 하고 있다. 현존하는 당우로는 법당과 요사, 그리고 영종각 등 3동이 전부이다.

● 법당

현재의 전각은 앞면 7칸, 옆면 5칸 규모의 팔작지붕인데, 본래 은산(恩

山)에 있던 숭각사(崇角寺)에서 옮겨 지은 것이다.

 1959년 개건 때 발견된 상량문에 의하면 1797년(정조 21) 중건된 건물인 것으로 알려지고 있다. 내부에는 아미타삼존불과 후불탱화가 봉안되어 있으며, 그 밖에 산신탱화 등 근대에 제작된 탱화 3점도 봉안되어 있다. 그리고 벽면에는 편액 2점과 1903년의 중수기문 등 많은 현판들이 보관되어 있다.

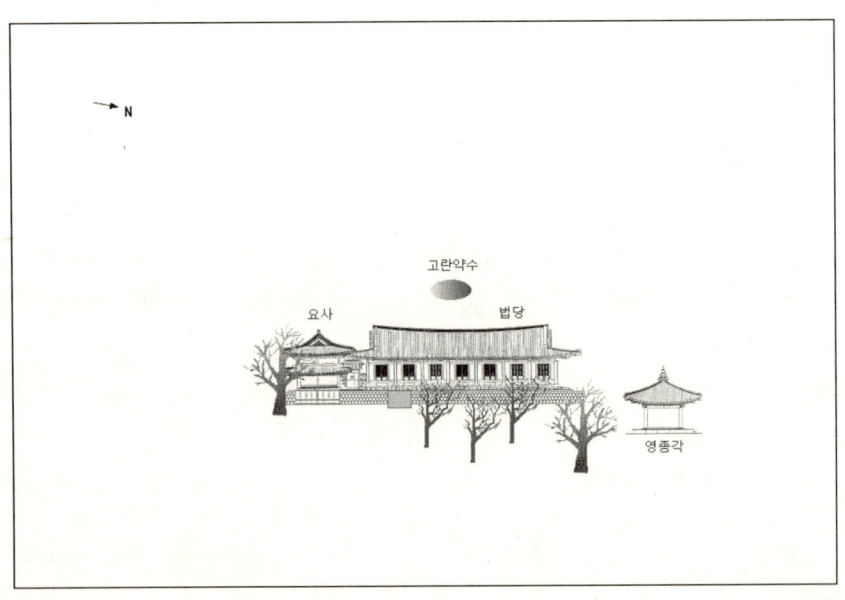

금지암

■ 위치 및 창건

금지암(金池庵)은 부여군 내산면 금지리 43번지 월명산(月明山)에 있는 대한불교조계종 제6교구 본사 마곡사의 말사이다.

금지암은 조선시대에 창건된 듯하며 경내의 샘에서 금리어(金鯉魚)가

금지암 경내의 샘에서 금리어가 나왔다고 하여 절이름이 금지암으로 불려졌다고 한다.

석조반가사유상
대웅전 오른쪽 암벽 아래 있으며
타원형의 상호에 두 눈을 감고
사유하는 표정을 짓고 있다.

나왔다고 하여 절 이름이 그렇게 붙여졌다고 한다. 조선 후기에 편찬된 『가람고』와 『범우고』에 절 이름만 전해질 뿐, 그 밖에 사세나 연혁에 대해서 자세히 알려진 바 없다.

이곳에서 사방을 전망하면 신선이 날아가면서 서해를 바라보듯 하고, 멀리 계룡산 연천봉(連天峰)이 보인다.

■ 성보문화재

현존하는 당우는 대웅전과 축대 아래에 2동의 요사가 전부이나 현재 산신각과 나한전을 신축계획 중에 있다. 별다른 조형물은 남아 있지 않으나 법당 뒤에 석조반가상 및 불상편을 모아 두고 있다.

대웅전은 앞면과 옆면 각 3칸씩 규모의 맞배지붕으로, 내부에는 삼존불

불상편 대웅전 뒤쪽에는 좌상과 입상의 불상편들이 누운 채로 놓여져 있다.

과 후불탱화등 5점의 탱화가 봉안되어 있다. 이 가운데 칠성탱화·후불탱화는 1919년에 조성된 것이고, 나머지는 근대에 제작되었다.

● 석조반가사유상

대웅전 오른쪽 암벽 아래 봉안되어 있다. 소발(素髮)에 타원형의 상호(相好)로 묘사되었으며, 두 눈을 감고 사유하는 표정을 하고 있다.

불의(佛衣)는 통견(通肩)이나 상부만 표현되어 있다. 수인(手印)은 오른손으로 턱을 괴고 왼손은 반가(半跏)한 다리 위에 두고 있다. 다리나 대좌는 조각되지 않아 미완성의 느낌을 준다. 전체적으로 조각 기법이 치졸한 편이지만 반가사유상 연구에 있어서 필요한 자료로 판단된다.

● 기타

 대웅전 뒤에 좌상·입상의 불상 편(片)이 있다. 좌상은 통견 양식의 불의로 표현되었으며, 수인은 왼손은 가슴에 두고 오른손은 배에 둔 형상이다. 입상은 합장한 형태의 수인으로서, 영락 표현이 남아 있는 점으로 볼 때 보살상인 것으로 추정된다.

대조사

■ 위치 및 창건

대조사(大鳥寺)는 부여군 임천면 구교리 761번지 성흥산(聖興山)에 있는 대한불교조계종 제6교구인 본사 마곡사의 말사이다.

임천면 소재지의 동쪽에 위치한 성흥산성(聖興山城)의 동사면(東斜面)

대조사 성흥산성의 동사면에 자리하고 있으며 백제 성왕때 창건하였다는 연기설화가 전한다.

에 위치하고 있다. 산성의 남쪽 중턱 계곡 내에 자리하고 있는 규모가 크지 않는 사찰이다.

『부여읍지』와 「대조사미륵실기(大鳥寺彌勒實記)」에는 다음과 같은 창건연기설화가 전하고 있다.

대조사는 백제 때의 승려 겸익(謙益)은 인도 상가나율자(常伽那律者)에게 5년간 수학하고 범문에 능통해서 아담장(阿曇藏) 5부 율문(律文)을 가져다 75권의 역본을 만들어 흥륜사(興輪寺)에 두었다. 어느 날 꿈에 관음보살이 손에 광명주(光明珠)를 들고 나타나서 역본이 잘되었다고 칭찬하였는데 어느덧 그 보살이 큰 새「大鳥」로 변해 날아가 가림성(嘉林城) 위로 와서는 없어졌다.

다음 날 겸익이 꿈을 깨어 새가 앉았던 곳을 찾아보니 바위 위에 관음보살이 앉아있었다. 그래서 527년(백제 성왕 5)에 시작하여 532년(성왕 10)까지 석불을 조성한 것이 절 뒷편에 있는 석조 미륵불이고, 이에 절을 창건하여 대조사라고 하였다.

절의 창건주 겸익이 인도에 유학하고 돌아와 범문(梵文)의 경전을 가져다가 흥륜사에 둔 사실은 「미륵불광사사적(彌勒佛光寺事蹟)」에도 전하고 있다. 그러나 겸익이 꿈에 관음보살을 현몽하였는데, 관음보살이 큰 새로 현화(現化)한 것을 계기로 석불을 조성하였다는 사실은 다음과 같이 민간의 전설로 전하기도 한다.

한 노승이 바위 밑에서 수도하다가 어느 날 한 마리의 큰 새가 바위 위에 앉아 있는 것을 보고 깜박 잠이 들었다. 얼마 후 깨어나 보니 어느새 바위가 미륵보살로 변하여 있었으므로 절을 대조사라고 하였다.

이 석불이 바로 성흥산성(聖興山城) 동남쪽 기슭에 자리하고 있는 대조사의 관음전 뒤편에 위치한 대형의 미륵불이다. 천연의 암반을 이용하여 조성되었으며 보개(寶蓋)만이 별석으로 이루어져 있다. 현재 보물 제217호로 지정되어 있다.

그런데 정작 석불은 조성수법상 논산 관촉사의 석조입상과 거의 같다. 실제로 『범우고』·『가람고』에서 지적한 바와 같이 이 석불은 높이 18m로서 고려 최대의 석불입상인 보물 제218호 관촉사 석조입상과 서로 마주 바라보고 있었다고 하니 더욱 그러하다. 더욱이 「대조사미륵실기」가 고려 원종대에 이루어진 사실로 미루어보면 그 시기를 후대로 추정할 수 있을 것 같다.

그 뒤 절은 고려 원종 때 부여 무량사의 진전장로(陳田長老)가 불상을 중수하였다고 하나, 그 밖의 다른 기록에서는 찾아지지 않는다. 조선 후기에 편찬된 사찰지나 지리지 등에도 그 이름을 볼 수 없다.

최근에는 1989년 명부전, 1993년 종각, 1994년 미륵전을 각각 새로 지었다.

원통보전 조선시대 동헌건물로 사용하던 것을 1900년대 초에 이건한 건물이다.

■ 성보문화재

가람 구성은 남쪽을 정면으로 하고 있으며, 전체적으로 미륵불상을 중심으로 전각이 세워져 있다. 미륵불상의 남쪽에는 원통보전과 명부전이 위치하고 동쪽에는 용화보전이 동향으로 건립되어 있다. 원통보전과 명부전 축대 아래에는 동쪽에 치우쳐 요사 2동이 위치하고, 서쪽에 범종각이 있다.

● 원통보전

본래 조선시대에 동헌(東軒) 건물로 사용하던 것을 1900년대 초에 이곳으로 이건한 건물이다. 팔작지붕에 앞면 4칸, 옆면 2칸의 규모로서, 내부에는 관음보살상과 후불탱화를 봉안하였다.

용화보전 내부에 별도의 불상을 봉안하지 않고 유리문을 통해 미륵불상을 뵐 수 있게 되어 있다.

● 용화보전

앞면 3칸, 옆면 1칸의 팔작지붕이다. 내부에 별도의 불상을 봉안하지 않고 유리문을 통해 미륵불상을 친견하도록 되어 있다.

● 명부전

맞배지붕에 앞면 3칸, 옆면 1칸의 규모로서, 내부에는 지장보살상과 시왕도를 봉안하였다.

● 산신각

산신탱을 봉안한 산신각은 앞면과 옆면 각 1칸씩의 맞배지붕 건물이다.

명부전   내부에는 지장보살상과 시왕도 등을 봉안하였다.

● 대조사 석불

 보물 제217호로 지정된 이 석불은 미륵입상으로서 천연의 암반을 이용하여 조성하였고, 다만 보개(寶蓋)만은 별석으로 만들어 얹었다.
 이중 형태의 보개는 높다란 원통형 관 위에 얹었는데 네 귀퉁이에 동령(動鈴)을 달았다. 관 밑으로 약간 보이는 모발이 비교적 선명하게 표현되어 있다. 상호는 전체적으로 사각형이며, 얼굴 전체에 비하여 눈·코·입의 크기가 작아 균형미를 잃고 있다. 그러나 귀만은 지나치게 강조되어 목 부분까지 내려와 있다.
 목은 짧고 굵게 표현되어 얼굴의 턱과 함께 수평 되게 처리하였으며, 목에는 1조의 선(線)이 표현되어 있다. 팔의 윤곽은 몸체에 붙어 있어 단지 형식적으로 표현되었는데, 오른손은 가슴에 대고 왼손에는 한 가지의 연화를 들고 있다.
 불의는 통견이며 가슴에 목걸이가 양각으로 표현되었다.

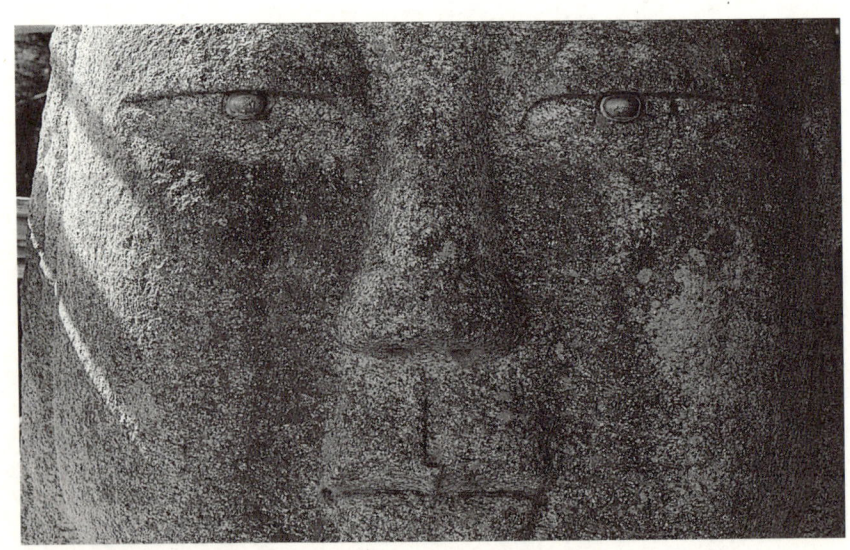

대조사석불상호 천연의 암반을 이용하여 조성한 것으로 보개만 별석으로 만들었다. 보물 제217호.

삼층석탑
고려시대의 석탑으로
1975년 현 위치에 복원되었다.
충청남도문화재자료 제90호.

전체적으로 몸통이 지나치게 비대화되어 있을 뿐만 아니라 하반부의 표현이 약화되어 매우 어색한 느낌을 준다.

이 석불은 논산의 관촉사보살상과 같이 고려 초기의 양식을 지닌 것으로 추정되나, 「대조사미륵실기」에 의하면 조성연대가 고려 원종 대인 13세기로 나와있다.

● 석탑

충청남도문화재자료 제90호로 지정된 삼층석탑으로서, 본래 옥개석 3매만 남아 있었으나 1975년 석탑 부근에서 탑신(塔身)이 발견되어 현 위치에 복원한 것이다.

탑의 기단면에는 1개씩의 탱주(撐柱)가 조각되어 있으며, 옥개석 받침은 3단인데 날렵하게 표현되어 있다. 현 높이는 4.55m이며 고려시대의 작품으로 추측된다.

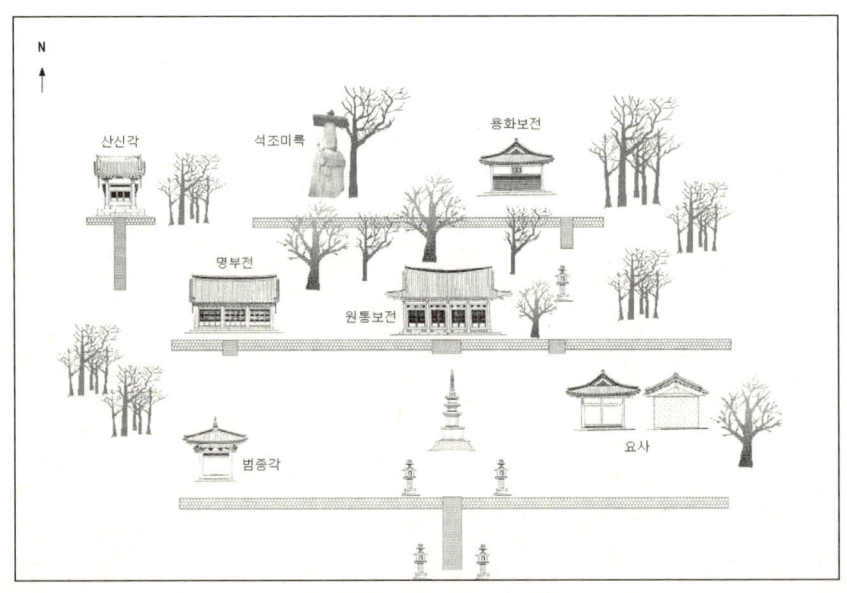

무량사

■ 위치 및 창건

무량사(無量寺)는 부여군 외산면 만수리 43번지 만수산(萬壽山) 남쪽 기슭에 자리한 대한불교조계종 제6교구 본사 마곡사의 말사이다.
부여에서 대천(大川) 간 도로를 따라 만수리에 이르면 절 입구가 나온

무량사 사굴산문 개창자 범일에 의해 창건된 것으로 전하며 김시습이 이곳에서 만년을 보냈다.

천불전내부   최근에 새로 지어진 건물로 관음상과 용왕상 그리고 남순동자상 등이 봉안되었다.

다. 여기에서 약 2km 거리에 무량사가 위치한다. 절은 만수리에서 북으로 길게 뻗은 계곡 사이의 서쪽에 표고 570m의 만수산에 둘러 쌓여있으며, 절이 위치한 곳은 계곡 내의 서쪽으로 비교적 넓게 평지가 형성된 곳이다.

전하는 바에 따르면 무량사는 신라말 사굴산문(闍崛山門)을 개창한 통효국사(通曉國師) 범일(梵日, 810~889)이 창건하였으며, 무주 무염(無住無染, 801~898)이 한때 머물렀고, 고려시대에 크게 중창되었다고 한다. 그러나 이러한 사실은 뒷받침해 줄만한 기록은 찾아지지 않는다.

최근에는 1997년 무렵 천불전과 진영각을 새로 지었다.

■ **연혁**

무량사가 역사의 무대에 모습을 남긴 것은 조선초 이후이다. 김시습(金時習)이 이 절에서 만년을 보내다가 입적한 곳으로 널리 알려져 있다.

그리고 그 무렵인 연산군·중종대에 『법계성풍수륙승회수재의궤(法界

聖風水陸勝會修齋儀軌』(1498년)・『몽산화상육도보설(蒙山和尙六道普說)』(1522년)・『지장보살본원경(地藏菩薩本願經)』(성종 연간) 등의 경판이 제작되었다.

조선 중엽에는 고승 진묵 일옥(震默一玉, 1562~1633)이 무량사에 한때 머물렀다.『동사열전(東師列傳)』에 의하면 1622년(광해군 14) 불상을 조성하고 진묵 선사가 증명법사로 참여하였다.

1630년을 전후하여 1636년(인조 14)에 이르기까지 대대적 중창불사가 있었는데, 지금 남아 있는 건물은 이 때 중건된 것이 많다.

한편 무량사는『조선왕조실록』에 3건의 관련기사가 찾아지고 있는데, 명종 때 절의 지음승(持音僧)이 고을 현감에게 억압받았던 사실, 1596년(선조 29) 이몽학의 난때 그 무대가 되었다는 것, 1597년(선조 30) 왜적의 피해를 받았다는 사실 등이다.

말사로는 내원암(內院庵)・보현암(普賢庵)・도솔암(兜率庵)・태조암(太祖庵) 등이 있다.

■주요 인물

무량사의 주요인물로는 매월당 김시습과 진묵선사를 꼽을 수 있다.

●김시습

김시습(金時習, 1435~1493)은 문인으로서 이른바 생육신(生六臣) 가운데 한 사람이자 또한 스님이기도 하다. 자는 열경(悅卿), 호는 설잠(雪岑)・동봉(東峰)・청한자(淸寒子)・벽산 청은(碧山淸隱)・췌세옹(贅世翁)・매월당(梅月堂) 등이다. 본관은 강릉이며, 고려의 시중(侍中) 김태현(金台鉉)의 후손이고 김일성(金日省)의 아들이다.

김시습부도
생육신 중의 한사람으로
수양대군이 왕위를 찬탈하자 출가하여
설잠이라 이름하였으며
그의 나이 59세때 이곳에서 입적하였다.

    3세에 이미 시에 능했고, 5세에는 『중용』과 『대학』에 통하여 신동으로 이름을 날렸다. 당시 최치운(崔致雲)이 그의 재주를 보고 경탄하여 이름을 시습이라고 지어 주었다.
    1455년(세조 1) 삼각산 중흥사(重興寺)에서 공부하다가 수양대군이 왕위를 찬탈했다는 소식을 듣고는 문을 닫고 3일 동안이나 통곡하였다. 세상을 비관하여 책을 불사르고 출가하여 설잠이라 이름하였다. 양주 수락사(水落寺)와 경주 금오산 용장사(茸長寺) 등에 머물렀는데, 그의 높은 학식이 널리 알려져 승속을 막론하고 배움을 따르는 자가 많았다.
    1460년 책을 사려고 서울에 갔다가 효령대군의 권고로 세조의 불경언해(諺解) 사업을 도와 내불당(內佛堂)에서 교정 일을 맡았다. 2년 후 효령대군의 청으로 원각사(圓覺寺) 낙성식에 참석했다. 1481년 47세에 환속했다가 아내가 죽자 다시 산으로 들어가 두타행을 했으며, 1493년(성종 24) 무량사에서 나이 59세로 입적했다. 유언에 따라 다비하지 않고 절 옆에

영산전 안에는 석가삼존불과 500나한상이 봉안되어 있다.

묻었는데, 3년 뒤에 파 보니 안색이 생시와 같았다고 한다.

숙종 때 그를 '해동의 백이(伯夷)'라고 불렀으며, 1782년(정조 6) 이조판서를 추증하고 시호를 청간(淸簡)이라고 내렸으며, 영월의 육신사(六臣祠)에 제향했다.

저서로는 『탕유관서록후지(宕遊關西錄後志)』·『탕유관동록후지』·『매월당사유록(四遊錄)』·『매월당집』·『화엄일승법계도주』·『조동오위요해(曹洞五位要解)』·『십현담요해(十玄談要解)』·『법화경별찬』 등이 있다.

조선시대에서는 그의 사당인 청일사(淸逸祠)를 무량사 내에 짓고 그를 흠모하였다. 이 청일사는 1621년(광해군 13) 당시 홍산 현감으로 있던 심완식(沈完植)이 무량사 옆에 조그만 사우를 세우면서 부터인데, 현재의 위치로 이건된 것은 17세기 말에서 18세기 초에 홍산 현감이었던 권흔(權俒)에 의해서였다. 1704년(숙종 30)에 사액(賜額) 받았고 1866년(고종 3)에 철폐되었으나 1970년에 복구되었다. 청일사에는 김시습과 김효종(金孝宗)을 배향하고 있다.

현재 그의 영정이 무량사의 진영각에 봉안되어 있다.

무량사 277

극락전 문살
석가모니 부처님의 작은 화신이라고 불리는 진묵 대사는 지금까지도 수많은 이적을 남기고 있다.

● 진묵 일옥

　진묵 일옥(震默一玉, 1562~1633)은 전라북도 김제의 불거촌(佛居村)에서 태어났다. 1568년(선조 1) 7세에 전주 서쪽의 봉서사(鳳棲寺)에서 출가하여 변산의 월명암(月明庵), 전주의 원등암(遠燈庵)과 대원사(大原寺) 등에 있었다.
　스님은 참선과 독경으로 일생을 보냈다. 신비롭고도 통쾌한 전설을 남기고 있는 그는, '석가모니 부처님의 작은 화신'이라고도 전한다. 경전을 배울 때 한번 보기만 하면 다 외웠다고 하며, 신중단에 의식을 행하며 수행하던 일, 창원 마산포의 아가씨가 죽어 기춘(奇春)이 되어서 스님을 시봉하던 일 등 지금까지도 이적을 많이 남기고 있다. 1633년(인조 11) 10월 28일 나이 72세, 법랍 65년으로 입적했다.
　봉서사에 그의 영정을 모신 영상각(影像閣)이 있고, 『어록』 판각이 있다. 초의 의순(草衣意恂) 스님이 편찬한 『진묵유적』 1권이 전해진다.
　한편 『동사열전』에는 1622년(광해군 14) 전주 송광사(松廣寺)와 부여 무량사에서 동시에 불상을 조성하고 진묵을 증명법사로 청하였을 때의 이적이 내용이 다음과 같이 소개되고 있다.

　진묵 대사는 그들에게 각각 물건 하나씩을 주면서 증단(證壇)에 올려놓고 운관(運觀)의 용(用)을 표시하라고 말했다. '틀림없이 원만하게 이뤄지리니 뒷날 경솔하게 고쳐 칠하지 말라.'고 하고 이어서, '무량사 화주승은 점안하기 전에는 절대로 절 문 밖으로 나가선 안된다.'고 단단히 주의를 주었다. 그들은 각각 절로 돌아가 진묵의 가르침대로 하였다. 송광사에서는 진묵이 보낸 주장자를 세워놓았더니 그 주장자는 밤낮없이 꼿꼿하게 서서 기울어지지 않았다. 무량사에서는 진묵이 보낸 염주를 증석(證席)에 올려놓았더니 그 염주는 늘 이상한 소리를 내며 저절로 돌아가는 것이었다.
　그런데 하루는 현재의 부여인 홍산에서 3,000금을 내어 무량사 삼존불을 조성하겠다는 사람이 있었다. 늘 와서 참배한다면서 온다는 기일이 지나도 오지 않기에 화주승은 그를 기다리다가 부지불각중에 절문을 나섰다. 이 때 갑자기 옷 두른 신장(神將)이 나타나 화주승을 때려 숨지게 하였다.

■성보문화재

　무량사 가람 배치는 일주문과 천왕문을 갖추고 있으며, 극락전과 마주하는 천왕문은 중문의 역할을 하고 있다. 가람은 남향을 정면으로 하고 있는데, 극락전 동쪽에 명부전과 범종각이 자리하고 있고, 극락전 서쪽에 우화궁(雨花宮)·진영각·천불전이 나란하게 위치하고 있다. 천불전 아래에는 영산전이 동향한 채 정면으로 위치하고 있다. 진영각 북쪽에는 산신각이 위치하며 요사는 현재 2동이 건립되어 있다.

극락전 조선 중기의 건물로 외형상으로는 중층이나 내부는 하나로 통해 있다. 보물 제356호.

● 무량사 극락전

　이 건물은 외형상 중층(重層)으로 된 건물이나 내부는 하나로 통해 있는 모습을 하고 있다. 얕은 기단 위에 높직한 기둥을 세워 하층 평면을 구성하고, 상층은 하층의 내진기둥[內陣柱]을 높여 상층 기둥이 되도록 구성되어 있다. 건물의 규모는 하층이 앞면 5칸, 옆면 4칸이며, 상층은 앞면 3칸, 옆면 2칸의 모습을 하고 있다. 기둥 위에 짜여진 공포는 다포식으로 18세기에 유행하던 기법을 나타내고 있다. 이 같은 양식적 특징으로 보아 조선시대 중기의 건물로 추정되며, 1963년 보물 제356호로 지정되었다.
　극락전 내부에는 조선시대의 아미타삼존불상이 봉안되어 있고, 근래에 조성한 아미타후불탱화가 있다. 그리고 1636년(인조 14)에 조성한 동종이 있다.

극락전삼존불상 조선시대에 봉안되었다. 아미타불을 중심으로 관음·세지보살이 협시하고 있다.

● 영산전

맞배지붕에 앞면 3칸, 옆면 2칸의 규모로서, 안에는 석가삼존불상과 500 나한상이 봉안되어 있다.

● 명부전

맞배지붕에 앞면 3칸, 옆면 2칸의 규모로서, 안에는 지장보살상과 시왕상이 봉안되어 있다.

● 무량사 미륵불괘불탱

이 탱화는 1627년(인조 5)에 제작된 것으로, 두 손에 용화수 가지를 받

명부전 극락전 오른편 아래 자리하고 있으며 지장보살과 시왕상 등이 봉안되었다.

쳐들고 서 있는 보살의 모습으로 표현된 미륵불 그림이다.
　주존상의 좌우에는 각 여덟 위씩의 화불(化佛)이 에워싸고 있다. 주존과 여섯 화불 사이로는 동자·동녀 등 59체의 상호가 조밀하게 배치되어 있다. 주존은 방형의 얼굴에 반개(半開)된 눈과 속눈썹, 두툼한 입술과 콧수염까지 매우 세밀하게 묘사되어 있지만, 신광(身光) 내의 화려한 화문 및 영락 장식의 표현과 함께 도식적인 느낌이 짙다. 색채는 녹색과 홍색을 기본으로 회색과 연두색·분홍 등 중간색을 사용하여 녹색과 홍색의 화려함을 돋보이게 한다.
　대형 화면에 미륵불을 근엄하고 당당하게 표현한 점과, 중후한 형태미 등은 17세기 전반의 특징의 하나로 추정된다.
　이 괘불탱은 5단의 화면을 이어 한 화면을 만든 특이한 구성을 하고 있으며 화기(畵記) 끝부분에 '미륵(彌勒)'이라는 명칭을 사용한 것을 볼 수 있다. 1997년 보물 제1265호로 지정되었다.

오층석탑
단층기단 위에 세워진 탑으로
해체공사때 금동제아미타여래삼존상과
금동보살상 그리고 사리구 일괄이 발견되었다.
보물 제185호.

● 무량사 오층석탑

이 탑은 단층 기단 위에 세워진 오층석탑으로서, 호형(弧形)을 이루는 매우 넓은 기단 면석을 중심으로 상하에 낮은 몰딩을 갖추고 있다. 탑신부는 낮고 옥개석이 얇고 넓어 전체적으로 체감 비율이 우아하며 매우 장중한 느낌을 준다. 상륜부는 노반과 복발, 원형 앙화(仰花)가 남아 있다.

부여 정림사지 오층석탑과 같은 양식으로 보이는 이 탑은 고려 초기에 조성된 것으로 추정되며, 1963년 보물 제185호로 지정되었다. 전체 높이는 7.5m이다.

탑 해체 공사때 초층 탑신에서 금동제 아미타여래좌상·지장보살상·관음보살상 등 삼존상과, 3층 탑신에서 금동보살상, 그리고 5층탑신에서 사리구 일괄이 출토된 바 있다. 출토된 불상 중 아미타불은 얼굴을 앞으로 약간 숙인 자세의 좌상으로 조형되었으며 높이 33.5cm이다.

석등
세장한 하부 구조에 비해 옥개석이 크지만
전체적으로 경쾌한 느낌을 준다.
보물 제233호.

 좌협시보살인 관음보살상은 본존인 아미타불과 같은 자태를 지니고 있으며, 머리는 높은 보관으로 장식되었다. 높이는 25.9cm이다.
 지장보살상은 대부분 모습이 관음보살과 비슷하나 수인의 위치만 반대로 되어 있으며, 머리에 두건을 쓰고 있다. 높이는 25cm이다.
 3층 탑신의 보살좌상은 앉은 높이 35.2cm로 보관 및 두 손이 결실되었고, 뒷면 하체 일부도 깨어진 채 발견되었다. 이들은 모두 1983년 충청남도유형문화재 제100호로 지정되었다.

● 무량사 석등

 석등의 지대석 아래에 안상(眼象)을 조각한 안상석이 별도로 구성되어 있고, 그 위에 복련(複蓮) 8엽이 조각된 하대석이 마련되어 있다.

김시습영정
야복 차림에 패랭이 같은 모자를 쓰고 있다.
진영각내에 봉안되었다.

　간주석은 팔각 기둥이며 상대석은 연화 8엽이 부조되었다. 화사석(火舍石)은 부등변 8각으로 넓은 쪽 4면에 화창(火窓)을 마련하였다. 옥개석은 낙수면의 반전이 뚜렷하다. 보주부는 연화 모습으로 표현되어 있다.
　전체적으로 세장(細長)한 하부 구조에 비해 옥개석이 큰 편이지만, 전체적으로 경쾌한 느낌을 준다. 지대석 아래에서 얇은 원형의 동경(銅鏡) 2점이 출토된 바 있다. 이 동경은 1면에 보살상이 선각(線刻)되어 있고, 다른 한 개에는 동경 꼭지가 있으며 양각된 무늬가 있다.
　석등의 전체 높이는 293㎝이며, 1963년 보물 제233호로 지정되었다.

● 김시습 영정

　이 영정(影幀)은 조선 세조(世祖) 때 생육신(生六臣)의 한 사람이자 유학과 불교에 능통한 학자로서 만년에 무량사에 은거했던 매월당(梅月堂)

당간지주
천왕문에 들어서기 전 오른편에 자리하고 있다.
고려시대 조성.

김시습(金時習, 1435~1439)의 초상화이다.

야복(野服) 차림에 패랭이 형태의 모자를 쓰고 있으며, 얼굴 윤곽선과 모습을 옅은 갈색으로 대비시켜 조화 있는 화면을 구성했다. 수염은 회색 바탕에 검은 선으로 섬세하게 그려 조선 초기 초상화의 특징을 잘 드러내고 있다.

김시습의 초상화로는 청년기와 노년기의 모습 두 종류가 있었다고 전해지나 현재 남아 있는 것은 그 중 어느 때의 것인지 확실하지 않다. 조선 초기의 화법을 알 수 있는 몇 안되는 귀중한 작품이다.

1976년 충청남도유형문화재로 지정되었으며, 처음 산신각에 있었다가 현재는 진영각에 봉안되어 있다.

● 무량사 당간지주

이 당간지주는 화강석으로 제작되었으며, 2매의 판석으로 된 기단부와 간대(竿臺), 그리고 지주석(支柱石)으로 구성되어 있다. 간대는 중앙에 당간을 받는 기둥자리가 마련되어 있는데, 기둥자리 주위는 원좌(圓座)를 돋을새김으로 모각(模刻) 하였다. 지주석은 단면 직사각형으로 조성되었으며, 상부에 이르러 원형으로 둥글게 마감하였다. 지주석의 앞뒷면 가장자리에는 양각의 띠가 돌려져 있고, 옆면 가운데에는 세로로 돌대(突帶)를 새겼다. 당간을 고정시키는 방형의 구멍은 상하 2개가 뚫려 있다. 지주석의 높이는 270㎝이다.

전체적으로 별다른 수식이 없는 점 등으로 보아서 고려 초기의 작품으로 추정된다. 1976년 충청남도유형문화재 제57호로 지정되었다.

● 부도

무량사 부도군은 무량사 입구의 일주문 좌측 구릉의 사면(斜面)에 위치하여 있다. 8기의 부도와 1기의 석탑재를 배열하고, 주변에 철책을 돌려 보호하고 있다. 이 부도군내에는 충청남도유형문화재 제25호 김시습의 부도도 여기 있다.

부도는 팔각원당형(八角圓堂形) 부도와 종형(鍾形) 부도가 혼재되어 있는데, 김시습부도를 비롯한 팔각원당형부도가 4기이고, 자연대석 위에 종형 탑신을 세운 종형부도가 4기이다.

김시습 부도는 팔각원당형을 기본형으로 하여 조성되었다. 연꽃이 모각된 하대석과 상대석, 여의주를 다투는 두 마리의 용 모습이 양각된 중대석으로 구성된 대석 위에 8각 탑신이 올려져 있다. 탑신 위에 있는 옥개석은 연화가 조각되었으며 반전(反轉)이 현저한 여덟의 귀퉁이에는 귀꽃이 새겨져 있다. 상륜부는 복발과 8각 보개, 3단의 보륜, 그리고 연꽃으로 받쳐진 보주로 구성되어 있다. 전체 높이는 284㎝이다.

그 밖의 팔각원당형 부도 2기는 높이가 각각 185㎝, 높이 196㎝인데, 모두 그 주인을 알 수 없으나 조선시대에 조성한 것으로 보인다. 나머지 1

부도전 김시습 부도를 비롯하여 취죽당·풍계당·청허당·표월당 등의 부도 8기가 남아 있다.

기의 팔각원당형 부도는 1917년에 조성한 것으로 「청신(淸信)」명이 있다.

종형 부도는 모두 그 주인을 알 수 있는데 취죽당(翠竹堂)·풍계당(楓溪堂)·청허당(淸虛堂)·표월당(標月堂) 등의 명(銘)이 탑신석에 음각되어 있다. 이들 부도의 높이는 취죽당 부도 130㎝, 풍계당 부도 148㎝, 청허당 부도 140㎝, 표월당 부도 170㎝이다.

그 밖에 또다른 부도 1기는 능허당 대사의 부도로서 앞의 부도군과 100m 정도의 거리를 두고 위치하는데, 비와 부도로 구성되어 있다. 비는 높이 111㎝에 앞면에 세로 글씨로 3행의 음각문이 배치되어 있으며, 부도는 팔각원당형을 기본형으로 하고 있으나 옥개석은 평면 사각으로 표현되었다. 이 부도의 전체 높이는 228㎝로서 높고 장대한 모습이긴 하지만 옥개와 탑신과의 부조화가 눈에 띈다.

● 석탑재

무량사 부도군 내에 일군(一群)의 석탑재가 있다. 현재는 옥개석 4매분만 남아 있는데, 옥개의 전각 반전이 두드러지나 소형이다. 최하단에 있는 옥개에는 탑신과 1매석으로 구성되어 있다.

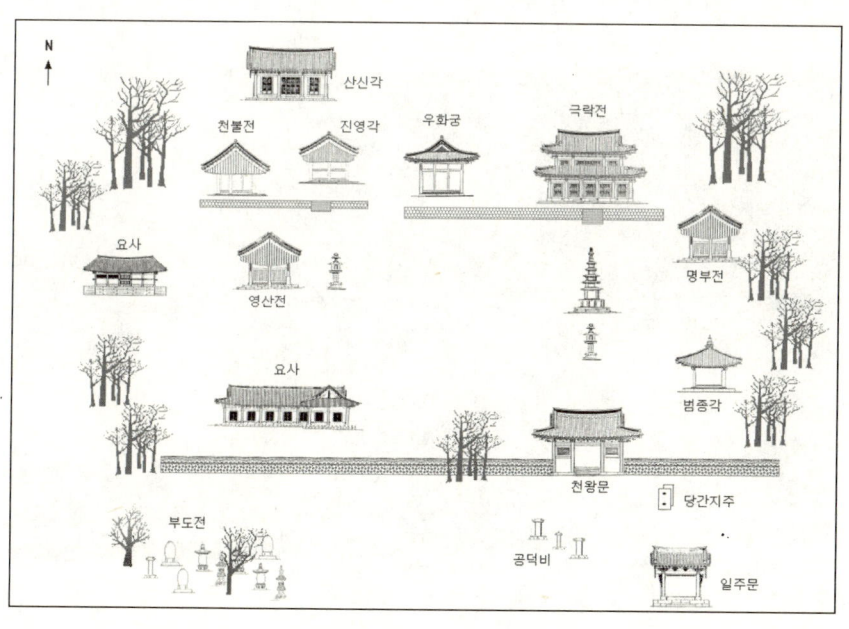

오덕사

■ 위치 및 창건

오덕사(五德寺)는 부여군 충화면 오덕리 26번지 금계산(金鷄山)에 있는 대한불교조계종 제6교구 본사 마곡사의 말사이다.

충화면 면소재지에서 청남리(靑南里)로 개설된 작은 길을 따라 복심저

오덕사 오덕은 불교의 삼학 중에 정에 처한 보살이 처음으로 얻게 되는 다섯 가지 덕익을 의미한다.

수지 북단에 이르러 수침리 마을 쪽으로 약 1km 쯤 가면 서천 옥산면 관포리와의 경계 지점이 나오는 곳에 위치하고 있는 자그만 사찰이다.

759년(신라 경덕왕 18)에 원효성사가 창건하였다고 하나 원효가 입적한 이후에 해당하므로 믿기 어렵다. 절 이름은 금닭이 오덕을 상징하므로 오덕사라 이름 지었다고 한다. 여기서의 오덕은 유교적 관점에서는 사람이 살아가는데 있어야 할 다섯 가지의 덕을 말하기도 한다. 그러나 우리 나라의 지명(地名)이 대개 불교에서 연유하는 바가 많으므로 불교의 삼학(三學) 가운데의 하나인, 정(定)에 처한 보살이 처음으로 얻게되는 다섯 가지의 덕익(德益)을 의미할 것이다.

창건 당시는 법당을 비롯하여 나한전·명부전·관음암·청계암(淸溪庵)·성수암(聖壽庵) 및 정문·법왕문·승방·선방 등이 있었다. 그 뒤 공민왕 때 나옹 혜근(懶翁慧勤, 1320~1376)이 보덕루(普德樓)를 중건했다. 조선에서는 선조 때 어필(御筆)과 용포(龍袍)를 봉안하고 뒤에 어필각을 세웠다.

근대에 와서는 1918년 주지 나일택(羅日澤)이 칠성각을 짓고 어필각을

대웅전내부　남향한 대웅전은 맞배지붕 건물로 삼존불과 후불탱화 등이 봉안되었다.

오덕사 291

선조대왕태실비
1570년 이곳에 선조의 태함을 안치하면서 세웠던 비로 지금 서 있는 비는 풍화로 마모되어 1747년에 다시 세운 것이다.

이건하였다. 이같은 사실은 일제 강점기에 일택 스님이 지은 「오덕사실기(五德寺實記)」에 따른 것이다.

■ 성보문화재

오덕사 가람은 남향을 정면으로 건립되어 있으며, 현존하는 당우로는 대웅전과 삼성각, 그리고 대웅전 기단 아래에 요사 2동(1동은 가건물)이 전부이다. 주요 성보로는 대웅전과 삼성각 사이에 위치한 석주(石柱) 2점과 대웅전 오른쪽에 선조대왕태실비가 있다.

대웅전은 맞배지붕에 앞면 3과 옆면 각 3칸씩의 규모를 하고 있다. 내부에는 1987년 개금 불사한 삼존불이 후불탱화와 함께 봉안되어 있다.

삼성각은 앞면 3칸, 옆면 1칸의 규모로서, 현대식 건물에 지붕은 기와를 얹었다. 내부에는 1928년 조성한 칠성탱화·산신탱화·독성탱화가 봉안되어 있다.

● 선조대왕태실비

이 선조대왕태실비(宣祖大王胎室碑)는 1570년(선조 3) 이곳에 선조의 태함(胎函)을 안치하면서 세운 태실비이다.

태함은 화강암으로 조성된 단지형으로, 둘레 1.7m이며 팔각의 뚜껑을 덮고 석회를 발랐다. 태함 앞에 위치했던 본래의 태실비가 풍화로 마모되자, 1747년(영조 23)에 다시 세웠다.

새로 세운 태실비는 귀부(龜趺)·비신(碑身), 그리고 반원형 이수(螭首)로 구성되어 있다. 비의 앞면에는 '선조대왕태실'이라고 기록되어 있으며, 뒷면에는 비를 세운 연대가 기록되어 있다. 1984년 충청남도문화재자료 제117호로 지정되었다.

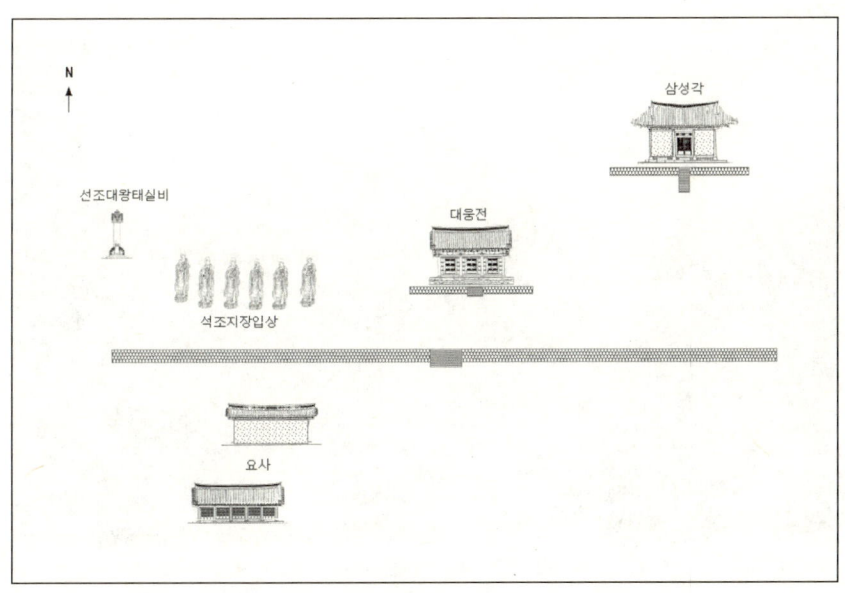

정각사

■ 위치 및 창건

　정각사(正覺寺)는 부여군 석성면 정각리 354번지 태조산(太祖山) 서쪽 기슭에 있는 대한불교조계종 제6교구 본사 마곡사의 말사이다.
　부여에서 작은 길을 따라 논산 방향으로 가다보면 정각리에 이르고, 그 위에 있는 수골마을에서 남쪽 태조산 방향으로 접어들면 절에 이르게 된

정각사　태조산 서쪽 기슭에 자리하고 있으며 최근 대웅전을 중건하고 요사가 불사중에 있다.

다. 정각사는 태조산 중턱에 산 경사면을 깎아 축대로 대지를 조성한 후 건물을 조성하였다.

백제 때 창건되었다고 전하고 있으나 이를 입증할 만한 기록은 찾아지지 않는다. 조선 중엽에 편찬된 『신증동국여지승람』이나 1799년에 편찬된 『범우고』에 사찰의 위치만 전해지고 있어서 절의 구체적 연혁이나 사세에 대해서는 알 수 없는 실정이다.

최근에는 1981년 대웅전을 중건했고, 요사 두 채 가운데 하나를 1999년 11월 현재 완공 중에 있다. 나머지 요사 한 채는 2000년에 해체 중건할 계획이라고 한다.

■ 성보문화재

정각사의 가람배치는 남서향을 정면으로 하고 있으며, 현존하는 당우로는 대웅전과 나한전, 그리고 요사 2동이 있다. 가람의 건물은 대체로 1981

대웅전　팔작지붕의 건물로 1987년 중건되었다.

년 이후에 조성되었다.
 주요 성보로는 나한전 뒤의 마애삼존불과 부도 2기 및 석등 등이 남아 있다.

● 대웅전

 층계상의 높은 축대 위에 자리하며, 앞면 3칸, 옆면 2칸 규모에 팔작지붕을 하고 있다.
 내부에는 삼존불과 근래에 조성된 5종의 탱화가 봉안되어 있다.

● 나한전

 대웅전 오른쪽에 위치한 나한전은 맞배지붕에 앞면과 옆면 각 2칸의 규

마애삼존불　　나한전 뒤의 암벽에 새겨진 삼존불로 풍화가 심하여 그 형태를 알아보기 힘들다.

모로서, 내부에는 삼존불과 후불탱화가 모셔져 있다.

나한전의 뒤쪽 암벽에 조성된 마애불은 풍화가 심하여 그 형태를 알아보기 힘드나 협시불 1체는 반가사유상의 형태를 하고 있다.

● 요사

2동의 요사 중 대웅전 아래에 위치한 요사는 맞배지붕에 앞면과 옆면 각 3칸의 규모인데, 절에서 말하기로는 1500년대의 것이라 전한다. 곧 해체 중건 불사할 계획에 있다.

● 부도

정각사 진입로변에 현재 부도 2기가 위치하며, 산 계곡에도 3기의 부도

부도 절 진입로변에 자리한다. 1기는 종형이고 다른 1기는 팔각원당형이다.

가 위치하고 있다.

진입로 부근에 위치한 부도 중 1기는 종형(鍾形) 부도이고, 다른 1기는 팔각원당형을 기본으로 하는 원주형 탑신과 사각 옥개석으로 구성된 부도이다. 이 2기의 부도는 모두 중대석이 생략된 상·하대석을 갖추고 있는 것이 특징이다.

계곡 내 일명 '부도골'에 위치하는 부도는 종형 부도 2기와 사각 옥개석을 갖춘 팔각원당형부도 1기이다. 이 가운데 종형 부도에는 「선월당(禪月堂)」과 「백봉당(白峰堂)」의 명문이 남아 있다.

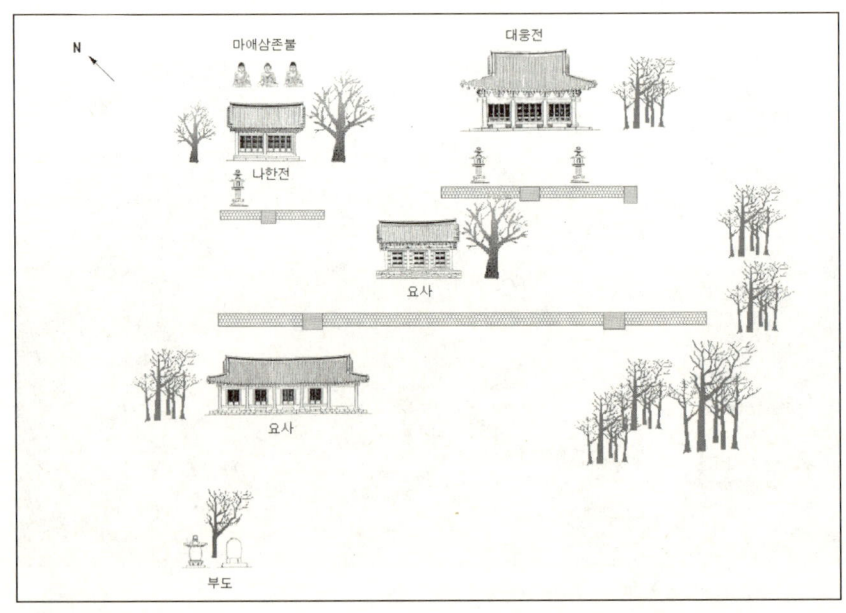

조왕사

■ 위치 및 창건

조왕사(朝王寺)는 부여군 부여읍 동산리 14번지 금성산(錦城山)에 있는 대한불교조계종 제6교구 본사 마곡사의 말사이다.

경내에는 고려시대의 것으로 추정되는 불좌상과 백제 금동불입상이 출토되어 고려시대 이래의 사찰로 추정될 뿐, 구체적 연혁이나 사세에 대하

조왕사 왕을 뵙는다는 뜻의 이름을 지닌 절은 대웅전과 종각 그리고 요사 등으로 가람을 이루고 있다.

석탑부재 홍수로 인해 드러난 탑재 등이 대웅전 맞은 편에 모아져 있다.

여 알려진 바는 없다.

 조왕사가 그 사세를 드러내기 시작한 것은 일제강점기에 이르러서이다. 즉 1913년 민영천(閔泳天)이 절 뒤편에서 비로자나불상을 발견하였는데 1919년에 김병준(金炳畯)이 법당을 짓고 이 불상을 봉안하여 중창하였다. 그 뒤 정두영(鄭斗榮)이 중창하여 지금처럼 조왕사라고 하였다.

 근래에는 이건호(李健鎬)가 요사를 건립했고, 1984년 일본인 불자들의 성금으로 종각을 세웠다.

 조왕사는 절 이름이 '왕을 조근(朝勤)한다'는 뜻을 가지고 있는 데서 짐작할 수 있듯이 일제강점기 일제의 압박과 설움을 받으면서 조선왕조를 섬기고자 사찰에서 기원한 듯하다. 그 때문에 근래에 일본 불자들이 자신들이 저지른 잘못된 역사에 대해 참회라도 하듯이 성금을 모아 종을 세우는 불사를 하였을 것이다.

 최근에는 1981년 요사, 1984년 종각, 1997년 대웅전을 새로 지었다.

대웅전 절부근에서 출토된 석조비로자나불상을 비롯하여 근대에 제작된 탱화들이 봉안되었다.

■성보문화재

남향하고 있는 가람은 대웅전을 중심으로 왼쪽 아래의 종각, 오른쪽 아래의 요사 2동 등으로 구성되어 있다. 현재 별다른 조형물은 남아 있지 않으나 대웅전 뒤쪽에서 수습된 탑재와 방형 석재 등을 경내 입구에 모아 두고 있다. 또한 경내로 오르는 진입로 부근에는 근래에 조성된 부도 2기와 중건비가 자리하고 있다.

대웅전은 맞배지붕에 앞면 3칸, 옆면 2칸의 규모로서, 높은 축대 위에 건립되었다. 내부에는 1913년 뒷산에서 출토된 석조비로자나불상이 봉안되어 있고, 근대에 제작된 후불탱화 등 4점의 탱화가 봉안되어 있다.

범종각은 옆면과 앞면 각 1칸 규모의 사모지붕이며, 내부에 동종을 걸었다.

요사는 ㄱ자형으로서, 앞면 4칸, 옆면 2칸의 규모에 팔작지붕을 하고 있다. 건물 앞쪽에 「조왕사」 현판을 걸었다.

석조비로자나불상 본래의 터에 매몰되어 있던 것을 발굴한 것으로 육계와 나발은 새로 만들어 복원하였다.

● 석조비로자나불상

1913년 본래의 터에 매몰되어 있던 것을 발굴한 것으로서, 현재는 육계와 나발을 새로 만들어 복원하였다.

불상은 몸체에 비해 얼굴이 큰 비례를 보이며 목은 가슴과 밀착되어 있고 삼도(三道)의 표현도 없다.

상호는 둥글며 귀가 길어 어깨에 닿았다. 결가부좌한 자세로 지권인(智拳印)의 수인을 취하고 있다. 대좌는 모두 방형으로 구성되어 있는데, 하대석은 안상이 새겨진 받침 위에 1변 3판의 복엽연화문을 배치하였다, 중대석 각면에는 연봉을 양각하였으며, 상대석은 하대석과 같이 연화문으로 장식하였다. 불의가 간략하게 표현된 점과 두 무릎 사이에 형식화된 발바닥을 표현한 점 등으로 보아 고려시대의 작품으로 추정된다.

● 기타

　1987년의 홍수 때 드러난 탑재 및 치석재(治石材)들이 대웅전과 마주하는 곳에 모아져 있다. 옥개석은 4점이 남아 있는데 모두 얇고 날렵한 형상이다. 그리고 장방형 대석(臺石)으로 추정되는 석재와, 방원형(方圓形) 2중 주좌(柱座) 형태를 하고 있고 중앙에 방형의 구멍이 있는 초석류(礎石類)도 3점이 확인된다.

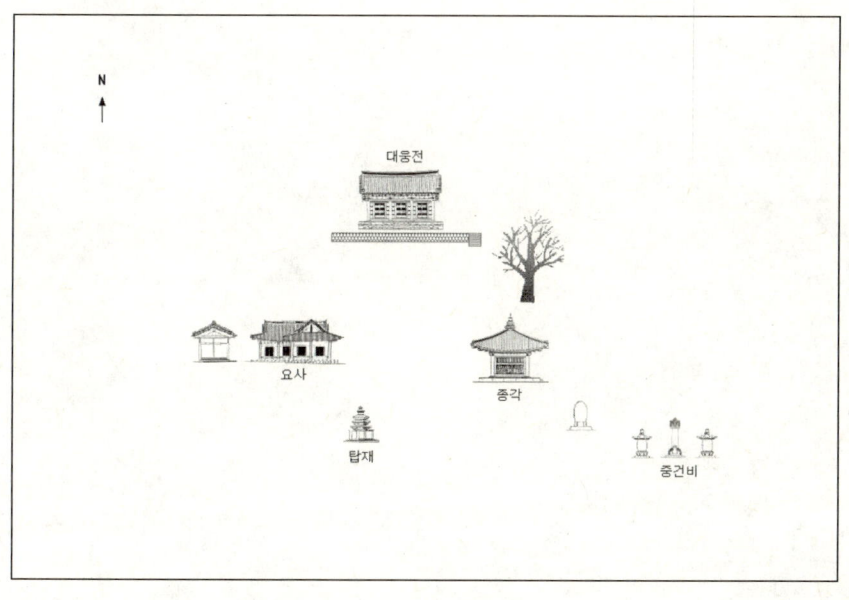

Ⅳ. 천안시·연기군

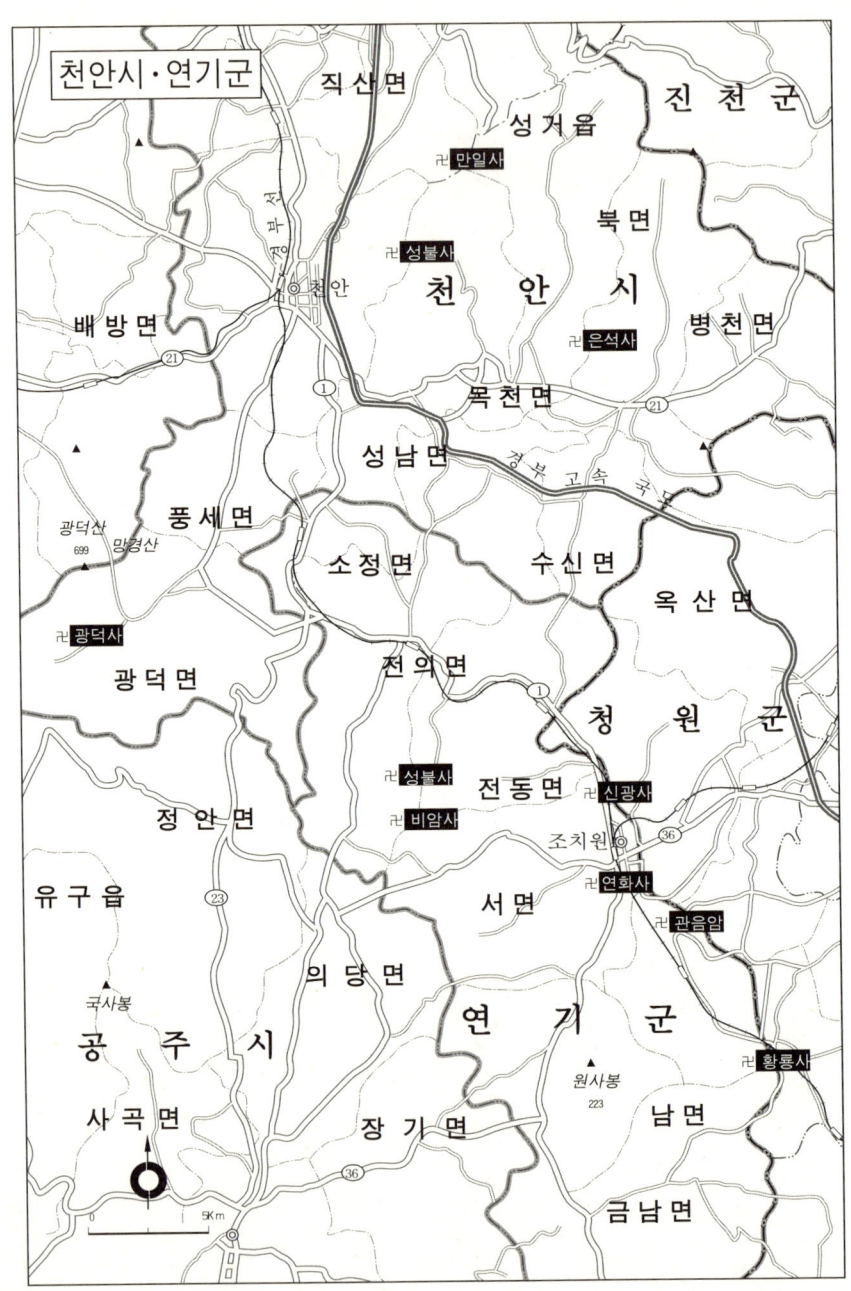

천안시와 연기군의 역사와 문화

　천안시(天安市)는 충청남도 북동부에 위치하며, 아산군에 접하고 있다. 1999년 10월말 현재 인구는 40만 2,207명이고, 행정구역은 2개읍 10개면 13개동 365개리로 이루어져 있다.
　자연환경은 동부는 차령산맥이 뻗어 있고, 태조산(太祖山, 421m)·취암산(鷲巖山, 300m)·왕자산(王字山, 254m) 등이 솟아 있어 산지를 이루며, 서부는 50~100m의 구릉지대를 이루고 있다. 그리고 천안천(天安川)이 시의 중앙을 남서류하고 있다.
　삼한시대에는 마한(馬韓)의 북변에 속하였던 이 지역은, B. C. 18년 북쪽에서 온조(溫祚) 집단이 남하하여 지금의 한강 유역권에 거점을 두고 점점 남한일대를 장악하면서 백제를 이룩하여 이들의 통치하에 있게 되었다.
　고려에서는 930년(태조 13) 탕정(湯井)·대록(大麓)·사산(蛇山) 일부를 천안부에 두었다. 조선에 들어와서는 1413년(태종 13) 천안부를 영산군(寧山郡)으로 고쳤고, 1416년 다시 천안군으로 고쳤다. 1896년 충청남도 천안군에 속하게 되었고, 1963년 천안군 일부가 천안시로 승격되었고, 이들 지역을 제외한 지역은 천원군으로 개칭되었다. 1991년 다시 천안군이 되었고, 기존의 천안시와 통합되어 현재의 천안시가 되었다.
　대표적 불교문화재로는 봉선홍경사갈(국보 제7호)과 홍경사지가 있고, 광덕사에 부도(유형문화재 제85호)·대웅전·천불전·삼층석탑·석사자

307

등이 있으며 광덕사 고려 사경(寫經)이 현재 동국대학교 박물관에 보관되어 있다. 그리고 천흥사지 당간지주(보물 제99호)·오층석탑(보물 제354호)이 있으며, 이 밖에도 풍세면 삼태리 마애불(보물 제407호), 용화사 석조여래입상·삼층석탑, 삼룡리 삼층석탑 등이 있다.

연기군(燕岐郡)은 충청남도 동부에 위치하며, 동쪽은 충청북도 청원군, 서쪽은 공주시, 남쪽은 대전광역시에 접하고 있다. 1999년 10월말 현재 인구는 8,191명이고 행정구역은 1개읍 7개면 201개리로 이루어져 있다.

군의 북쪽으로 차령산맥의 지맥이 지나가지만, 운주산(雲住山, 460m)·국사봉(국사봉, 403m) 등을 제외하고는 오랜 삭박작용(削剝作用)을 받은 저산성(低山性) 구릉지가 대부분이다. 이들 산지 사이로 금남면에서 발원한 삼성천(三城川)이 북류하여 금강에 합류하며, 금강은 군의 남부를 서류하여 공주시로 흘러간다.

이 지역은 백제 초부터 백제 강역에 속하였으며 신라의 삼국통일 후 757년(경덕왕 16) 연기현으로 고쳤다. 연기현은 고려에서는 1018년(현종 9) 청주에 영속되었고, 그 뒤 조선에 들어와 1414년(태종 14) 전의현과 연기현을 합쳐서 전기(全岐)라 하였다. 1895년 공주부 연기군·전의군으로 개편되었고, 1896년 연기군·전의군이 되었다. 1914년 부군면통폐합시 전의는 연기군에 병합되었다.

대표적 불교문화재로는 비암사 계유명전씨아미타불삼존석상(국보 제106호)·기축명아미타여래제불급보살석상(보물 제367호)·미륵보살반가석상(보물 제368호)이 발견되어 현재 국립청주박물관에 보관되어 있고, 비암사 극락보전(유형문화재 제79호)·삼층석탑(유형문화재 제119호), 연화사 무인명석불상부대좌(보물 제649호)·칠존석불상(보물 제650호), 전의면 대곡리삼층석탑, 동면 소룡리마애불, 서면 고복리 신흥사부도, 석연사 석조여래입상 등도 중요한 성보로 꼽힌다.

광덕사

■ 위치 및 창건

　광덕사(廣德寺)는 천안시 광덕면 광덕리 640번지 광덕산 중턱에 있는 대한불교조계종 제6교구 본사 마곡사의 말사이다. 천안의 중심부에서 서남쪽으로 약 16km 쯤에 있다. 광덕사는 이 지역에서 가장 큰산인 광덕산(699m)에 있는 사찰 가운데 가장 큰 규모를 지니고 있다.
　이 절에 전해지고 있는 1680년(숙종 6)에 안명로(安命老)가 찬술한「광덕사사적기」를 보면 신라시대인 832년(흥덕왕 7)에 진산화상(珍山和尙)에 의해 창건된 것으로 전해진다. 진산화상은 자장법사가 중국으로부터 전하였다는 부처님 치아(齒牙) 1매, 사리 10매, 승가리(僧伽梨) 1령, 불진(拂塵) 1병, 금은자화엄법화경(金銀字華嚴法華經), 은중경(恩重經) 등을 얻어서 절을 일으켰다고 한다. 이 때의 가람을 보면 8종루(鍾樓), 9승당(僧堂), 9층 범각(梵閣), 3층 법전이 있었다. 그리고 광덕산 동남쪽 기슭에는 천불전(千佛殿)이 세워졌는데 석가의 진신사리와 세 폭의 불화를 받들어 모셨으며, 불경판목을 소장하던 80여 칸의 만세각이 있었다. 이로써 절에는 이채로운 기운과 신령스런 빛이 상서롭게 빛나서 하늘에 솟아 새들도 감히 그 위를 날지 못하였다고 한다.
　뿐만 아니라 절의 부속암자들도 많았었다고 한다. 역시「광덕사사적기」에는 절의 북쪽에는 환희암(歡喜庵)이 있고 동쪽에는 은수암(隱水庵)·수

광덕사 광덕산에 자리한 절로 신라 진산화상에 의해 창건되고 조선시대 상민스님에 의해 중창되었다.

월암(水月庵)이, 서쪽에는 문수대(文殊臺)가 있으며 그 아래에 한산사(寒山寺)가, 문수대 위에는 보현암(普賢庵)·영선암(迎仙庵)·금선암(金仙庵)·사자암(獅子庵)·하선암(下禪庵)·선정암(禪定庵)·봉두암(鳳頭庵)·영주암(靈珠庵) 등의 여덟 암자가 있었으며, 모두 조사(祖師)들이 선(禪)을 이룬 곳이라고 한다. 특히 영주암은 불계(佛界)의 가장 뛰어난 곳이었으며, 그 밖에 이 절을 창건할 때 쉬던 곳으로 만든 신암(新菴)도 있었다.

한편 이 절의 동쪽 고개 밖에 만복사(萬福寺)가, 북쪽 고개 아래에 개천사(開天寺)가 있었다. 그리하여 광덕사와 더불어 산내의 큰절들이 바둑알처럼 펼쳐져 28방 89암자가 있었다고 한다.

　그런데 광덕사 동쪽 고개에 있던 만복사나 북쪽 고개 아래에 있었던 개천사는 『신증동국여지승람』에 그 이름이 확인되며, 진산화상이 창건한 개천사에 관한 비문이 고려 후기의 대문장가 이규보(李奎報)가 지은 『동문선(東文選)』에 전하고 있어 「광덕사사적기」의 기록을 뒷받침하고 있다.

■ 주요연혁

　창건이후의 역사는 고려 후기이래 모습을 드러내고 있다. 그 주요 연혁을 정리하여 보면 다음과 같다.

연대	내용
고려시대	유청신(柳淸臣)이 호도나무를 가져와 경내에 심음
1344년(충혜왕 복위 5)	3창(「상량기(上樑記)」가 있었음)
고려말	『법화경』 등을 간행함
1414년(조선 태종 14)	7월 절 내의 『대반야경』을 일본 규주(圭籌)에게 줌 효령대군이 『부모은중경』을 씀
1457년(세조 3)	세조가 온양온천에 갔다가 절에 들름
1461년	5월 진신사리를 세 차례에 걸쳐 분신(分身)함
1463년	한계희(韓繼禧, 1423~1482)가 「광덕사사리각명기」를 지음
1552년(명종 7)	주지승이 품관을 도둑으로 몰아 때림
1558년	『금강경』을 간행함
1592년(선조 25)	임진왜란의 화재로 건물이 소실됨
1598년	희묵(熙默)이 중수함
1665년(현종 6)	석심(釋心)이 금불상과 종을 개수함
1671년	청소대사(淸霄大師)가 입적하자 그의 제자 상민(尙敏)이 부도를 세움
1679년(숙종 6)	가을 상민이 왕에게 상소하여 중창함
1680년	안명로가 「광덕사사적기」를 씀
	유응운(柳應運)이 「광덕사사실비문」과 「청소당대사탑명」을 지음
1874년(고종 14)	연봉(練鳳)의 제자 누성(累星)이 「광덕사감세기(廣德寺減稅記)」를 지음

고려시대 광덕사의 모습에 대해서는 전하는 바가 거의 없다. 다만 경내에 있는 삼층석탑이 고려 초기의 양식을 하고 있으며, 유청신(柳淸臣, ?~1329)이 중국 원(元)에서 호도(胡桃)나무를 가져와 경내에 심었다는 사실이 전하고 있으며, 1344년 절이 세번째 중창되었는데 그 때의 「상량기」가

「사적기」를 쓸 당시인 세조 초년까지 있었다고 한다. 하지만 이 상량기는 현재 전하지 않는다. 유청신의 묘는 광덕면 매당리 마을 입구의 도로에서 10m 떨어진 곳에 있는데 최근 후손들이 세워 놓은 신도비가 있으며, 비석의 뒤쪽으로 사당이 있다. 오늘날 천안의 명물로 잘 알려진 호도과자는 중국 한(漢)나라의 무제(武帝) 때 장건(張騫)이 서역(西域) 정벌시 가져온 호도씨를 유청신이 천안 광덕사에 심은 데에서 유래한다.

조선시대에 이르러 억불책에 의하여 광덕사는 위축되었다가 왕실의 대군과 군왕의 숭불책에 의하여 다시 주목받는 등 부침을 거듭하였으니 광덕사 사세의 변화가 마치 조선불교사의 전형을 이루는 듯하다.

광덕사는 조선 최초의 억불왕인 태종에 의해 탄압을 받았으며 곧 절 내에 소장하고 있던 『대장경』을 빼앗겼다. 조선 초이래 왜구의 끈질긴 『대장경』 요구에 결국 조정에서는 경기도 여주 신륵사와 광덕사의 『대장경』을 주도록 하였기 때문이었다.

그러나 그러한 핍박이 계속되는 가운데에서도 호불(好佛) 대군이었던

일주문 광덕산 부근에는 부속암자와 큰 절들이 바둑알처럼 펼쳐져 89암자가 있었다고 한다.

효령대군(孝寧大君)과 세조에 의해 광덕사도 시혜를 받았다. 신라 진산화상이 봉안한 부처님 진신사리가 분신하는 것을 계기로 효령대군과 세조가 절에 와서 시혜를 베푼 것인데, 이 절의 「사리각명기」에 그러한 사실이 다음과 같이 잘 나타나고 있다.

지극하신 효령대군께서 보필하시어 절에 있는 사리 25매를 성상(聖上)과 더불어 자성대비(慈聖大妃)께 봉정하시니, 분신사리를 안치하고 또 13일 병진일에 효령대군께서 다시 사리를 얻어 봉정하였다. 성상께서 또 분신사리를 안치하셨고, 17일에 왕비께서 내전에 예를 올릴 때 또 분신하셨다. 임금께서 친히 불송(佛頌)을 위하여 악기를 만드시니 전후 분신으로 얻은 사리는 모두 100두과였는데, 광덕사에 모인 사람 중에서 많은 중생이 가져가서 지금 얼마나 되었는지 모른다.
 이에 성상께서 크게 기뻐하시고 경사롭게 생각하시어 중생의 죄를 용서해달라고 발원하며 서원하시고 친히 『능엄경』을 번역하셨는데, 종친과

보화루 경내에 들어서는 입구인 중층의 누각건물이다. 건물내에는 괘불함이 있다.

정부 육조대신들을 거느리고 이룬 것이다. 조종과 일체 중생을 위하여 석가여래상을 1위 만드셨고, 중궁과 세자께서는 아미타불을 1위 만드셨고, 또한 꿈속에 관음·지장 두 보살과 마주앉은 상서로운 꿈을 꾸고 곧 불상을 조성하여 각각 사리가 들어있는 선종 타령(安靈, 혼령을 모신 곳)과 광덕사의 사리각(舍利閣)에 안치하셨다.

성상과 왕비께서는 보좌에서 부처님께 예배하실 때 횃불을 밝혀 분향 공양하시며 좌우에 명하여 작은 종을 주조하고, '새벽 여섯 시를 알리고는 민간에 숨은 인사들을 인도하라.'고 새긴 종의 연기 내력을 소상히 무궁토록 밝혀 후대까지 전하도록 하였다.

이러한 분신사리(分身舍利)의 현상은 세조대만 해도 광덕사 이후 1463년(세조 9)에 통도사(通度寺)·장의사(莊義寺), 1464년에 복천사(福泉寺)·회암사(檜巖寺), 1466년에 장의사·표훈사(表訓寺)·함원전(含元殿) 등에서 있었다.

수각옆 초석 건물 모서리에 사용되었던 주초석으로 통일신라의 것으로 추정된다.

대웅전 내부

1414년(태종 14) 7월 일본국왕이 승려 규주(主籌) 등 왜승 4명을 통해 『대장경』을 달라고 청하자 태종은 조신들과 왜구 무마책의 일환으로 일본 국왕에게는 여주 신륵사 소장 『대장경』 전부를, 왜승 규주에게는 광덕사의 『대반야경』 전부를 사여하도록 하였다.
　명종대에 이르면 광덕사의 주지가 유향품관(留鄕品官)을 매질하는 사건이 조정에 알려지게 되었는데, 이는 억불책에 대한 반항이었다고 생각된다. 그러한 가운데 1558년(명종 13)에도 『금강경』을 간행하기도 하였지만 1592년의 임진왜란으로 광덕사도 화재로 피해를 입게 되었다. 1598년 희묵 스님이 중수하여 법당 각집이 나래를 펴듯 옛날 모습과 비슷하여 전날의 면목을 보는 듯하였으며, 단청을 고치니 옛날 모습과 같았다고 한다. 그 뒤 현종대에 석심 스님이 금불상과 종 등을 개수하여 사세를 일신하였다. 오두인(吳斗寅, 1624~1689)의 『양곡집(陽谷集)』에 의하면 그 무렵에 절의 주지는 계인(戒仁)이었다. 그리고 상민 스님이 1679년(숙종 6) 가을에 세조의 교지를 숙종에게 전달하여 절을 중창하게 하였으며, 청소대사

산신각　절의 가장 높은 곳에 자리하고 있으며 내부에는 목각산신탱이 봉안되었다.

명부전 시왕상
최근의 대작불사를 통해 대웅전을 비롯한 많은 전각들이 중창되었다.

가 입적하자 산내 영주암에서 기도하여 부도를 세웠다.

　1874년(고종 14) 연봉(練鳳)의 제자 누성(累星)이 지은 「광덕사감세기」에 의하면 1859년(철종 10) 겨울에 군민들이 이 절의 토지에 대한 감면을 받게 하였던 사실을 알 수 있어서 당시까지 이 절이 군민들의 정신적 기둥 역할을 하였음을 알 수 있다.

　최근에는 철웅(哲雄) 스님이 15년 동안의 대작불사를 이루어 1996년에 대웅전·천불전·명부전·범종각·적선당·보화루 등을 중창 완료하였다. 그러나 천불전은 1998년 소실되었다.

■ 주요 인물

　광덕사의 주요 인물로는 창건주 진산화상을 비롯해서 조선 초의 효령

진산화상부도
부처님 진신사리와 경전 등을 봉안하여
절을 창건하였다.

대군과 세조, 그리고 광택 희옥과 상민 스님 등을 들 수 있다. 이 가운데 진산화상과 광택 희옥, 그리고 상민 스님에 대해서 알아보면 다음과 같다.

● 진산화상

창건주 진산화상(珍山和尙, ?~844)은 그의 생애가 알려진 바 없으나 「광덕사사적기」와 「광덕사사실비문」에 의하면 자장법사가 가져온 부처님 진신사리와 경전 등을 광덕사에 봉안하여 절을 창건하였다고 한다. 그는 844년(신라 문성왕 6)에 입적하였는데 이 때 기이하고 상서로운 조짐과 이변이 많았다고 한다. 입적후 광덕사가 있는 화산 동북방 기슭에 비와 부도가 세워졌다고 하는데 현재는 부도만이 전하고 있다.

청소당부도
중창주인 상민 스님의 스승이며
절을 일신하는데 큰 역할을 하였다.

● 광택 희옥

　광택 희옥(光澤熙玉, 1603~1671) 스님은 광덕사의 중창주 상민의 스승이며 광덕사를 일신하는데 큰 역할을 하였던 인물이나 아직 불교계에 잘 알려져 있지 않다. 절내의 있는 그의 비문에 의해 그의 생애를 간략히 정리하면 다음과 같다.

　속성은 청주 한씨이며, 이름은 희옥, 호는 광택(光澤), 당호는 청소당(淸霄堂)이다. 1603년(선조 36) 어머니가 흰 코끼리의 태몽을 꾸고 대사를 낳았다. 대사는 어려서부터 침착 자상하였으며 세속의 인연을 탐내지 않고 불교의 일을 즐기며 기뻐했다. 1611년 9세에 출가하여 봉래산 은적사(隱寂寺)의 천준산인(天俊山人)을 모셨다. 20세에 구족계를 받고 진주대사(眞珠大師)의 법당에서 크게 명성을 얻어 불도의 으뜸이 되었다.

　그 뒤 명산대찰을 유력하다가 1624년 치악산을 거쳐 오대산에서 나와 청허당 휴정의 제자 제월 경헌(霽月敬憲, 1542~?)에게 선을 배우고 도를 인정받았다. 그 후 태백산·금강산·용문산, 그리고 경상북도 영천의 은해사 등을 유력하였다. 1648년 승군 40여 명을 거느리고 오대산에 들어가 전에 오래 머물렀던 보리암(菩提菴)에 주석하였다. 1671년 봄 황해도 은적사에 머물다가 그 해 12월에 입적하였다. 다음해 1월 네 절의 승도 수백 명이 모여 백일재로 다비를 올리고 용문사·신륵사·장흥사에 신주탑을 세웠고, 얼마 후 그의 제자 지엄(智嚴)·희제(希濟)·상민 등이 사리 2과를 얻어 광덕사에 사리탑을 세웠다.

● 상민

중창주인 상민(尙敏)은 휴정의 법맥을 이은 광택 희옥의 제자였다는 사실 외에는 알려진 바가 거의 없다.「광덕사사적기」에 의하면 그는 광덕사를 일신하기 위하여 숙종에게 옛날 세조가 광덕사에 보인 뜻을 전하므로써 절을 중창하는 데 힘을 모았고, 당시의 문인 유응운(柳應運)과 선조의 손자 낭선군 이우(朗善君 李俁, 1637~1693)에게 「광덕사사실비문」과「청소당대사탑명」을 짓도록 청하였던 인물이다.

그리고 은적사에서 행한 그의 스승 광택 희옥의 다비식에 참여하였고, 광덕사 영주암(靈珠菴)에서 다시 기도하여 신주(神珠) 2매를 얻어 광덕사 경내에 부도를 세웠다. 이를 통해서 광덕사는 휴정의 제자가 법을 이었다는 것을 알 수 있다.

■ 성보문화재

현재 광덕사에는 대웅전을 비롯하여 명부전·산신각·범종각·보화루(寶化樓)·일주문, 그리고 적선당(寂禪堂)·자광당(慈光堂) 등의 요사가

대웅전 1983년 해체복원시 전보다 크게 건립되었다. 내부에는 조선 후기에 조성된 삼신불이 있다.

있다.

　광덕사의 가람배치는 주된 공간이 남향으로 배치되어 있으며, 대웅전과 명부전을 앞쪽에 두고 그 좌우에 적선당과 요사 1동이 배치되어 있다. 그리고 대웅전 정면에는 보화루와 종루가 있다. 이곳에서 남쪽으로 개울을 건넌 곳에는 남동향을 한 극락전을 중심으로 좌우에 요사, 남동쪽에 사문(寺門)을 둔 새로운 사역공간이 신축되고 있다. 일주문에는 앞뒤로 「태화산광덕사」·「호서제일선원」이라는 현판이 걸려 있다.

　한편 6책으로 구성된 「광덕사 고려 사경(廣德寺高麗寫經)」은 보물 제390호로서, 현재 동국대학교 박물관에 보관되어 있다.

● 광덕사 대웅전

　맞배지붕에 앞면 5칸, 옆면 3칸 규모로서, 1983년 완전 해체복원시 전에 있던 건물보다 크게 건립하였다. 해체복원시 구부재를 최대한 활용토록

명부전 지장삼존상을 비롯한 시왕상과 그 권속들이 봉안되었다.

하였으나 기존의 주춧돌과 목재 등을 방치하여 현재의 건물은 문화재로서의 가치는 부족하다는 평가를 듣는다. 1984년 충청남도문화재자료 제245호로 지정되었다.

안에는 조선 후기에 봉안된 아미타불·석가불·약사불상의 삼불(三佛)이 봉안되었는데, 각각의 존상마다 뒤에 후불탱화가 있다. 이 가운데 석가후불탱화는 1741년(영조 17)에 조성된 것이며, 나머지 두 축의 불화는 근래에 조성했다.

· ●명부전

팔작지붕에 앞면 3칸, 옆면 2칸의 규모로서, 안에는 근래에 봉안한 지장삼존상을 비롯해서 시왕상, 동자상 7체, 판관·녹사·인왕·사자상(使者像) 각 2체가 있다. 그 밖에 1974년 철웅 스님이 주지로 주석할 당시의 「명부전중창기」가 걸려 있다.

● 노사나괘불탱

이 괘불도는 1749년(영조 25)에 조성한 것으로, 노사나불을 중심으로 2대보살·2대제자·사천왕·화불 등의 군도(群圖) 형식으로 되었다.

그림의 양식 및 형식을 보면, 본존은 타원형 얼굴에 과거칠불(過去七佛)을 상징하는 화불이 있는 화관을 쓰고 있는데, 화불로 인해 전체적으로 머리가 무거워 보이며 도식적이다. 광배는 신광을 생략하고 원형의 두광만 표현되었으며, 두 손은 어깨 부근에서 설법인의 수인을 취하고 있다. 가슴에는「만(卍)」자가 크게 묘사되었다. 그리고 승가리는 금니(金泥)로 묘사하였는데, 적색의 가사와 매듭, 옷깃의 겹둥근 문양 등과 어우러져 화려함이 돋보인다.

2대보살 중 문수보살은 경책(經冊)을 얹은 여의(如意)를, 보현보살은 연꽃을 들고 있는 전형적인 도상으로 도식적인 모습이다. 2대제자인 아난과 가섭존자는 원형 두광이 있고, 변형된 설법인과 지권인의 수인을 취하였다.

이 괘불도는 제석과 범천이 생략된 좌우대칭의 비교적 간략한 구도로, 하단에는 사천왕이 배치되고 상단의 시방제불(十方諸佛)은 서운(瑞雲) 사이에 각각 5위씩 배치되어 있다. 본존의 형상은 마곡사 석가모니괘불탱(1687년작, 보물 제1260호), 장곡사 미륵불괘불탱(1673년작, 국보 제300호)과 같은 과거칠불을 상징하는 화불을 안치한 보관을 쓴 모습이나, 수인은 수덕사 영산회괘불탱(1673년작, 보물 제1263호), 신원사 노사나불괘불탱(1644년작, 국보 제299호)과 같이 노사나불의 수인을 하고 있다.

채색은 짙은 홍색을 주조색으로 하여 녹색·회색·백색 등 원색을 사용하였으며, 여기에 금색의 사용으로 인해 화려함을 더해 준다. 공간 처리에 있어서도 곳곳에 서운을 배치하여 밝고 선명한 채색과 더불어 화려함을 더하고 있다. 1932년에 일부 보수된 바 있다. 1997년 보물 제1261호로 지정되었다.

노사나괘불탱화 보물 제1261호.

삼층석탑
신라양식을 계승한 고려 초기의 석탑이다.
충청남도유형문화재 제120호.

● 삼층석탑

　대웅전 앞에 세워져 있는 석탑으로, 1985년 충청남도유형문화재 제120호로 지정되었다.
　이 석탑의 기단은 이중으로 구성되어 있고, 하대석과 하대면석이 1매석으로 구성되었으며 하대면석에는 각면 2조의 안상(眼象)이 새겨져 있다. 상대면석(上臺面石)에는 탱주(撑柱)와 우주(隅柱)를 모각하였으며, 갑석 상면(甲石上面)에는 옥신 괴임이 1단으로 높게 조각되었다.
　탑신과 옥개는 각부 1매석으로 조성되었으며, 제1탑신석에는 문비(門扉)가 새겨져 있다. 옥개석은 낙수면의 경사도가 심하고 처마도 반전(反轉)되어 전체적으로 날렵한 느낌을 준다. 옥개받침은 4단으로 조성되어 있으며 절수홈이 마련되어 있다. 상륜부(相輪部)에는 노반(露盤)과 복발(覆鉢)이 남아 있다.
　탑의 전체 규모는 상륜부를 제외한 높이 250cm, 하대석 너비 145cm이다. 전체적인 양식과 균형미에서 신라 양식을 계승한 고려 초기의 작품으로 추정된다.

● 광덕사 진산화상 부도

이 진산화상(珍山和尙) 부도는 광덕사 뒤편의 작은 봉우리에 위치한다. 부도의 형태는 기본적으로 석종형(石鍾形) 부도이나 화려한 장식을 갖춘 이층 기단 위에 안치되어 있는 것이 특징이다.

하대석은 반전이 심한 연화문으로 표현되었고, 팔각의 중대석 각면에 신장상을 부조하였다. 그리고 상대석은 3중의 연화판을 배치하였다.

기단부 위에 조성된 탑신석은 보주와 함께 1매석으로 처리되었으며, 탑신에는 「진산화상」 명이 음각되어 있다. 탑신의 명문으로 보아 이 부도는 신라 흥덕왕 때의 광덕사 중창주 진산화상의 부도로 판단된다. 1984년 문화재자료 제253호로 지정되었다.

● 광덕사 부도군

광덕사 경내에는 조선시대 부도 5기가 있는데 1978년 이 중 4기가 충청

부도전 경내에는 청소당과 적조당 그리고 우암당과 진산당 등의 부도 5기가 남아 있다.

남도유형문화재 제85호로 지정되었다.

청소당(淸霄堂)의 부도는 기본적으로 팔각원당형이나 탑신석이 원구형(圓球形)을 하고 있다. 상·중·하대의 기단을 갖추고 있으며, 옥개석 위에는 상륜부가 화려하게 장식되었다.

적조당(寂照堂)의 부도 역시 팔각원당형이며 탑신석이 원구형이다. 상·하대석은 연화문으로 장식되고 중대석은 연주문(聯珠紋)으로 장식하였다. 옥개석 위에 보륜과 보주를 마련하였는데 소박한 형태이다.

당호가 새겨져 있지 않은 석종형 부도는 상·중·하대의 기단부를 형성하고 있어 주목된다. 탑신 상부에는 상륜을 장식하였는데, 상륜부는 보개와 보주를 갖추고 있어 석종형 부도로는 화사한 편이다.

● 광덕사 석사자

이 석사자(石獅子)는 대웅전을 올라가는 계단의 양쪽에 세워져 있다.

석사자 대웅전을 오르는 계단 양쪽에 세워져 있다. 사람의 것과 같은 얼굴을 지녔다.

석사자는 좌상의 형태로 조성되었는데 별도의 대석(臺石)은 마련하지 않았다. 얼굴은 사람의 얼굴과 같은 모양을 하고 있으며 입은 약간 벌린 형태이다. 이빨의 표현은 도식적인 표현으로 사실감이 없다. 사자의 머리털도 도식화되어 운문(雲紋)처럼 표현되었다. 여러 차례 도굴꾼들에 의하여 불법 반출되었다가 다시 찾아왔다고 한다. 1984년 문화재자료 제252호로 지정되었다.

● 광덕사 소장 면역사패 교지

면역사패교지

이 면역사패(免役賜牌) 교지(敎旨) 문서는 1457년(세조 3) 8월 10일 세조가 광덕사와 개천사에 내린 교지로서, 두 사찰의 잡역(雜役)을 경감하라는 내용을 담고 있다. 체제와 형식은 보물 제729호 경상북도 예천 용문사의 교지, 보물 제1009호 전라북도 화순 쌍봉사의 면역사패 교지에 발급된 것과 동일하며, 대상 사찰명과 발급일자가 다를 뿐이다. 다만 쌍봉사에 발급한 교지와는 날짜도 동일하다.

현재 원본을 보관의 편의를 위해 각각 3쪽으로 잘라 첩장(帖裝)하여 원형이 변형된 채 보관하고 있다. 부분적으로 훼손되어 글자가 마모된 것 외에는 상태가 좋다.

이 문서는 조선 초에 국왕이 직접 내린 것으로서, 조선 초기 사패교지(賜牌敎旨)의 형식을 알려주는 중요한 자료이며, 또한 세조가 사찰 및 불교 보호에 관심을 기울인 일면을 살필 수 있는 귀중한 자료이다. 1997년 보물 제1264호로 지정되었다.

● 조선시대 사경

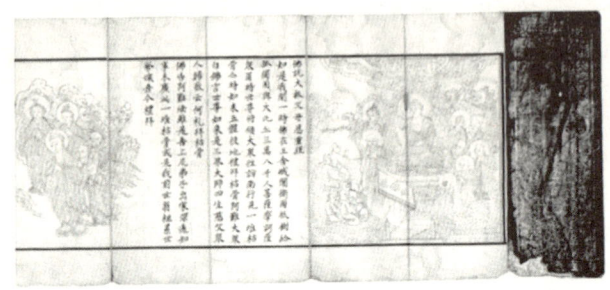

부모은중경

이 사경(寫經)은 백지에 먹으로 쓴 『부모은중경(父母恩重經)』과 『장수멸죄호제동자다라니경(長壽滅罪護諸童子陀羅尼經)』으로서, 3종 7첩으로 보관되고 있다.

『부모은중경』은 부모의 은혜를 크게 10가지로 나누어 설하고, 은혜를 갚기 위해 우란분(盂蘭盆)공양을 행하고 이 경전을 필사하여 독송할 것을 권하고 있는데, 이러한 행위를 통하여 부처님의 법을 실행할 수 있다고 가르치는 경전이다.

이 경전은 고려 말의 필사본과 목판본들이 여러 종 전래되고, 한글 창제 이후로는 한글 언해본(諺解本)도 여러 종이 전하고 있는데, 특히 조선 정조 때 제작된 경기도 수원 용주사(龍珠寺)의 동판·석판·목판으로 새긴 『부모은중경』이 유명하다.

우리 나라에 유통되고 있는 『부모은중경』은 다른 경전과는 달리 각 내용에 따른 삽화가 곁들여 있는 것이 특징이다. 이 책은 조선 태종의 둘째 아들인 효령대군(1396~1486)이 부인 예성부부인(蘂城府夫人) 정씨(鄭氏)가 아들과 함께 시주하여 필사한 사경인데, 필사년대는 15세기 후반으로 추정된다.

이 사경은 경기도 회암사 중수, 흥천사 탑전(塔殿) 수리, 상원사종 주조, 원각사 조성 등의 사업과 함께 효령대군의 불교 신앙의 일단을 살펴

광덕사 시주비
수각옆에 세워진 비석으로
1735년에 건립되었다.

볼 수 있는 실증물이라 하겠으며, 아울러 불교문화사 및 서지학 연구에 귀중한 자료이다. 1997년 보물 제1247호로 지정되었다.

● 광덕사 시주비

이 시주비(施主碑)는 명부전 왼쪽 수각 옆에 세워져 있는 비석으로서, 자연 대석(臺石)과 이수부(螭首部)를 갖추고 있다. 대석은 자연석에 홈을 파서 구성하였다.

재질은 화강암으로, 크기는 이수부 가로 35㎝, 세로 83㎝, 비신 가로 50㎝, 세로 140㎝, 두께 20㎝이다. 비는 1735년에 건립되었다.

● 기타 성보물

광덕사 맷돌 수각에는 맷돌과 초석 돌절구 그리고 작은 석상 등이 모여 있다.

    명부전에서 산신각으로 가는 길목에 수각(水閣)이 있다. 이곳에 맷돌과 초석, 돌절구 등이 모여 있다. 맷돌은 수각 외에 대웅전 앞 괘불대 옆에 1점이 있고, 명부전 계단 앞과 요사 앞에도 각각 1점씩이 있다. 그리고 산신각 입구에 받침돌로 사용하고 있는 장방형 석재도 예전의 건축 부재로 보인다.
    광덕사 시주비 옆에는 방원형(方圓形)의 2중주좌 초석이 1매 방치되어 있다. 이 초석은 광덕사 연혁을 판단할 수 있는 것으로서 통일신라시대의 초석으로 추정된다. 형태는 신방목을 받는 받침이 'ㄱ'자 형태로 새겨져 있어 건물 모서리에 사용된 초석으로 판단된다. 원형의 지름은 외고(外高) 65㎝, 내곽의 원형 47㎝이다. 초석의 전체 크기는 90×80㎝, 높이 64㎝의 규모이다.
    부도는 현재 전부 6기가 있다. 근래에 새로 만든 오층석탑에서 동북쪽으로 50m 쯤 산을 올라간 자리에 3기가 있고, 그 위로 20m 쯤 올라간 자리에 2기, 그리고 다시 이곳에서 역시 동북쪽으로 200m 쯤 떨어진 곳에 석종형의 진산당부도 1기가 있다.

  그 밖에 1996년에 세운 「광덕사 공덕비」와 「광덕사 사적비」가 있다. 공덕비에는 산신각 불사에 대한 것이 나와 있고, 사적비는 일주문 옆에 있다.

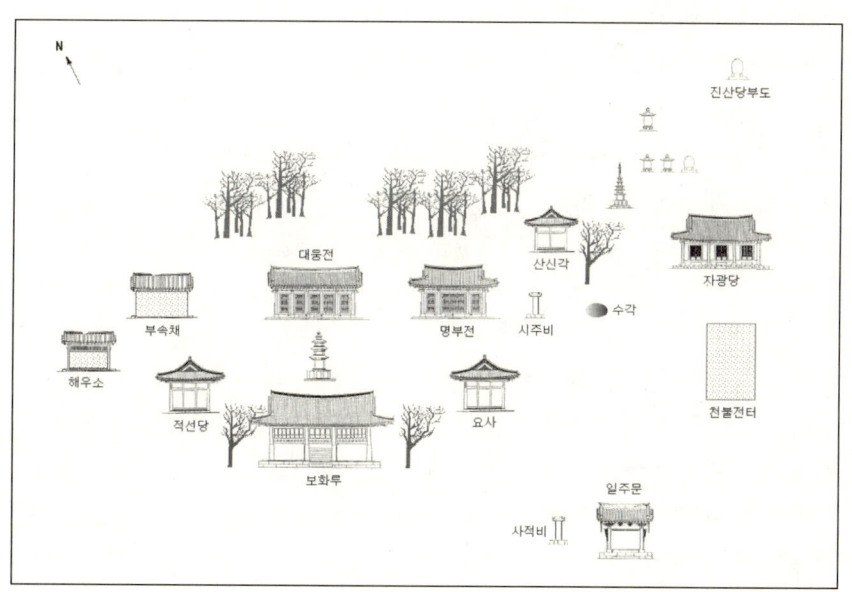

만일사

■ 위치 및 창건

만일사(晩日寺)는 천안시 성거읍 천흥리 63번지 성거산(聖居山) 북쪽 중턱에 있는 대한불교조계종 제6교구 본사 마곡사의 말사이다.

만일사는 921년(고려 태조 4) 도선국사가 창건하였다고 전하고 있으나, 그가 입적한 후이므로 신빙성이 떨어진다. 다만 도선의 비보사찰설(裨補寺刹說)에 따라 창건되었다고 볼 수는 있다.

구전에 의하면 고려 초 도선이 이곳에 다다랐을 때 백학 한 쌍이 내려와 불상을 조성하였는데, 조성 중 사람의 기척이 나자 중단하였으니 이것이 곧 성불사의 마애불이라 전한다. 그런데 다시 하늘에서 성거산을 굽어보니 현재의 만일사 자리가 적지로 생각되어 백학들이 내려와 불상을 조성하였는데, 날이 어두워지자 작업을 중단하였으므로 만일사라고 하였다고 한다. 이 마애불은 만일사의 영산전과 관음전 사이에 있는 동쪽 암벽 위에 있다.

또한 고려시대 혜종 때(943~945) 만일(晩日)이라는 승려가 이 절에 머무르면서 석굴 안의 석상을 조성하고 오층석탑을 세운 후 지금의 이름으로 바꿨다고 하나 확인되지 않은 사실이다.

천안은 삼국의 중심으로서 다섯 용이 구슬을 다투는 형세를 띤 지역이기 때문에 보루를 쌓고 군사를 훈련했으며, 이 산에 태조의 묘가 있다고 한다. 『신증동국여지승람』「천안」〈불우(佛宇)〉조에 의하면 고려의 태조 왕건이 머물렀던 연유 때문에 유려왕사(留麗王寺)와 마점사(馬占寺)라는 사찰이 있었다 한다. 따라서 태조가 논산 개태사(開泰寺)를 지어 삼국통일의 염원을 담았듯이, 도선국사의 비보사찰설에 따라 천안에도 만일사·성불사 등의 사찰을 세워 국가를 비보 하는 곳으로 삼았던 듯 하다.

한편 현재 대웅전에 봉안된 동제관음보살상 뒷면에 '통화(統和) 20년'이라는 명문으로 보아 고려시대인 1002년(목종 5) 무렵에는 법등을 밝히고 있었을 것으로 추정되며, 또한 1982년 8월 경내에서 발견된 금동보살입상(현 국립중앙박물관 소장)이 삼국시대 것으로 추정되는 점으로 보아 통일신라기까지 창건연대를 소급할 수 있을 것으로 보인다.

■ 연혁

만일사의 역사적 기록은 조선시대 중기 이후에나 찾을 수 있다. 예컨대 『신증동국여지승람』에는 '萬日寺'라는 절 이름만 보이고 있으며, 기재(企齋) 신광한(申光漢, 1484~1555)이나 송재(松齋) 이우(李堣, 1469~1517) 등의 문인들이 이 절에 와서 노닐며 읊은 시가 전하고 있다. 따라서 전라북도 순창의 만일사(萬日寺)의 경우에서 볼 수 있듯이 만일 동안 왕조 창업을 위해 기도하였다고 풀이도 된다.

그러나『여지도서』에는 '晚日寺'라고 나오는 것으로 보아 조선 후기이후 '萬日寺'라고 고쳐 부른 듯 하다. 1799년에 편찬된 『범우고』에는 이미 폐사되었다고 나와 있어 정조대에 사세가 기울어 폐사된 듯 하다. 그 뒤 1876년(고종 13) 관음전이 신축되어 오늘에 이른다.

■성보문화재

　현재의 사찰규모는 적은 편에 속하며 대부분 조선시대에 중건된 것이다. 경내에는 충남유형문화재인 오층석탑(제254호)과 마애불(제255호), 석불좌상(제256호)이 있으며, 오층석탑은 마애불상 바로 앞에 있다. 또한 관음전에 봉안된 금동불(제258호)은 일제강점기에 획득한 것으로 전하고 있다.

●만일사 대웅전

　현재의 대웅전은 1970년에 개축한 것으로, 앞면 4칸, 옆면 2칸의 규모에 지붕은 팔작이고 겹처마 형식이다. 전체적으로 전통 건축물이라기보다는 형식화된 구조이다. 해체 복원시 본래의 주춧돌 등 부재를 묻어버렸다고 하여, 더 이상의 자료를 얻기 힘들다. 1984년에 충청남도문화재자료 제250호로 지정되었다.

●만일사 오층석탑

　본래의 절터에 있던 것을 1970년 대웅전 해체 복원시 현 위치로 옮겼다고 한다. 석탑의 기단부는 하대중석·상대중석·상대갑석으로 구성되어 있으며, 하대중석에는 우주(隅柱)와 안상(眼象)이 새겨져 있다. 상대갑석에는 앙련(仰蓮)이 조각되어 있고, 탑신석은 각면마다 여래좌상이 부조되어 있다. 추녀에 이르러 반전되도록 표현된 옥개석은 2단의 받침으로 되어 있다. 현재 1층 탑신은 복원시 잘못되어 거꾸로 되어 있다. 이 석탑은 고려시대에 조성된 것으로 추정되며 현 높이는 227㎝이다. 1984년에 충청남도문화재자료 제254호로 지정되었다.

● 만일사 마애불

　마애여래좌상은 법당 뒤의 자연 암반에 부조된 것이나 미완성 형태로서, 그 동안의 풍화에 의한 마멸이 심하여 윤곽을 알아보기 어렵다. 머리부분은 장방형 형태로 남아 있으나, 얼굴의 윤곽은 거의 알아볼 수 없다. 어깨부분은 거의 수평으로 표현되어 당당한 느낌을 준다. 수인은 확인되지 않으며, 불의(佛衣)는 통견 형식으로 추정되고, 결가부좌를 하고 있다. 앞부분과 머리부분 위쪽 양쪽에 홈이 있어 보호각을 설치했던 것으로 추정된다. 1984년 문화재자료 제255호로 지정되었다.

● 만일사 석불좌상

　이 석불좌상은 관음전 뒤편 축대 위에 마련된 작은 자연동굴 속에 조각되어 있다. 동굴 안은 매우 좁아 겨우 예불 할 수 있는 정도의 크기이다. 좌불은 높이 164cm 정도의 크기이나, 대좌 밑에서 올려다보면 대형(大形) 석불처럼 보인다. 본래의 불두를 잃어버려 새로이 조성된 머리는 육계가 표현되지 않고 둥글게 처리되어 있으며, 이마에는 흰 유리 구슬로 백호를 끼웠다. 목에는 삼도의 흔적이 있다.

　시멘트로 새로 만든 불두(佛頭)는 신체에 비해 좀 크다. 불의는 우견편단으로 깊게 음각되었다. 발은 결가부좌하였는데, 오른손은 무릎 위로 내려 항마촉지를 맺고 왼손은 왼발 위에 얹어 놓았다. 무릎사이의 너비는 약 1m이다. 1984년 문화재자료 제256호로 지정되었다.

● 만일사 금동불

　금동불상의 배면 아래쪽에 '통화이십년천흥사(統和二十年天興寺)' 라는 명문이 있는 것으로 보아 이 관음상은 1002년(목종 5)에 제작된 것으로 판단된다. 중국 요(遼)의 침입에 시달렸던 고려가 외적을 물리치기 위하여 불사를 일으켜 천흥사를 창건하고 이 절에 봉안하였던 것으로 추측된다.

금동불의 높이는 127㎝, 연화대좌의 높이는 34㎝이다. 보관 높이는 13㎝로 화려하며 관머리에 아미타상이 있다. 어깨 넓이는 33㎝, 팔의 길이는 41㎝이다.

오른손에 감로수 병을 들고 있는데 감로수 병의 크기는 16㎝이다. 왼손에는 사람의 마음을 맑게 하는 청심환을 들고 있다. 일제강점기때 사금을 채취하던 사람들의 손에 의해 땅속에서 발견되어 일본인들이 매입하여 보관하였다가 세계 제2차 대전 말기 철물공출할 때 공출되었던 것을 임홍근 주지가 거두어 지금의 만일사에 봉안하였다고 전한다. 1984년에 문화재자료 제256호로 지정되었다.

성불사

■ 위치와 창건

성불사(成佛寺)는 천안시 안서동 106번지 태조산(太祖山) 청소년 야영장 동북쪽에 있는 대한불교조계종 제6교구 본사 마곡사의 말사이다.
성불사는 921년(고려 태조 4) 도선국사가 만일사와 더불어 창건하였다

성불사 절은 고려와 조선의 건국자 왕건과 이성계의 왕조 창업에 비보한 상징이다.

고 알려져 있다. 「만일사」편에서 서술한 바와 같이 백학 세 마리가 지금의 대웅전 뒤 암벽에 불상을 조각하다가 완성하지 못하므로 도선이 절을 짓고 성불사(成佛寺)라고 하였다고 전해지고 있다. 한편 절에서 전하는 또 다른 창건이 있다. 지금의 종각 뒤편 산등이를 약간 올라가면 의상대라고 불리는 곳이 있고, 청소년 야영장에는 원효대사의 토굴터로 전하는 곳이 있다. 이와 함께 도선의 마애불상 조상과는 다르게 의상대사가 조성하였다는 설이 있어 이 두가지를 종합하면 도선이 아닌 의상의 창건설로 보기도 한다는 것이다. 그 뒤에는 1002년(목종 5) 담혜(湛慧)가 왕명으로 중창하였다고 한다.

조선 초에는 1398년(태조 7) 태조 이성계(李成桂)가 무학 자초(無學自超, 1327~1405)의 권유에 따라 중건하고 성거산을 태조산으로 바꾸어 불렀다고 한다. 따라서 이 절은 고려와 조선 왕조의 건국자인 왕건(王建)과 이성계의 왕조 창업에 비보한 성지라고 할 수 있다.

의상대 절에는 의상대사가 수행하던 곳이라고 전해지는 의상대가 있다.

■ 성보문화재

가람 구성은 대웅전을 중심으로 조성되어 있는데, 대체적으로 그 사찰의 규모는 작은 편이다. 대웅전 본전에는 불상이 안치되어 있지 않고 뒤쪽 암벽에 완성되지 않은 입불(立佛)을 대신 모시고 있다.

현재의 전각으로는 대웅전·산령각·영각·종각 및 요사 등이 있으며, 요사 앞에는 800년 된 느티나무가 그루터기로만 남아 있다. 영각(影閣)은 지금으로부터 약 100년 전에 지은 건물로서 1998년에 고쳐서 늘려지었으나, 지금은 사용하지 않고 있다.

성불사는 1984년 충청남도문화재자료 제10호로 지정되었다.

● 대웅전

팔작지붕에 앞면 3칸, 옆면 2칸의 대웅전은 내부에 불단을 마련한 것이 아니라 유리창을 통해 뒤쪽 암벽에 조각된 입상을 주존불로 모시고 있는

대웅전내부 내부는 불상을 봉안하지 않고 유리창을 통해 암벽에 조각된 불상을 바라보게 만들었다.

산령각 1980년 초에 건립된 건물로 안에는 목각산신탱이 모셔져 있다.

특이한 구조이다. 1973년에 기존의 법당 건물을 중건한 것으로 알려지고 있다. 건물의 양식은 기단부가 매우 높은데, 주존불인 마애불과의 높이를 맞추기 위한 배려로 보인다.

안에는 지장보살·관음보살상이 봉안되었으며, 불화로는 1970년~1972년 사이에 조성한 칠성탱화·신중탱화·독성탱화·산신탱화가 있다. 그리고 1973년에 작성한 「성불사법당창건연화질」 현판 1매가 걸려 있다.

● 산령각

맞배지붕에 앞면과 옆면 각 1칸 규모로서, 1980년대 초에 세운 것이다. 안에는 목각산신탱이 봉안되어 있다.

● 마애불

대웅전 뒤쪽에는 'ㄷ'자 모양으로 된 자연암석이 있으며, 대웅전 쪽으로

마애불상
대웅전 뒤쪽 자연암석위에 새겨져 있다.
그 옆면에는 10여 점의
또 다른 불상군이 새겨져 있다.

향한 암석 정면에 미완성 입불상 1위가 배치되어 있다. 또한 그 입상의 좌측 벽에는 광배를 갖춘 좌불과 군상이 미완성 형태로 조각되어 있다.

이 미완성 입불은 대체적 외부 윤곽만 잡혀 있는 형태이며 규격은 하부 너비 80cm, 높이 210cm이다. 부조 방법은 입상의 외부를 모두 파내어 상을 부조시킨 형태이다. 분명하지는 않으나 외면으로 보아 오른손은 가슴께에 들어올린 형상으로 추정된다. 머리 부분은 육계를 갖추고자 한 흔적이 보인다.

또한 마애불 입상의 오른쪽 벽면에 조성된 마애불은 면의 왼쪽에 치우쳐 보주형 광배와 중대석이 생략된 연화대좌를 갖춘 좌불과 좌우 협시불을 새겼으며, 그 오른쪽 편에는 10체의 미완성 불상이 입상 또는 반가상 등의 형태로 조성되어 있다. 이들 군상은 좌불상 쪽에 치우쳐 또 다른 넓은 대좌 위에 전체가 모셔진 형상을 하고 있다. 좌불상의 크기는 높이 47cm이며, 좌불상의 연화대좌는 너비 50cm이다. 군상을 포함하는 넓은 대좌의 크기는 너비 160cm, 높이 40cm의 규모로서, 역시 중대석이 생략된 연화대좌로 표현되어 있다.
　좌불상을 제외한 좌우 협시불과 군상의 조각은 상의 외곽 주변만 파내어 부조한 방법으로 조성되었다. 군상은 20~30㎝ 안팎의 크기이다.
　이들 마애불은 'ㄷ'자 모양의 암석인데, 재질이 화강암이 아닌 편마암 계통이어서 세부 형태를 조성하기가 어려워 미완성에 그친 것으로 판단된다.

●기타

　산령각 아래에는 1961년에 조성한 성불사 중건기념비가 있다. 또한 대웅전 앞 오른쪽 계단 옆의 기단석에서는 혼재된 치석재(治石材) 1점이 확인되는데, 용도는 정확히 알지 못한다. 크기는 가로 64㎝, 세로 42㎝, 너비 12㎝이다.

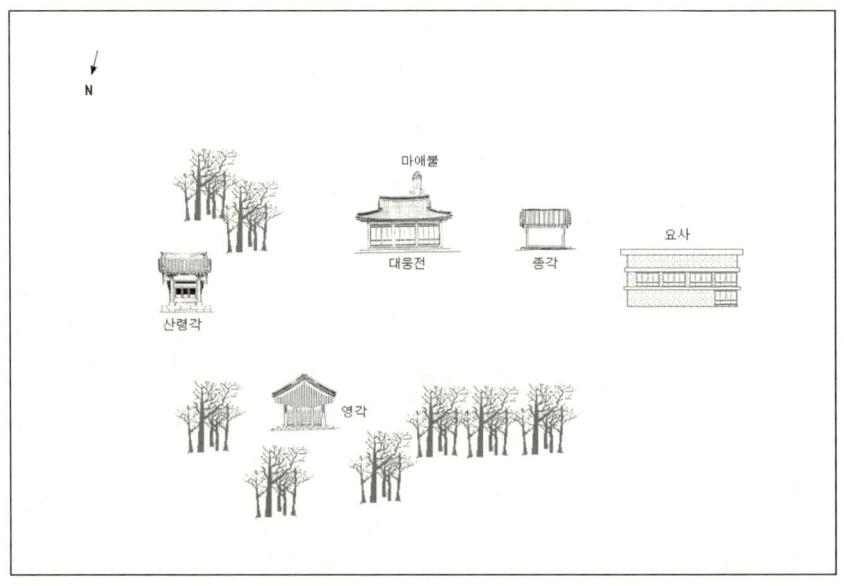

은석사

■ **위치 및 창건**

　은석사(銀石寺)는 천안시 북면 은지리 산1번지 은석산에 있는 대한불교 조계종 제 6교구 본사 마곡사의 말사이다.
　절은 목천면에서 병천 방향으로 약 4km 쯤 가게 되면 상랑골부락이 나

은석사　절 주변에는 오랜 기와편과 석축등이 남아 있어 옛 가람의 규모를 짐작케한다.

보광전여래좌상과 후불탱화 후불탱화는 함풍연간에 조성되었다.

오는데, 그곳에서 동북쪽으로 약간 더 들어가면 은지리 은석골이 나온다. 이 은석골에서 거리를 둔 은석산의 남쪽 계곡에 은석사가 자리하고 있다. 좁은 산길을 오르다 은석사 입구에 들어서면 갑자기 탁 트인 시야가 나온다. 절이 자리한 지역이 꽤 넓은데, 여기에 예전 사찰터가 자리하던 축대가 여러 단 남아 있다.

은석사는 신라 문무왕 때 원효(617~686) 스님이 창건하였다고 전한다. 그 뒤의 연혁은 알려진 게 없지만, 조선 중기에 편찬된 『신증동국여지승람』과 『범우고』에 절 이름을 볼 수 있어 조선시대에도 법등을 이어왔음을 알 수 있다. 그리고 일제 강점기에는 '은석사(隱石寺)'라고 불렸다.

한편 조선시대에서는 절에서 암행어사로 유명한 박문수(朴文秀, 1691~1756)의 묘를 지키는 일을 담당하고 있었던 듯하다. 묘 곁에는 박문수신도비, 그리고 묘 앞에 박문수를 봉안한 사당인 충헌사(忠憲祠)가 있다. 박문수 집안인 「고령박씨종중재실」에서 은석사까지 거리는 1.2km, 걸어서 약 30분 정도 걸리며, 박문수 묘에서 은석사까지 거리는 약 300m 정도이다.

절 내에 사대부의 사당이 지어진 사례는 안변 석왕사(釋王寺), 밀양 표

보광전제석천룡도
1927년에 조성된 불화로
상은과 도식 금어가 그렸다.

충사(表忠寺), 공주 동학사(東鶴寺), 부여 무량사(無量寺) 등에서 찾아 볼 수 있다. 조선 후기 사회에는 경제적으로 피폐해져, 국가에서 민중의 아픔을 달래며 부정 부패를 바로잡기 위하여 암행어사를 파견하였는데, 박문수는 파사현정(破邪顯正)의 암행어사로 지금까지 잘 알려져 있다.

■ 성보문화재

현재의 가람 규모는 인법당과 삼성각만 있는 단촐한 규모다. 그런데 지금 은석사가 들어서 있는 곳은 오래 전에 건물이 조성되어 있던 절터이다. 그래서 보광전 옆 등의 경내에 있는 각종 석재는 본래 있던 사찰에서 사용되었던 것으로 추정된다. 또한 사찰 주변에는 어골문(魚骨紋) 등의 문양 등이 새겨진 여러 기와 파편과 토기편 등이 흩어져 있다.

● 보광전

인법당인 보광전(普光殿)은 팔작지붕에 앞면 6칸, 옆면 3칸의 규모로서, 안에는 불단에 여래좌상이 봉안되었다. 그리고 불화로는 후불탱화와 신중탱화가 있다. 후불탱화는 화기가 많이 지워져 있어 정확한 연대는 모르지만 대략 1850~1860년대에 조성한 것이고, 신중탱화는 1927년에 상은(湘隱)·도식(道植) 금어가 그린 것으로서, 크기는 가로 106㎝, 세로 119.5㎝이다.

● 삼성각

맞배지붕에 앞면과 옆면 각 1칸씩의 규모로서, 안에는 칠성탱화·독성탱화·산신탱화가 봉안되어 있다.

관음암

■ 위치 및 창건

관음암(觀音庵)은 연기군 조치원읍 번암리 산2-4번지에 자리한 한국불교태고종 사찰이다.

관음암은 1934년에 창건된 것으로 전하며, 그 밖의 연혁은 거의 알려져

관음암   1934년에 창건된 단촐한 규모의 절이다.

있지 않다.
  최근에는 1979년 무렵 법당을 늘려지었고, 1987년 미륵불입상을 조성했으며, 1990년 지금의 요사를 중창했다. 현재 주지는 1950년 무렵부터 주석하고 있는 만산(萬山) 스님이다.

■ 성보문화재

  가람 구성은 법당과 요사 2동만 있는 단출한 규모이다.
  「관음암」편액이 걸려 있는 법당은 팔작지붕에 앞면 3칸, 옆면 2칸의 규모로서, 안에는 관음보살상이 주존으로 모셔져 있고, 그 밖에 칠성탱화·지장탱화·신중탱화·현왕탱화·독성탱화·산신탱화 등의 불화가 있다. 이 불화들은 전부 1960년에 조성한 것이다.

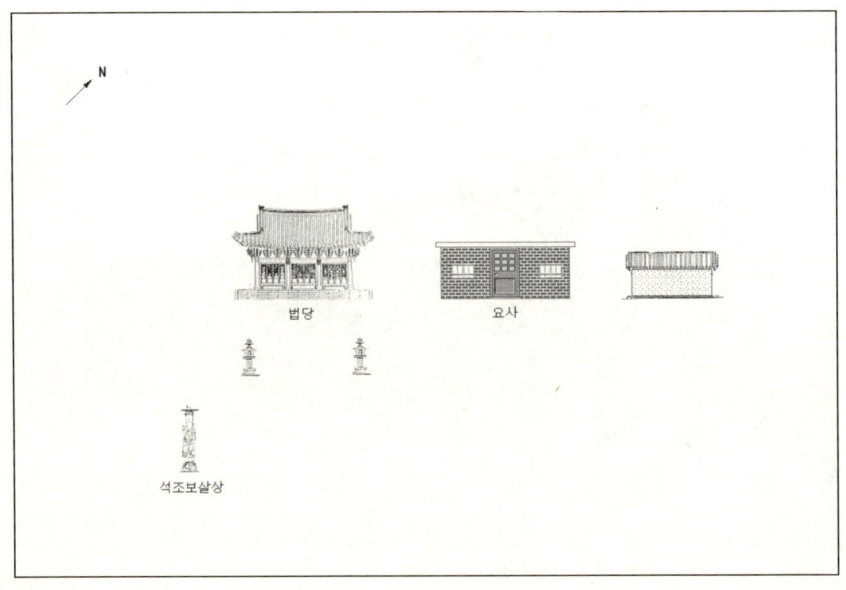

비암사

■ 위치 및 창건

　비암사(碑巖寺)는 연기군 전의면 다방리 4번지 운주산(雲住山)에 자리한 대한불교조계종 제6교구 본사 마곡사의 말사이다. 운주산은 조치원읍에서 서쪽으로 약 10㎞ 가량 되는 거리에 있는데, 조선시대에서는 비암산

비암사　운주산 아래 자리한 절은 백제시대에 창건된 것으로 전한다.

으로도 불렀다.

　전의면은 조선시대에서는 전의현(全義縣)이었는데, 삼국시대부터 지리적으로 백제의 웅진성(熊津城)이 있었던 공주와 인접하여 중요시 되었던 곳이다. 그리고 비암사에서 동북쪽으로 약 2km 거리에 있는 금성산(金城山)에는 삼국시대에 축조되었던 금성산성이 남아 있는 것으로 보아서는 군사적으로도 중요시 되었었음을 알 수 있다.

　절이 창건된 것은 백제 때로 알려지고 있으나 정확한 시기와 창건주는 알 수 없다. 그 뒤 통일신라시대 말에 도선 국사가 중창했는데, 고려이후의 연혁은 전하는 것이 없다. 다만 조선시대 후기에 지어진 전의현의 읍지인 『전역지(全域誌)』「사찰」조에, '비암사는 전의현 남쪽 20리 지점의 비암산 남쪽에 있다.'고 되어 있는 것을 보면 조선시대에서도 법등을 이어왔을 것으로 추정할 수 있다.

　현재 주지인 진우(眞雨) 스님이 1988년부터 주석하고 있는데, 최근에는 1991년 대웅전을 새로 지었다. 또한 1995년 극락보전을 보수하고 명부전·

극락보전　조선 후기의 다포계 건물. 충청남도 유형문화재 제79호.

산신각, 요사 2동을 새로 지었으며, 축대를 새로 쌓았다. 1996년에는 범종각을 새로 짓고 1997년 요사 1동과 주차장을 조성했으며, 1998년 돌담을 새로 쌓았다.

한편 경내 입구 계단 부근에 보호수로 지정된 느티나무가 있다. 높이 15m, 둘레 7.5m의 거목으로서 수령(樹齡) 약 810년이라고 한다. 이 느티나무는 마을에 흉년이 들 것 같으면 잎이 밑에서부터 위로 피고, 풍년이면 위에서 아래쪽으로 핀다고 전한다.

■ 성보문화재

비암사의 전각으로는 극락보전을 중심으로 대웅전·명부전·산신각·범종각, 그리고 반야다원(般若茶園)·설선당(說禪堂)·향적당(香積堂)을 비롯한 요사 등이 있다.

비암사에서는 1960년 극락보전 앞에 있는 삼층석탑의 정상부에서 통일신라 초기의 작품들로 추정되는 「계유명전씨아미타삼존석상」(국보 제106호), 「기축명아미타여래제불보살석상」(보물 제367호), 미륵보살반가석상(보물 제368호) 등 3점의 중요한 석상들이 발견된 바 있다. 이들 유물은 현재 국립청주박물관에 보관되어 있는데, 삼국시대와 통일신라를 잇는 중요한 석상들인 동시에, 옛날 비암사의 높았던 사격(寺格)을 말해주는 유물이기도 하다.

● 극락보전

팔작지붕에 앞면 3칸, 옆면 2칸의 규모로서 조선 후기에 건축된 건물이다. 1978년 12월 충청남도유형문화재 제79호로 지정되었다.

건축 양식은 조선 후기의 화려하고 장식적 요소가 가미된 다포계(多包

대웅전 석가모니불상을 중심으로 후불탱화와 지장탱화가 봉안되었다.

系) 건축물인데, 전내(殿內)에는 일명 당가(唐家)로도 부르는 닫집이 있고, 본존불로 아미타불좌상이 안치되어 있다. 불화로는 후불탱화를 비롯해서 칠성탱화·신중탱화·독성탱화·산신탱화가 있는데, 전부 1924년에 조성한 것이다.

● 대웅전

팔작지붕에 앞면과 옆면 각 3칸씩의 규모로서, 내부 불단에 석가불좌상이 봉안된 것을 비롯해서 후불탱화·지장탱화가 있다.

● 명부전

맞배지붕에 앞면 3칸, 옆면 1칸의 규모로서, 내부 불단에는 지장보살이 자리잡고 그 주위로 도명존자(道明尊者)와 무독귀왕(無毒鬼王)이 좌우에

계유명전씨아미타불삼존석상
국보 제106호. 국립청주박물관 보관.

서 협시하는 지장삼존상이 봉안되었다. 그리고 후불탱화로는 1995년에 조성한 지장탱화가 있다.

● 계유명전씨아미타불삼존석상

이 「계유명전씨아미타불삼존석상(癸酉銘全氏阿彌陀佛三尊石像)」은 통일신라시대 초기에 조성된 것으로서 재질이 흔치 않은 납석(蠟石, 곱돌)으로 되었다.

조성 형태를 보면, 장방형의 네 면석(面石) 각 면에 불상과 명문(銘文)을 조각한 비상(碑像) 형식이다. 정면 양쪽에 둥근 기둥을 세워 감형(龕形)을 이루고 그 가운데에 테를 두어 명문을 새겼으며, 그 안에 아미타삼존상을 양각하였다. 본존은 얼굴 대부분이 부서졌으나 단판(單瓣)에 복련(複蓮)의 수미좌(須彌座) 위에 결가부좌한 상으로서, 옷 끝은 밑으로 내려져 대좌의 반을 덮었고, 옷주름은 좌우대칭으로 표현되었으며, 통견(通

肩)의 불의(佛衣)를 비롯하여 의습(衣褶) 사이에 연주(聯珠)가 곁들여져 있다. 수인(手印)은 설법인(說法印)에 목에 삼도(三道)는 없는 듯하고, 머리에는 연화(蓮華)와 연주로 장식된 둥근 두광(頭光)이 있다.

본존 대좌 밑 좌우에는 안을 향하여 사자(獅子)를 배치하였는데, 바로 그 등 위치에는 복련 위에 시립(侍立)한 협시보살(脇侍菩薩)이 있다. 이 보살상 역시 얼굴은 모두 부서져 알아볼 수 없으나, 단판 연화가 있는 원광(圓光)의 두광이 있고, 목에는 가슴까지 늘어진 짧은 목걸이와 무릎까지 내려오는 긴 영락(瓔珞)이 걸쳐져 있다. 자세는 정면으로 꼿꼿이 서 있고, 천의(天衣)는 측면에서 길게 늘어져 연대(蓮臺)에 이르러 앞면에서 X자로 교차되었다.

본존과 협시보살의 어깨 사이에는 원광이 있는 나한상(羅漢像)이 얼굴만 내밀고 있는데, 손상이 심하다. 협시상 좌우에는 인왕상(仁王像)이 연대 위에 시립해 있는데, 반라(半裸)의 상반신에 짧은 목걸이와 아랫배에서 원반(圓盤)을 거쳐 교차되는 긴 목걸이가 걸쳐져 있다.

이 여러 상들 밑에는 단판의 큰 연판(蓮瓣) 9엽(葉)이 각출(刻出)되어 있는데, 이들은 모두 고부조(高浮彫)되어 있다. 윗부분은 1단 낮게 보주형(寶珠形) 거신광(擧身光)이 2중으로 있으며, 안의 것은 삼존불을 싸고 있다. 불상 주위를 연주로 돌린 가운데에는 화염(火焰) 속에 5체의 화불(化佛)이 있고, 밖에는 9체 비천(飛天)이 있다. 그리고 상단(上端) 좌우 간지(間地)에는 한층 더 낮추어 인동문(忍冬紋)과 탑을 받든 비천을 넷씩 배치하였다. 두 측면에는 아래위 2단에 각각 2체씩 연경(蓮莖)으로 이어진 복련 위에 악기를 연주하는 주악천인좌상(奏樂天人坐像)이 있고, 하단(下端)에는 앞쪽을 향한 용두(龍頭)가 조각되었으며, 간지에 명문이 새겨져 있다.

뒷면은 4단을 이루고, 단마다 5체씩의 작은 좌불(坐佛)이 안치되었으며, 간지에는 사람 이름이 새겨져 있다. 바닥에 장방형의 촉이 있는 것을 보면, 따로 대석(臺石)이 마련되어 있었던 것으로 짐작된다.

이 상의 조각은 정교 세밀하며 장엄을 다하였고, 세부 양식에 있어서도

기축명아미타불제불보살석상
보물 제367호. 국립청주박물관 보관.

고식(古式)을 남기고 있는 점이 국보 제108호 「계유명삼존천불비상(癸酉銘三尊千佛碑像)」과 비슷하다. 이러한 양식과 명문에 의하여, 조성년대는 신라 통일 직후인 673년(문무왕 13)으로 추정되고 있다.

이 석상은 다른 두 점의 석상과 함께 1960년 9월 비암사에서 발견되었고, 1962년 12월 국보 제106호로 지정되었으며, 현재 국립청주박물관에 보관되어 있다. 크기는 전체 높이 40.3cm이다.

● 기축명아미타불제불보살석상

이 기축명아미타여래제불보살석상(己丑銘阿彌陀佛諸佛菩薩石像)은 전체 높이 56.9cm로서, 비암사에서 발견된 3점의 비상(碑像) 가운데 가장 큰 석상인데, 다른 두 점과는 달리 위로 올라가면서 두께가 얇아지고 있다. 전체 형태는 마치 주형(舟形) 광배처럼 생겼는데, 4면 중 앞면에만 조각이 있고 뒷면에는 4줄의 명문(銘文)이 새겨져 있다.

이 석상 역시 여러 불보살상을 전면 가득히 조각하였는데, 『아미타경(阿彌陀經)』에서 설하고 있는 극락세계를 구현하려는 듯 보다 도상적(圖像的)으로 구성되어 마치 변상도(變相圖)와도 같다는 느낌을 준다.

석상 하단에는 단판(單瓣)의 연화좌가 돌려져 있고, 그 위에 난간과 계단, 다시 그 위에 연못이 있는데, 연못은 파상문(波狀紋)으로 수면을 표현했다. 그리고 난간 좌우에는 사자(獅子)가 마주보고 있고 보계(寶髻) 좌우에는 연꽃 위에서 합장하는 화생(化生)을 새겼다. 연못 중앙에는 연꽃이 솟아났는데 그 위 가지가 갈라진 곳 중앙에 본존이 앉아 있다.

중앙의 좌상은 비교적 크게 조성되었는데, 불의는 통견(通肩)이며 육계(肉髻)가 있고 가슴에 만(卍)자가 새겨져 있다.

본존 좌우의 보살상은 보관을 썼고 장엄구가 세밀하게 조각되었으며, 본존과 보살상 사이에 상반신만 표현된 나한상(羅漢像) 1구씩이 있다.

불보살상 위로는 연화좌 위에 앉은 5위의 화불(化佛)이 있고, 다시 그 위로는 주연(周緣)을 따라서 불좌상 7위가 있다. 그리고 이 불상들 사이에는 나무의 가지와 잎 등이 표현되었으며, 연주(聯珠)와 영락(瓔珞)이 역시 장엄하게 장식되었다.

뒷면에는 「己丑年二月十五日 此爲七世父母及□□□阿彌陀佛諸佛菩薩像敬造」의 명문이 있어, 제작시기를 통일신라 직후인 689년(신문왕 9)으로 추정하고 있다.

보물 제367호로 지정되었으며, 현재 국립청주박물관에 보관되어 있다.

● 미륵보살반가석상

이 미륵보살반가석상(彌勒菩薩半跏石像)은 비암사에서 발견된 석상 가운데 크기가 가장 작은 상인데, 네 면에 모두 조각이 있으나 주된 장면은 앞면이다. 맨 윗부분의 옥개(屋蓋)와 아래에 있는 대좌가 전부 한 돌로 이루어져 있으며, 네 귀에는 둥근 기둥 모양을 새겨서 감실(龕室)을 만들

미륵보살반가석상
보물 제368호. 국립청주박물관 보관.

었다. 앞뒷면은 T자형이며, 옆면은 위로 올라갈수록 좁아진다.

앞면 중앙에는 전체 가득히 보살상 1위만을 조각했는데, 사각형 대좌에 반가좌로 앉아 사유하고 있는 이른바 반가사유상(半跏思惟像)이다. 보관을 썼으며 목걸이·두광 등의 장엄구가 장식되었고, 천의는 두 팔에 걸쳐서 길게 대좌에 이른다. 머리 위에는 천개(天蓋)가 새겨졌고, 다시 그 위에 보주(寶珠)와 영락이 장식되었다.

아래 면은 둥근 구형(球形)인데, 중앙에 역시 둥근 꽃병을 놓고 그 좌우에 꿇어앉은 모습의 승려·공양상 등이 있다.

윗면은 나뭇잎이 엉긴 지붕이 있고, 지붕을 받치는 둥근 기둥이 있는데, 기둥머리와 기둥 중간 사이를 꽃무늬로 장식하였다.

옆면에는 좌우에 각각 같은 모양의 연화좌 위에 서있는 보살상을 1위씩 조각했다. 그 아래에는 윗면처럼 꿇어앉은 공양상 1위가 새겨졌는데, 보살입상이나 공양상이 전부 앞면을 향하고 있어서 마치 앞면에 새겨진 반가상을 중심으로 삼존상 형식으로 조각된 느낌을 갖게 한다.

뒷면은 곡면을 이루었는데, 보탑(寶塔) 1기만을 새겨 넣었다.

삼층석탑
고려시대 제작된 것으로 추정되는 석탑.
충청남도유형문화재 제119호.

    이 석상은 전체적 구성으로 볼 때 삼국시대에 유행된 미륵신앙을 배경으로 발달했던 반가사유상 양식을 띠고 있다는 점에서 중요한 의미를 갖는다. 그리고 그 제작시기는 조각 수법으로 볼 때 「계유명전씨아미타불삼존석상」과 마찬가지로 673년으로 추정한다.
    보물 제368호로 지정되었으며, 현재 국립청주박물관에 보관되어 있다.

● 비암사 삼층석탑

    현재 비암사 경내에 있는 이 석탑은 전체적으로 균형이 잡혀 안정감을 주는데, 기단부에 없어진 부분을 보완하여 1982년에 복원하였다. 탑의 기단부는 여러 매의 판석(板石)을 맞춰 지대석(地臺石)을 만들고, 기단면석(面石)에는 우주(隅柱)와 탱주(撑柱)를 새겼다. 탑신부의 탑신과 옥개는 별석(別石)으로서, 탑신 각 면에 우주가 있고, 옥개받침은 4단이다. 옥개석의 전각(轉角)이 날카로워 낙수면(落水面)과 우동(隅棟)은 날렵한 맛을 준다. 상륜부(相輪部)는 노반(露盤)만을 제외하고 전부 없어졌다. 화강암으로 만든 이 탑은 고려시대에 제작된 것으로 추정된다.

1985년 7월 충청남도유형문화재 제119호로 지정되었다.

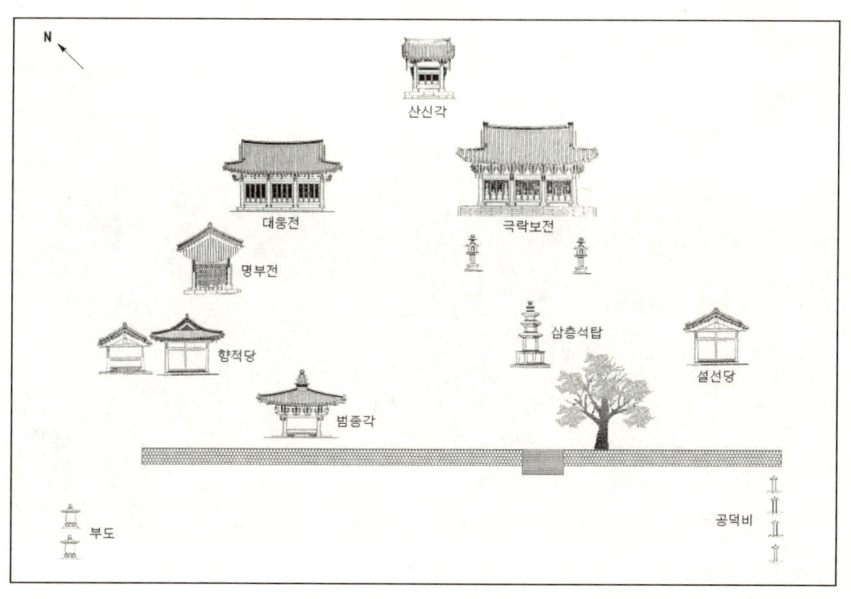

성불사

■ 위치 및 창건

성불사(成佛寺)는 연기군 전의면 양곡리 산11번지에 자리한 한국불교태고종 사찰이다. 절은 양곡리 가느실 부락에서 동쪽으로 약 150m 가량 올라간 산기슭에 있다.

성불사 부근 절터에서는 조선시대 중기의 기와편 등이 출토된다.

성불사는 1900년(광무 4)에 창건된 것으로 전한다. 그러나 성불사에서 약 50m 쯤 밑으로 내려와 비스듬하게 경사진 곳에 있는 옛 절터에서 조선시대 중기의 기와편과 백자편이 출토된 바 있어, 적어도 그 무렵에 사찰이 존속해 있었음을 알 수 있다.

■성보문화재

　현재 성불사에는 법당·산신각, 요사 3동 등의 건물이 있다.
　북동쪽, 경내 위쪽에 자리한 법당은 팔작지붕에 앞면 4칸, 옆면 1칸의 규모로서 안에는 아미타삼존불상과 지장보살상이 봉안되어 있다. 불화로는 아미타후불탱화와 지장탱화, 그리고 칠성탱화와 신중탱화가 있다. 지장탱화는 크기가 가로 143㎝, 세로 159㎝로서 조선시대 후기에 조성한 것이며, 칠성탱화·신중탱화는 1984년에 조성했다. 그 밖에 동종이 하나 있다.
　경내 가운데 요사 옆에 자리한 산신각은 맞배지붕에 앞면과 옆면 각 1칸 규모의 현대식 건물로서, 안에는 산신상과 산신탱화가 있다.

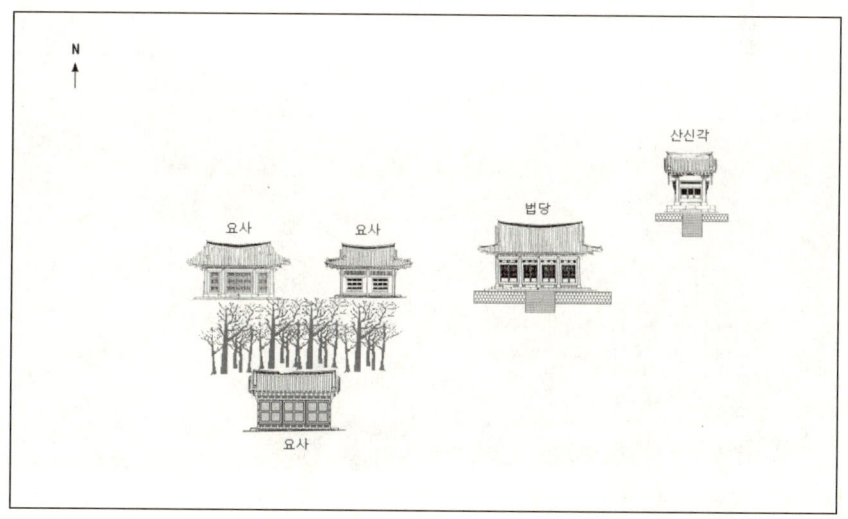

신광사

■ 위치 및 창건

　신광사(新光寺)는 연기군 조치원읍 신안리 139번지 노적산(露積山)에 자리한 재단법인 선학원 사찰이다.
　신안리에 홍익대학교 산업대학이 있는데, 그 북쪽에 토골 마을이 있고,

신광사　수양사라는 이름으로 중창되었다가 최근 신광사로 고쳐 불리고 있다.

석조약사여래좌상
목 부분은 파손되어 최근 새로 조성하였다.

토골 마을 뒷산인 야트막한 노적산 중턱에 절이 위치해 있다.

절은 1920년 신도인 방(房)씨가 창건했다. 그러나 1950년의 한국전쟁으로 당우가 전부 소실되었고, 1970년 무렵 지금의 주지인 혜원(惠圓) 스님이 「수양사」라는 이름의 한국불교태고종 사찰로 중창했다. 1977년 요사를 새로 지었고, 1994년 대웅전·삼성각 및 또다른 요사를 중건했다. 근래에 신광사로 절 이름을 고치면서 선학원 사찰로 등록했다.

■성보문화재

현재 신광사 가람 배치는 대웅전·삼성각·요사 2동 등으로 구성되어 있다.

대웅전은 팔작지붕에 앞면과 옆면 각 3칸씩의 규모로서, 안에는 석가불좌상과 목각후불탱, 그리고 신중탱화가 봉안되어 있다. 불화는 둘 다 1981년에 조성한 것이다. 또한 요사 안에도 가로 53cm, 세로 96cm 크기의 조선시대 후기에 조성한 독성탱화가 있다.

한편 경내에는 노천에 약사여래좌상과 석불상이 자리하고 있다. 석불상은 대웅전 옆에 있는데, 현재 두상과 가슴 일부만 남아 있고, 나머지는 파손되었다. 조선시대 후기에 조성했다고 한다. 약사여래좌상은 한 신도가 기증한 것인데, 목 부분은 파손되어 근래에 새로 조성했다. 절에서 전하기로는 지금으로부터 약 1,300년 전에 봉안되었던 불상이라고 한다.

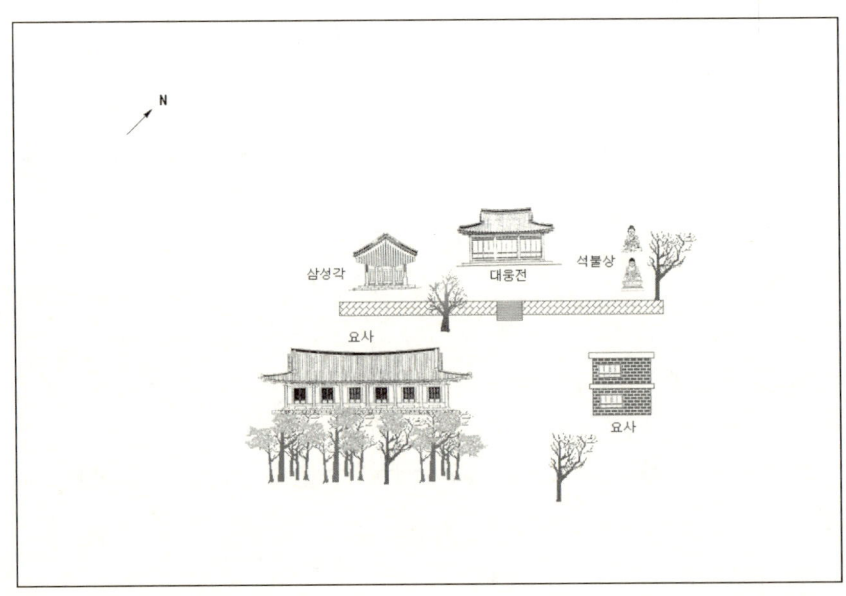

연화사

■ 위치 및 창건

연화사(蓮花寺)는 연기군 서면 월하리 1047번지에 자리한 한국불교태고종 사찰이다.

연화사가 언제 창건되었는지는 문헌 등이 남아 있지 않아서 고증되지

연화사 7세기의 불비상 두점이 남아 있어 절의 오랜 역사를 말해준다.

는 않지만, 연화사에서 발견된 무인명석불상부대좌 및 칠존석불상 등 7세기의 불비상(佛碑像)으로 미루어 볼 때 백제시대에 창건되었을 가능성이 있다. 그러나 한편으로는 1893년(고종 30) 홍문섭이 창건했다는 이야기도 전한다.

그러나 그 밖의 연혁에 대해서는 거의 알려져 있지 않다. 최근에는 1999년 경내에 오층석탑과 석등을 조성했다.

■ 성보문화재

연화사 가람배치는 법당과 산신각만으로 구성된 단출한 규모를 하고 있다.

법당은 맞배지붕에 앞면 3칸, 옆면 2칸의 규모로서 안에는 보물 제649호로 지정된 무인명석불상부대좌와 보물 제650호로 지정된 칠존석불상이 봉안된 것을 비롯해서, 아미타후불탱화・관음탱화・지장탱화・신중탱화가 있다.

● 무인명석불상부대좌

이 무인명석불상부대좌(戊寅銘石佛像附臺座)는 뒤에서 살펴볼 칠존석불상과 마찬가지로 사면불비상으로서, 678년에 조성된 것으로 추정되는 귀중한 작품이다.

비상(碑像)의 신부(身部)는 사각형의 대좌 위에 서 있는 비신(碑身) 형태인데, 정상부로 보아 옥개석을 올려놓았던 것이 분명하다. 비신 아래에 있는 촉은 현 대좌와는 맞지 않으므로 본래의 대좌로 볼 수는 없지만, 앙련(仰蓮)과 복련(覆蓮)으로 구성된 사각형 대좌는 같은 종류의 비상 대좌로 생각된다.

무인명석불상부대좌
보물 제649호.

앞면에는 연꽃 줄기 위의 대좌에 앉은 본존불과 좌우에 서 있는 보살상 및 제자상이 각각 새겨져 있는 5존불 구도를 보여주고 있다. 본존불은 마멸로 얼굴이 불분명하지만 건장한 신체, 두꺼운 통견, U자형의 굵은 주름 등은 뒤에서 살펴볼 칠존석불상과 함께 이른바 연기비상(燕岐碑像)의 특징을 잘 나타내고 있는 것이다.

뒷면에는 반가사유상이 양각으로 표현되었는데 좌우에 공양보살상이 꿇어 앉은 삼존구도를 보여 준다. 얼굴들은 역시 마멸되어 잘 알 수 없지만 다소 딱딱한 형태와 자세는 비암사(碑岩寺) 반가사유상과 일치하고 있다. 둥근 연꽃 형태의 광배와 연꽃 줄기 위의 연꽃대좌, 머리 위쪽의 장막형(帳幕形) 등은 7세기의 고졸한 장식 경향을 잘 나타내고 있다.

좌우 측면에는 상하로 나누어 위쪽에는 선정인(禪定印)을 한 불상을, 아래쪽에는 「戊寅年七月七日□□□ 其家□狀□□□□□□一切衆生敬造阿彌他佛□勒□」 등의 조상기(造像記)가 새겨져 있는데, 아마도 사면사방불(四面四方佛)을 의도해서 조성한 것으로 추정된다. 현재 연화사 법당에

연화사 369

칠존석불상
보물 제650호.

칠존석불상과 함께 봉안되어 있으며, 1978년 12월 보물 제649호로 지정되었다.

● 칠존석불상

이 칠존석불상(七尊石佛像)은 연화사에서 함께 발견된 「무인명 사면불비상」과 함께 678년(문무왕 18) 무렵에 조성된 것으로 추정되는 신라 불비상(佛碑像)의 하나다.

겹잎연꽃무늬 기대(基臺) 위에 광배형(光背形) 비신(碑身)이 있는데, 앞면 전체에 걸쳐 양각으로 상을 새겼다. 연꽃 줄기 위에 본존불이 앉아 있고, 좌우 연꽃 줄기 위에 협시보살이 서 있으며, 협시보살 좌우에 제자상(弟子像)·인왕상(仁王像) 2위가 각각 서 있다. 인왕상의 발 밑에는 각각 사자(獅子)가 앉아 있으며, 광배 전면에 걸쳐 불꽃무늬와 화불(化佛)

5위가 새겨져 있다.

 본존불은 얼굴이 마멸되었지만 당당한 신체, 두꺼운 통견(通肩), 배의 U자형 굵은 옷주름 등이 다른 비상들과 비슷한 모습이다. 가슴의 띠매듭이나 둥근 광배의 연꽃무늬 등에서는 백제양식이 엿보이는데, 그러한 백제 양식은 좌우 협시보살의 치마주름이나 X자형 옷자락, 세장(細長)한 신체 등에서도 잘 나타나고 있다. 그뿐 아니라 사자와 인왕상들도 고졸한 특징을 보여주고 있어서, 신라의 삼국통일 직후 백제의 유민(遺民)들에 의해서 조성된 것임을 알 수 있다.

 현재 연화사 법당 안에 봉안되어 있으며, 1978년 12월 보물 제650호로 지정되었다.

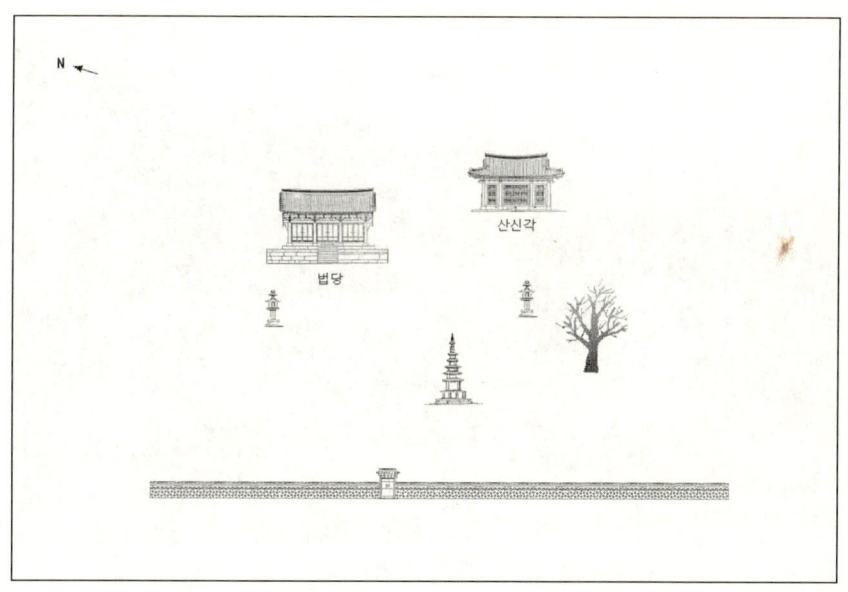

황룡사

■ 위치 및 창건

　황룡사(黃龍寺)는 연기군 동면 명학리 226번지 황우산(黃牛山) 중턱에 자리한 한국불교태고종 사찰이다.
　사찰의 창건연대는 확실하지 않으나, 조선 중기 당쟁(黨爭)을 피해 이

황룡사　1985년 법인 스님에 의해 대웅전 요사 등이 새로 지어졌다.

황소바위 절의 경내에는 편히 쉬고 있는 소의 모습을 지닌 황소바위가 있다.

곳으로 낙향한 황희(黃喜, 1363~1462)의 후손들이 나라의 태평성대와 가문의 번창을 기원하기 위한 원찰(願刹)로 창건되었다고 전한다. 그 뒤 황희 후손들이 대대로 사찰을 가꾸어왔으나, 어느 때인가 퇴락되면서 폐허가 되었다.

근대에 와서는 역시 황희의 후손인 진허 현명(震虛賢明) 스님이 1935년 관음전·산신각·요사 등을 지으면서 중창되었다.

근래에는 현재의 주지인 법인(法印) 스님이 1985년에 대웅전·요사 등을 새로 지었으며, 1992년 스리랑카로부터 진신사리 1과를 모셔와 삼층석탑을 세우고 봉안하였다. 최근 석가불·비로자나불·노사나불의 삼신불(三身佛)을 조성하여 봉안했으며, 현재 천불전 조성 불사를 하고 있다. 그리고 앞으로는 설법전·강원·선방 등을 새로 지을 계획이라고 한다.

● 황우재와 황우산

황룡사가 자리한 명학리는 예로부터 일명 황우재로 불렸다. 그리고 이

야외천불전 최근 삼신불 조성과 함께 천불전 조성 불사가 진행되고 있다.

곳은 조선시대 초기 명재상으로 유명했던 황희의 후손이 모여 사는 장수 황씨의 집성촌이기도 하다.

그런데 이곳의 지형은 소가 밭을 가는 행우경전(行牛耕田) 형으로서, 황우산의 상징인 황소로 밭을 갈게 하기 위하여 황우재「黃牛峙」에서 출발하여 잿절, 곧 황우산 주위에 있는 마을로 가서 쟁기를 챙기고, 보석굴에 가서 봇줄(쟁기줄)을 갖추고 생지울에 가서 소에게 여물을 먹이고, 원당에 가서 물을 먹인 다음, 다시 황우재로 돌아와 밭을 갈고 난 다음에 지금의 황룡사 터인 평탄안(平坦案)에 누워 편안히 쉬고 있는 형국이라고 한다. 또한 용과 거북이가 동서로 문을 지키고 있는 용구한문(龍龜捍門)의 형세를 한 명당자리라고도 한다.

이러한 전설을 뒷받침이라도 하듯이 현재 황룡사 경내에는 높이 2m가 넘는 자연석으로 된 와우형(臥牛形)의 커다란 바위, 일명 '황소바위'가 있어 신비로운 느낌을 주고 있다.

■ 성보문화재

　현재 절에는 대웅전과 관음전·진영각, 그리고 요사인 와우당(臥牛堂) 등의 건물이 있다.
　경내 노천에는 삼신불과 관음보살입상, 그리고 진신사리탑이 있다. 관음보살입상은 1920년대에 조성한 것으로 추정한다.
　대웅전은 팔작지붕에 앞면 5칸, 옆면 3칸의 규모로서, 안에는 석가삼존불상과 후불탱화·지장탱화·칠성탱화·신중탱화·산신탱화 등이 봉안되어 있다. 불화는 대부분 1987년에 조성한 것이다.
　관음전은 팔작지붕에 앞면 3칸, 옆면 2칸의 규모로서, 안에는 관음보살좌상과 후불탱화·신중탱화가 있다.
　진영각은 맞배지붕에 앞면과 옆면 각 1칸씩의 규모로서, 안에는 1935년 황룡사를 중창한 진허 현명 스님의 영정이 있다.

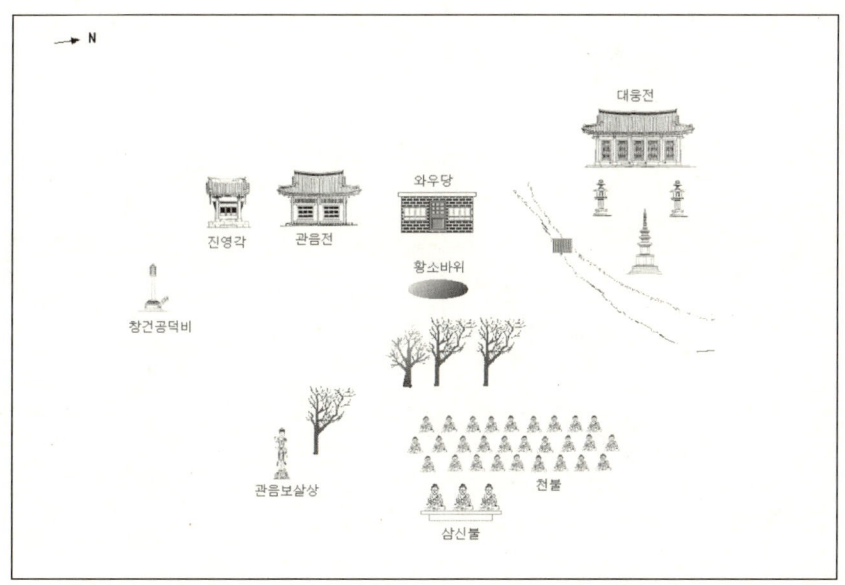

부 록

불교 지정 문화재

1. 국보

유 물 명	소 재 지	지정번호
홍경사비갈	천안시 성환읍 대홍리	국보 7
성주사지 낭혜화상백월보광탑비	보령시 미산면 성주리	국보 8
부여 정림사지 오층석탑	부여군 부여읍 동남리	국보 9
금동미륵보살반가사유상	국립부여박물관	국보 83
비암사 계유명삼존석상	국립청주박물관	국보 106
계유명삼존천불비상	국립공주박물관	국보 108
공주의당금동보살입상	국립공주박물관	국보 247
부여능산리출토 백제금동대향로	국립부여박물관	국보 287
금동관세음보살	국립부여박물관	국보 293
갑사 삼신불괘불탱	공주시 갑사	국보 298
신원사 노사나불괘불탱	공주시 계룡면 양화리	국보 299

2. 보물

유 물 명	소 재 지	지정번호
성주사지 오층석탑	보령시 미산면 성주리	보물 19
성주사지 중앙삼층석탑	보령시 미산면 성주리	보물 20
성주사지 서삼층석탑	보령시 미산면 성주리	보물 47
천흥사지 당간지주	천안시 성거면 천흥리	보물 99
보광사 중창비	부여군 부여읍 동남리	보물 107

유 물 명	소 재 지	지정번호
부여 정림사지 석불좌상	부여군 부여읍 동남리	보물 108
공주 중동 석조	국립공주박물관	보물 148
공주 반죽동 석조	국립공주박물관	보물 149
공주 반죽동 당간지주	공주시 반죽동	보물 150
부여 장하리 삼층석탑	부여군 장암면 장하리	보물 184
무량사 오층석탑	부여군 무량사	보물 185
금동석가여래입상	국립부여박물관	보물 196
대조사 석조미륵보살입상	부여군 대조사	보물 217
관촉사 석조미륵보살입상	논산시 은진면 관촉리	보물 218
개태사 삼존석불입상	논산시 개태사	보물 219
관촉사 석등	논산시 은진면 관촉리	보물 232
무량사 석등	부여군 무량사	보물 233
갑사 철당간 및 지주	공주시 갑사	보물 256
갑사 부도	공주시 갑사	보물 257
부여 군수리사지 석조여래좌상	국립부여박물관	보물 329
부여 군수리사지 금동보살입상	국립부여박물관	보물 330
천흥사지 오층석탑	천안시 성거면 천흥리	보물 354
무량사 극락전	부여군 무량사	보물 356
비암사 기축명보살석상	국립청주박물관	보물 367
비암사 미륵보살반가석상	국립청주박물관	보물 368
광덕사 고려사경	천안시 광덕사	보물 390
천안 삼대리 마애불	천안시 풍세면 삼대리	보물 407
쌍계사 대웅전	논산시 쌍계사	보물 408

유 물 명	소 재 지	지정번호
갑사 동종	공주시 갑사	보물 478
갑사소장 월인석보판목	공주시 갑사	보물 582
연화사 무인명 사면석불 및 부대좌	연기군 연화사	보물 649
연화사 칠존석불상	연기군 연화사	보물 650
마곡사 오층석탑	공주시 마곡사	보물 799
마곡사 영산전	공주시 마곡사	보물 800
마곡사 대웅보전	공주시 마곡사	보물 801
마곡사 대광보전	공주시 마곡사	보물 802
공주 서혈사 석불좌상	국립공주박물관	보물 979
광덕사 소장 면역사패 교지	천안시 광덕사	보물 1246
광덕사 조선시대 사경	천안시 광덕사	보물 1247
마곡사 석가모니괘불탱	공주시 마곡사	보물 1260
광덕사 노사나불괘불탱	천안시 광덕사	보물 1261
무량사 미륵불괘불	부여군 무량사	보물 1265
청량사지 오층석탑	공주시 동학사	보물 1284
청량사지 칠층석탑	공주시 동학사	보물 1285

3. 사적

유 물 명	소 재 지	지정번호
군수리사지	부여군 부여읍 군수리	사적 44
정림사지	부여군 부여읍 동남리	사적 301
성주사지	보령시 미산면 성주리	사적 307

4. 유형문화재

유 물 명	소 재 지	지정번호
신안사 대웅전	금산군 신안사	유형 3
마곡사 동제 은입사향로	공주시 마곡사	유형 20
부여 세탑리 오층석탑	부여군 초촌면 세탑리	유형 21
부여 현내리 부도	부여군 석성면 현내리	유형 22
금성산성 석불좌상	부여군 부여읍 동남리	유형 23
부여 석목리 석조비로자나불좌상	부여군 부여읍 석목리	유형 24
김시습 부도	부여군 무량사	유형 25
성주사지 동삼층석탑	보령시 미산면 성주사지	유형 26
부여 홍량리 오층석탑	부여군 홍산면 홍량리	유형 29
신원사 오층석탑	공주시 신원사	유형 31
보령 수부리 귀부 및 이수	보령시 웅천면 수부리	유형 32
성주사지 석등	보령시 미산면 성주리	유형 33
개태사지 석조보살상	논산시 용화사	유형 39
공주 동원리 석탑	공주시 신풍면 동원리	유형 49
갑사 석조약사여래입상	공주시 갑사	유형 50
갑사 석조보살입상	공주시 갑사	유형 51
갑사 사적비	공주시 갑사	유형 52
관촉사 배례석	논산시 관촉사	유형 53
논산 신풍리 마애불상	논산시 부적면 신풍리	유형 54
논산 덕평리 석조여래입상	논산시 부적면 덕평리	유형 55
무량사 당간지주	부여군 무량사	유형 57
용화사 석조여래입상	천안시 목천면 동리	유형 58

유 물 명	소 재 지	지정번호
논산 탑정리 석탑	논산시 부적면 탑정리	유형 60
공주 오룡리 귀부	공주시 이인면 오룡리	유형 61
마곡사 동종	공주시 마곡사	유형 62
김시습영정	부여군 무량사	유형 64
고산사 대웅전	대전시 고산사	유형 74
비암사 극락보전	연기군 비암사	유형 79
신원사 대웅전	공주시 신원사	유형 80
광덕사 부도 4기	천안시 광덕사	유형 85
은진 관촉리 비로자나석불입상	논산군 논산읍 관촉리	유형 88
연산 천호리 비로자나석불	논산군 연산면 천호리	유형 91
공주 상화리 당간지주	공주시 반포면 상화리	유형 94
갑사 강당	공주시 갑사	유형 95
공주 가척리 석탑	공주시 탄천면 가척리	유형 98
무량사 오층석탑 출토유물	부여군 무량사	유형 100
갑사 대웅전	공주시 갑사	유형 105
갑사 대적전	공주시 갑사	유형 106
신안사 극락전	금산군 신안사	유형 117
비암사 삼층석탑	연기군 비암사	유형 119
광덕사 삼층석탑	천안시 광덕사	유형 120
마곡사 심검당 및 고방	공주시 마곡사	유형 135
부여 홍산 상천리 마애불입상	부여군 홍산면 상천리	유형 140
보석사 대웅전	금산군 보석사	유형 143
장곡사 설선당	청양군 장곡사	유형 151

5. 기념물

유 물 명	소 재 지	지정번호
부여 금강사지	부여군 은산면 금공리	기념물 31
부여 호암사지	부여군 규암면 호암리	기념물 32
부여 왕흥사지	부여군 규암면 신리	기념물 33
부여 임강사지	부여군 부여읍 현북리	기념물 34
공주 남혈사지	공주시 금학동	기념물 35
공주 수원사지	공주시 옥룡동	기념물 36
공주 서혈사지	공주시 웅진동	기념물 37
공주 주미사지	공주시 금학동	기념물 38
공주 구룡사지	공주시 반포면 상신리	기념물 39
개태사지	논산시 연산면 천호리	기념물 44
부여 용정리사지	부여군 부여읍 용정리	기념물 48
동남리사지	부여군 부여읍 동남리	기념물 50
동남리 전 천왕사지	부여군 부여읍 동남리	기념물 53
부여 보광사지	부여군 임천면 가신리	기념물 98

6. 민속자료

유 물 명	소 재 지	지정번호
개태사 철확	논산시 개태사	민자 1

7. 문화재자료

유 물 명	소 재 지	지정번호
성불사	천안시 성불사	문자 10

유 물 명	소 재 지	지정번호
삼룡리 삼층석탑	천안시 삼룡동	문자 11
태고사 대웅전	금산군 진산면 향정리	문자 27
대곡리 삼층석탑	연기군 전의면 대곡리	문자 42
송용리 마애불	연기군 동면 송용리	문자 43
영은사 대웅전	공주시 영은사	문자 51
갑사 표충원	공주시 갑사	문자 52
갑사 삼성각	공주시 갑사	문자 53
갑사 팔상전	공주시 갑사	문자 54
갑사 중사자암지 삼층석탑	공주시 갑사	문자 55
영규대사비	공주시 갑사	문자 56
동학사 삼성각	공주시 동학사	문자 57
동학사 삼층석탑	공주시 동학사	문자 58
마곡사 천왕문	공주시 마곡사	문자 62
마곡사 국사당	공주시 마곡사	문자 63
마곡사 명부전	공주시 마곡사	문자 64
마곡사 응진전	공주시 마곡사	문자 65
마곡사 해탈문	공주시 마곡사	문자 66
천진보탑	공주시 갑사	문자 68
관촉사 석문	논산시 관촉사	문자 79
쌍계사 부도	논산시 쌍계사	문자 80
송불암 미륵불	논산시 송불암	문자 83
태안사 옥석불	금산군 태안사	문자 85
금암리 오층석탑	부여군 규암면 금암리	문자 88

불교 지정 문화재 385

유 물 명	소 재 지	지정번호
화성리 오층석탑	부여군 화암사	문자 89
대조사 삼층석탑	부여군 대조사	문자 90
고란사	부여군 고란사	문자 98
동남리 석탑	국립부여박물관	문자 104
동사리 석탑	국립부여박물관	문자 121
보령리 오층석탑	보령시 주포면 보령리	문자 139
성주사지 석계단	보령시 성주면 성주리	문자 140
광덕사 대웅전	천안시 광덕사	문자 246
광덕사 천불전	천안시 광덕사	문자 247
만일사 법당	천안시 만일사	문자 250
광덕사 석사자	천안시 광덕사	문자 252
광덕사 부도	천안시 광덕사	문자 253
만일사 오층석탑	천안시 만일사	문자 254
만일사 마애불	천안시 만일사	문자 255
만일사 석불좌상	천안시 만일사	문자 256
만일사 금동불	천안시 만일사	문자 258
개태사 오층석탑	논산시 개태사	문자 274
개태사지 석조	논산시 개태사	문자 275
논산 수락리 마애불상	논산시 벌곡면 수락리	문자 276
대천 왕대사 마애불상	보령시 왕대사	문자 317
탑선리석탑	금산군 금산읍 중도리	문자 326
오인리석탑	금산군 금산읍 오인리	문자 327
연산 송정리 마애삼존불상	논산시 연산면 송정리	문자 328
천안 장상리 석불입상	천안시 수신면 장산리	문자 356

절터

사 지	소 재 지	유물·유적
보문사지(普門寺址)	대전광역시 중구 산서동	석조
대통사지(大通寺址)	공주시 반죽동	석조 2기(보물 148·149호, 국립공주박물관), 당간지주(보물 제150호), 백제 연화 문화당
수원사지(水源寺址)	공주시 옥룡동	탑재석, 납석제 소탑, 청동제 풍탁, 청동탑편
서혈사지(西穴寺址)	공주시 웅률동	석조석가여래좌상 3구 (보물 979호, 국립공주박물관)
남혈사지(南穴寺址)	공주시 금학동	석굴
주미사지(舟尾寺址)	공주시 주미동	탑재석, 석등대석, 부도대석
금학동사지(金鶴洞寺址)	공주시 금학동	석불광배(국립공주박물관)
상원사지(上願寺址)	공주시 사곡면 운암리	부도 6기
동혈사지(東穴寺址)	공주시 의당면 월곡리	석탑(현재 동혈사경내)
동원리사지(東院里寺址)	공주시 신풍면 동원리	삼층석탑
청량사지(淸涼寺址)	공주시 반포면 학봉리	칠층석탑, 오층석탑
신흥리사지(新興里寺址)	공주시 이인면 신흥리	석불
정치리사지(正峙里寺址)	공주시 탄천면 정치리	석탑재, 석조불대석, 불상편
청림사지(靑林寺址)	공주시 탄천면 가척리	석탑, 부도

사　지	소　재　지	유물·유적
구룡사지(九龍寺址)	공주시 반포면 상신리	당간지주, 부도대석, 초석
송불암지(松佛庵址)	논산시 연산면 화암리	석불 1구, 석탑재
영은암지(永恩庵址)	논산시 부적면 신풍리	마애불
대정운사지(大正雲寺址)	논산시 논산읍 관촉리	석불입상
고운사지(孤雲寺址)	논산시 벌곡면 양산리	축대석, 부도
용화사지(龍華寺址)	논산시 상월리 상도리	불두
항월리사지(恒月里寺址)	논산시 관석면 항월리	경(국립부여박물관)
성주사지(聖住寺址)	보령시 미산면 성주리	오층석탑(보물 제19호), 중앙삼층석탑(보물 제20호), 서삼층석탑(보물제47호), 동삼층석탑,석등,낭혜화상 백월보광탑비(국보 제8호)
삼룡동사지(三龍洞寺址)	천안시 삼룡동	삼층석탑
홍경사지(弘慶寺址)	천안시 성환읍 대홍리	홍경사비갈(국보 7호), 탑재석
천흥사지(天興寺址)	천안시 성거면 천흥리	오층석탑(보물 354호), 당간지주(보물제99호)
보문사지(普門寺址)	천안시 목천면 교촌리	석불, 목조삼존불상
용화사지(龍華寺址)	천안시 목천면 동리	삼층석탑, 석불입상 2
당하사지(堂下寺址)	천안시 광덕면 매당리	석불
봉양리사지(鳳陽里寺址)	천안시 성남면 봉양리	석탑
부소산향교밭 폐사지 (扶蘇山鄕校밭 廢寺址)	부여군 부여읍 구아리	청동제등개, 연화문와당

사　지	소　재　지	유물·유적
구아리사지(舊衙里寺址)	부여군 부여읍 구아리	소조불, 토제웅상, 연화문와당, 청동제귀면제장식, 청동제연화대좌, 인각면와, 석제보살입상 (국립부여박물관)
구교리사지(舊校里寺址)	부여군 부여읍 구교리	소조불상, 대세지보살, 탑상륜부보륜 3점
정림사지(定林寺址)	부여군 부여읍 동남리	오층석탑, 석불좌상
금성산남록 폐사지 (錦城山南麓 廢寺址)	부여군 부여읍 동남리	석조여래입상, 골석제보살입상
가탑리사지(佳塔里寺址)	부여군 부여읍 가탑리	금동제입상(국립부여박물관)
동남리사지(東南里寺址)	부여군 부여읍 동남리	납석제불상편, 동제불상편, 기와,문양전,와당,치미 금동령 등(국립부여박물관)
노은사지(老隱寺址)	부여군 부여읍 석목리	오층석탑, 석조비로자나불좌상
관음사지(觀音寺址)	부여군 부여읍 석목리	청동제여래입불(국립부여박물관)
석목리사지(石木里寺址)	부여군 부여읍 석목리	석조연화불좌대(국립부여박물관)
용정리사지(龍井里寺址)	부여군 부여읍 용정리	기단초석, 연화문와당
가증리사지(佳增里寺址)	부여군 부여읍 가증리	연화대좌편, 인명와, 고배편
현북리사지(縣北里寺址)	부여군 부여읍 현북리	금동보살입상, 납석제반가사유상(국립부여박물관)
임강사지(臨江寺址)	부여군 부여읍 현북리	연화문와당, 연목와, 치미편, 소조상불편, 금동제장식편, 탑상륜, 석제용기

사 지	소 재 지	유물·유적
현내리사지(縣內里寺址)	부여군 석성면 현내리	부도
청량사지(靑凉寺址)	부여군 초촌면 세탑리	오층석탑
한산사지(寒山寺址)	부여군 장암면 장하리	장하리 오층석탑, 범문다라니경단편 은합, 목합(국립중앙박물관), 상아제여래불입상, 목제소탑, 수정옥, 은환(국립부여박물관)
보광사지(普光寺址)	부여군 임천면 가신리	보광사중창비(보물 107호, 국립부여박물관), 부도
향림사지(香林寺址)	부여군 충화면 일지리	향림사사적비(국립부여박물관)
동사리사지(東寺里寺址)	부여군 세도면 동사리	오층석탑
성림사지(聖林寺址)	부여군 세도면 사산리	부도
외리사지(外里寺址)	부여군 규암면 외리	문양전 8종(보물 343호, 국립부여박물관)
신리사지(新里寺址)	부여군 부여읍 신리	금동여래좌상,금동제보살입상,금동보살입상,청동입상 (국립부여박물관)
왕흥사지(王興寺址)	부여군 규암면 신리	초석, 기와편
호암사지(虎岩寺址)	부여군 규암면 호암리	초석, 건축용 판석 등 석재
금암리사지(金岩里寺址)	부여군 규암면 금암리	오층석탑
금강사지(金剛寺址)	부여군 은산면 금곡리	기와류
숭각사지(崇角寺址)	부여군 은산면 각대리	기단석, 기와, 자기편

사 지	소 재 지	유물·유적
안양사지(安養寺址)	부여군 홍산면 홍량리	오층석탑
운당리사지(雲堂里寺址)	연기군 금양면 운당리	불상
유천리사지(柳川里寺址)	연기군 금양면 유천리	석탑재
오봉사지(五峯寺址)	연기군 서면 고복리	부도, 석탑재
반곡리사지(盤谷里寺址)	연기군 금남면 반곡리	석불
영치리사지(永峙里寺址)	연기군 금남면 영치리	석탑
영대리사지(永垈里寺址)	연기군 금남면 영대리	부도, 부도비

불교 금석문

〔약호〕

● 유문 → 『한국금석유문(韓國金石遺文)』

● 전문 → 『한국금석전문(韓國金石全文)』

● 총람 → 『조선금석총람(朝鮮金石總覽)』

● 대충 → 『금석문대계(金石文大系)』 충청남북도편

● 석원 → 『해동금석원(海東金石苑)』

유 물 명	소 재 지	수록문헌
갑사 사적비	공주시 갑사	대충 113쪽
관촉사 사적비	논산시 관촉사	대충 215쪽, 총람1153쪽
향림사 사적비	부여군 향림사	대충 293쪽
보광사 중창비	부여군 보광사	대충 62·327쪽, 전문 1188쪽, 총람 495쪽
쌍계사 중건비	논산시 쌍계사	대충 210쪽, 총람 1141쪽
구룡사지 전구룡사비	공주시 구룡사지	유문 117쪽
김입지찬성주사사적비편	보령시 성주사지	유문 86·455쪽, 전문 263쪽
신라김입지찬성주사사적비	보령사 성주사지	대충 36·314쪽
성주사 일명비	보령시 성주사지	유문 91·대충 38쪽
망일사 은비	공주시 망일사	총람 1077쪽
백제정림사지오층석탑미석각자 (百濟定林寺址五層石塔楣石刻字)	부여군 정림사지	전문 61쪽, 대충 18·306쪽 유문 54쪽, 총람 1쪽

유 물 명	소 재 지	수록문헌
개천사 석탑기	천안시 개천사	총람 569쪽
홍경사갈(弘慶寺竭)	천안시 홍경사지	대충 53쪽, 석원 413쪽 총람 260쪽, 전문 468쪽
보광선사비	부여군 보광사	석원 547쪽
낭혜화상백월보광탑비 (朗慧和尙白月葆光塔碑)	보령시 성주사지	전문212쪽, 총람 72쪽, 대충 31·309쪽
구룡사지 고승비	공주시 구룡사지	전문 1287쪽

전통사찰총서 ⑫ 대전·충남 I 수록 사암주소록

사암명	주소	전화번호
갑사	공주시 계룡면 중장리 52	857-8981
개태사	논산시 연산면 천호리 108	735-0197
고란사	부여군 부여읍 쌍북리 산 1	835-2062
고산사	대전광역시 동구 대성동 3	282-2263
관음암	연기군 조치원읍 번암리 산 2-4	865-3837
관촉사	논산시 논산읍 관촉리 254	735-4296
광덕사	천안시 광덕면 광덕리 640	567-0057
금강암	보령시 미산면 용수리 산 59	
금지암	부여군 내산면 금지리 산 43	834-5420
내원사	대전광역시 서구 도마동 424-1	531-3901
대조사	부여군 임천면 구교리 761	833-2510
동학사	공주시 반포면 학봉리 789	825-2570
동혈사	공주시 의당면 월곡리 산 45	854-2855
마곡사	공주시 사곡면 운암리 567	841-6221
만일사	천안시 성거면 천흥리 산 21	568-1190
무량사	부여군 외산면 만수리 116	836-5066
백운사	보령시 성주면 성주리 35-2	
보석사	금산군 남이면 석동 78	753-1523
복전선원	대전광역시 중구 석교동 산 17-1	271-0029
비암사	연기군 전의면 다방리 4	863-0230

사 암 명	주 소	전화번호
쌍계사	논산시 양촌면 중산리 2-2	741-2251
선림사	보령시 오천면 소성리 5	932-4187
성불사	천안시 안서동 106	565-4567
성불사	연기군 전의면 양곡리 산 11	867-3407
송불암	논산시 연산면 연산리 489	733-6518
신광사	연기군 조치원읍 신안리 139	865-5601
신안사	금산군 제원면 신안리 52	752-7938
신원사	공주시 계룡면 양화리 8	852-4230
심광사	대전광역시 동구 천동 106-1	282-9270
연화사	연기군 서면 월하리 1047	862-1009
영은사	공주시 금성동 11-3	855-3976
영천암	금산군 남이면 석동리 714	753-0095
영평사	공주시 장기면 산학리 441	857-1854
오덕사	부여군 충화면 오덕리 284	833-1442
용암사	논산시 강경읍 채산리 331-4	745-4925
원흥사	금산군 추부면 서태리 35	752-6306
윤창암	보령시 남포면 창동리 산 7	934-2142
은석사	천안시 북면 은지리 산 1	553-3940
정각사	부여군 석성면 정각리 354	836-6413
조왕사	부여군 부여읍 동남리 20-3	835-4091
중대암	보령시 미산면 용수리 81-1	933-1510
태고사	금산군 진산면 행정리 산 29	752-4735
황룡사	연기군 동면 명학리 산 31-1	864-7000

● 집필 ─────────────

金炯佑　서울시 문화재전문위원
金相永　중앙승가대학교 교수
崔兌先　중앙승가대학교 교수
申大鉉　동국대학교 박물관 연구원
韓相吉　동국대학교 박물관 연구원
黃仁奎　동국대학교 강사
安尙賓　사찰문화연구원 연구위원
申明熙　사찰문화연구원 연구원

전통사찰총서 ⑫
대전·충남의 전통사찰 Ⅰ

펴낸이/사찰문화연구원
펴낸곳/사찰문화연구원

1999년 12월 5일 초판 제1쇄 찍음
1999년 12월 5일 초판 제1쇄 펴냄

주소/서울특별시 종로구 구기동 110-1
　　　요진쉐레이 오피스텔 710호
전화/(02)396-5318, 394-8727
팩스/(02)394-8728
등록/제 16-616호(1992년 11월 26일)

ⓒ사찰문화연구원, 1999
ISBN 89-86879-12-3

가격/12,000원

※ 잘못된 책은 바꾸어 드립니다.